汽车电器与电控系统

裴晓飞　张成才　武冬梅 ◎ 编著

AUTOMOBILE ELECTRIC
EQUIPMENT AND CONTROL
SYSTEM

北京理工大学出版社
BEIJING INSTITUTE OF TECHNOLOGY PRESS

内 容 简 介

本书系统地介绍了面向智能化的现代汽车电器与电子控制系统,重新对原有知识体系进行了梳理,共分为七章,包括汽车电子技术基础、汽车电器与电气架构、发动机电控系统、电子控制自动变速器、主(被)动安全系统、底盘电控系统和先进驾驶员辅助系统(ADAS)。本书结合实际教学经验,重点介绍了从电控化到智能化的背景下,汽车电器与电控系统的结构组成、控制原理和发展趋势。

本书入选武汉理工大学本科教材建设专项基金项目。其内容兼顾理论性和实践性,具有新、精、专的特点,适合广大本科院校车辆工程、汽车服务工程专业本科生及研究生相关课程,如《汽车电器与电控系统》《底盘电子控制技术》等教学使用,同时也可作为汽车企业电控工程师的指导参考书。

版权专有　侵权必究

图书在版编目(CIP)数据

汽车电器与电控系统 / 裴晓飞,张成才,武冬梅编著. -- 北京:北京理工大学出版社,2021.8
ISBN 978 - 7 - 5763 - 0265 - 3

Ⅰ. ①汽… Ⅱ. ①裴… ②张… ③武… Ⅲ. ①汽车 - 电气设备 - 高等学校 - 教材②汽车 - 电子控制 - 高等学校 - 教材 Ⅳ. ①U463.6

中国版本图书馆 CIP 数据核字(2021)第 178298 号

出版发行 / 北京理工大学出版社有限责任公司
社　　址 / 北京市海淀区中关村南大街 5 号
邮　　编 / 100081
电　　话 / (010) 68914775(总编室)
　　　　　(010) 82562903(教材售后服务热线)
　　　　　(010) 68944723(其他图书服务热线)
网　　址 / http://www.bitpress.com.cn
经　　销 / 全国各地新华书店
印　　刷 / 三河市华骏印务包装有限公司
开　　本 / 787 毫米 × 1092 毫米　1/16
印　　张 / 12.5　　　　　　　　　　　　　　　责任编辑 / 封　雪
字　　数 / 295 千字　　　　　　　　　　　　　　文案编辑 / 封　雪
版　　次 / 2021 年 8 月第 1 版　2021 年 8 月第 1 次印刷　责任校对 / 周瑞红
定　　价 / 58.00 元　　　　　　　　　　　　　　责任印制 / 王美丽

图书出现印装质量问题,请拨打售后服务热线,本社负责调换

前言

本教材面向汽车的"新四化"趋势，与时俱进，既有对传统理论基础的保留，又结合实际教学经验，能更好地适应未来汽车电器与电控系统的发展趋势。本教材适用于广大本科院校的本科生及研究生的教学工作，为培养未来汽车电控系统的工程师和智能汽车人才打下良好的理论和工程基础。

本教材的特色有以下三个：

1. 新。本教材与时俱进，知识点围绕当下汽车电控系统的主流技术和发展趋势，省去淘汰落后的技术及相关知识点。

2. 精。知识点提炼精准，在注重理论基础系统到位的同时，突出汽车电控中的关键核心技术，适合于32~48学时教学。

3. 专。本教材具有专业的理论体系，从过去以发动机电控技术为主转移到以汽车底盘电控技术为主，注重由汽车电控化到智能化的知识点过渡，添加较多由科研成果转化的实际案例。

武汉理工大学的裴晓飞老师对本教材进行了统稿，并编写了第一、二、五章及第六章的最后一节和第七章。张成才老师负责编写第四章和第六章的前三节、武冬梅老师编写本书的第三章。教材编写得到了武汉理工大学过学迅教授和陈祯福教授、北汽动力总成公司叶阳博士的大力支持。同时本教材的编写参阅了大量文献资料，在此一并向相关作者表示感谢。

本教材编写过程中难免会有不足和错误之处，恳请读者提出宝贵意见。

目　录
CONTENTS

第一章　汽车电子技术基础 ··· 001
　第一节　历史与发展·· 001
　第二节　电器与电控系统的区别·· 002
　第三节　电控系统的组成··· 002
　第四节　开发与验证·· 016

第二章　汽车电器与电气架构 ··· 020
　第一节　概述··· 020
　第二节　汽车电器··· 022
　第三节　电动装置··· 026
　第四节　整车电气系统··· 027
　第五节　车载通信网络··· 030

第三章　发动机电控系统 ··· 036
　第一节　概述··· 036
　第二节　汽油机电控燃油喷射系统··· 037
　第三节　汽油机电控点火系统··· 051
　第四节　汽油机排放控制系统··· 063
　第五节　其他控制技术··· 067

第四章　电子控制自动变速器 ··· 071
　第一节　概述··· 071
　第二节　电子控制自动变速器结构及工作原理·· 074
　第三节　自动变速器控制系统··· 087

第五章　主（被）动安全系统 ··· 094
　第一节　概述··· 094
　第二节　制动防抱死系统（ABS）··· 095
　第三节　牵引力控制系统（TCS）··· 110

第四节	电子稳定性控制（ESC）系统	120
第五节	安全气囊系统（SRS）	136

第六章　底盘电控系统　139
- 第一节　概述　139
- 第二节　电动助力转向（EPS）系统　141
- 第三节　（半）主动悬架　154
- 第四节　电子液压制动（EHB）系统　162

第七章　先进驾驶员辅助系统（ADAS）　172
- 第一节　概述　172
- 第二节　自适应巡航（ACC）系统　177
- 第三节　自动紧急制动（AEB）系统　185
- 第四节　车道保持辅助（LKA）系统　189

参考文献　194

第一章
汽车电子技术基础

第一节 历史与发展

现代汽车离不开汽车电子技术。目前，汽车由动力总成、底盘、车身和汽车电子四大部分组成。各个主机厂都成立了电子电器部专门处理与汽车电子相关的设计、开发问题。而一级供应商如德国博世、大陆、采埃孚、日本电装、美国德尔福等的核心业务都与汽车电子产品紧密相关。汽车电子性能的好坏不仅直接影响到汽车的动力性、经济性、安全性、可靠性、舒适性及尾气污染等方面的性能，同时具有比机械装置更高的利润附加值。

汽车电子技术历经了几十年的发展。20世纪60年代开始，在发动机燃油喷射系统、速度控制、制动防抱死系统等方面出现了电子控制装置，它们由晶体管分立元件组成。20世纪70年代初期，随着集成电路的应用，美国通用汽车公司在1976年首次将微处理器应用于汽车发动机点火控制。从此，汽车电子控制系统的雏形初现并在20世纪80年代迎来了蓬勃发展阶段，初现发动机电喷系统、防抱死制动系统等里程碑式的产品。20世纪90年代起，信息技术在汽车上得到迅速发展，包括电子化仪表、电子地图和全球定位（GPS）系统开始在汽车上应用。1996年，在美国加利福尼亚州开展了自动高速公路原型的实验。而2004年美国举办的无人车挑战赛DARPA更是标志着智能汽车时代的到来。在1993年一辆奥迪A8上使用的汽车电控系统仅有5个，而到了2010年后，一辆普通轿车上电控系统的数量已经达到70个以上，并且车辆功能越复杂数量越多。这足以证明几十年来汽车电子及信息技术发展的迅猛程度。

目前以单片机为控制核心的汽车电子控制系统已广泛地运用于汽车发动机、底盘及车身的各个系统中。因此，汽车已经从传统的纯机械装置成为机电一体化产品。机械离不开电子，电子也替代不了机械。机电一体化（Mechatronics），最早由日本学者在1969年提出，它集成了机械工程、电子工程和信息技术三个学科的内容。机电一体化从方法论上包括模块设计、系统原型和测试三阶段；而从系统论的角度，它可分为建模、仿真、信号处理、控制优化四个方面；如果从其结构组成来看，它又包括传感器、电子控制器、执行器和控制对象等部分。图1-1分别从能量流和信息流的角度给出了机电一体化系统的具体构成。显然，汽车电子控制系统属于机电一体化在汽车领域的具体应用，上述方法和结构组成对于汽车电控系统同样适用。

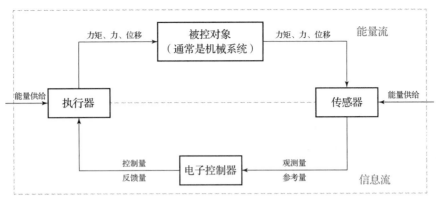

图1-1 机电一体化系统的基本结构

未来汽车将朝着"新四化"方向发展，即智能化、电动化、网联化和共享化，其中前两者的基础是汽车的电控化。自动驾驶汽车的底层执行机构采用线控系统，包括线控油门、线控转向和线控制动，它们是在相应底盘电控系统上的进一步发展。而电动汽车的三电系统，电池、电机和电控本质上都离不开汽车电子控制技术。在不久的将来，汽车将更安全、更舒适、更环保节能，高度智能化，应用功能强大的系统级芯片（SOC），综合处理信息的速度和算力将更高，使车载各个电控系统工作更加协调一致。例如，一体化底盘技术将使汽车纵向、横向与垂向动力学获得更好的集成。

第二节 电器与电控系统的区别

汽车电子技术在汽车上的应用形式主要分为汽车电器及汽车电控系统两大类。

汽车电器的定义为：将电能进行转换、储存、传递、使用的装置、元件和设备。汽车电器系统主要对应能量流，即将其他形式的能量转换成电能，或者将电能转换成其他形式的能量，如发电机、起动机、电机、车灯等。

电能的储存：蓄电池；

电能的传递：电线；

电能的使用：电阻丝、电灯、扬声器等。

汽车电子控制系统的定义为用于产生、处理、储存、传递、接收和应用（执行）电信号的控制装置、元件和设备。汽车电控系统主要面向信息流，电信号主要以数字化的形式出现，很少以模拟信号的形式出现。同时，通常会采用闭环控制策略。

产生电信号：传感器；

处理电信号：嵌入式控制器（ECU）；

储存电信号：RAM、EEPROM、FLASH等；

传递电信号：车载网络（CAN、LIN、FlexRay等）、蓝牙等；

应用电信号：控制软件、控制策略、显示器、报警器、执行器等。

第三节 电控系统的组成

汽车电子控制系统通常由三个部分组成，即传感器、电子控制器和执行器。传感器主要将发动机的工况及状态、汽车的行驶工况和状态等物理参量转变为电信号，输送给电子控制器。控制器负责对各传感器输入的电信号进行综合处理，作出实时的判断，并输出控制信号。执行器则根据控制器的控制信号作出相应的控制动作，将控制参量迅速调整到设定值，使控制对象工作在设定的状态。传感器、电子控制器和执行器之间联系密切，共同组成一个有机的整体。

一、传感器

传感器主要由敏感元件、转换元件和测量电路三部分组成，如图1-2所示。其中，敏感元件是指能直接感受（或响应）被测量的部分，即将被测量通过传感器的敏感元件转换成与被测量有确定关系的非电量或其他量。转换元件则将上述非电量转换成电参量。测量电路的作用是将转换元件输入的电参量经过处理转换成电压、电流或频率等可测电量，以便进行显示、记录、控制和处理。目前随着微机电系统（Micro-Electro-Mechanical Systems，MEMS）的发展，传感器技术正在逐步实现小型化、固态化、多功能化。

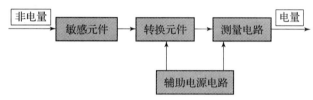

图1-2 传感器的组成

传感器误差主要包括零点误差、增益误差和线性误差，误差产生的来源则是制造公差、环境温度的变化等，因此传感器在使用前需要标定以消除上述误差。此外，传感器信号还包括不可校准的随机误差，包括高频噪声、老化效应等，需要在使用过程中采取滤波处理。常用的滤波方法包括低通滤波、粒子滤波、卡尔曼滤波及其扩展算法等。在滤波时要权衡信号失真问题，传感器信号越平滑则越滞后。对于多个传感器可以采用信息融合方法，通过传感器之间的互相校验进一步增加信号的可信度。传感器信息融合主要包括三个层次：数据级融合、特征级融合和决策级融合。

车用传感器按输出信号类型来分，可分为模拟信号（电流或电压）、数字信号（周期或频率）和编码信号（CAN、串口等通信）三类。车用传感器按照用途分为"向内看"和"向外看"两大类。其中，"向内看"的传统车载传感器主要用于监测发动机等关键零部件状态及车辆自身运动状态。而"向外看"的环境感知传感器主要用于检测车辆周围交通环境，目前正在随着汽车智能化迅速发展中。此外，车路/车车通信可以看作虚拟的环境感知类传感器，智能网联汽车也离不开"向外看"的传感器。目前，主要的车用传感器如表1-1所示。

下面从六个大类介绍车用传感器的主要特点与工作原理。

1. 发动机专有传感器

（1）爆震传感器

发动机爆震检测方法：①检测气缸压力；②检测发动机振动；③检测燃烧噪声。目前常用检测发动机振动的方法来判断有无爆震，因此爆震传感器通过检测缸体表面的振动信号判断发动机是否产生爆震。

表1-1 车用传感器一览

传感器名称	所属系统	所属类别
空气流量传感器	发动机	"向内看"
节气门开度传感器	发动机	
进气歧管压力传感器	发动机	
爆震传感器	发动机	
氧浓度传感器	发动机	
温度传感器	发动机、变速器等	
曲轴/凸轮轴位置传感器	发动机	
方向盘位置传感器	EPS、ESC	
轮速传感器	ABS、TCS、ESC	
油门踏板位置传感器	TCS	
电流传感器	EPS	
主缸压力传感器	ESC	
悬架位移传感器	主动悬架	
惯性传感器	ESC、主动悬架、自动驾驶	
GNSS	自动驾驶	
摄像头	AEB、LKA、自动驾驶	"向外看"
毫米波雷达	ACC、AEB、自动驾驶	
超声波雷达	倒车辅助、自动泊车	
激光雷达	自动驾驶	
C-V2X/DSRC	车联网	

爆震传感器有磁电式和压电式两种。磁电式爆燃传感器的固有频率与发动机爆燃特征频率相一致，当发动机出现爆燃时，传感器内的铁芯产生共振，使传感器感应线圈产生的感应电动势显著增大。感应电动势的频率和幅值与发动机爆震时的振动情况相对应。压电式爆燃传感器内的振子随发动机缸体而振动，发动机爆燃时的共振使得压电元件变形加剧，产生比非爆燃时大许多倍的电压信号。压电式爆燃传感器具有测试频率高、灵敏度高、动态响应好等特点。

(2) 氧浓度传感器

氧浓度传感器用来检测发动机废气中的含氧量，向ECU发出反馈信号调节喷油量，将混合气空燃比控制在理论空燃比附近使得三元催化器的转换效率最高。目前，氧浓度传感器有氧化锆式和氧化钛式两种。

氧化锆式氧浓度传感器的基本元件是氧化锆（ZrO_2）陶瓷，在高温及铂的催化作用下，带负电的氧离子吸附在氧化锆套管的内外表面上。由于大气中的氧气比废气中的氧气多，套管上与大气相通一侧比废气一侧吸附更多的负离子，两侧离子的浓度差产生电动势。当套管废气一侧的氧浓度低时,在电极之间产生一个高电压(0.6~1 V),如图1-3(a)所示。此电压信号会被送到ECU经过放大处理。ECU把高电压信号看作浓混合气,而把低电压信号看作稀混合气。因此,根据氧浓度传感器的电压信号,发动机ECU按照尽可能接近14.7:1的理论最佳空燃比来稀释或加浓混合气。此外,氧传感器只有在高温时(端部达到400℃以上)其特性才能充分体现并输出有效电压。如图1-3(b)所示,在约800℃时混合气的变化反应最快,而在低温时这种特性会发生很大变化。

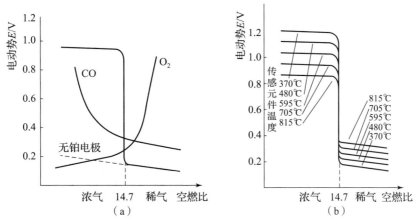

图1-3 氧化锆式氧浓度传感器工作特性

氧化钛式氧浓度传感器是利用半导体材料二氧化钛(TiO_2)的电阻值随排气中氧含量的变化而改变的特性(图1-4)制成的,属于电阻型氧传感器。

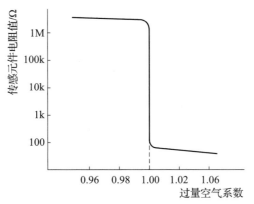

图1-4 氧化钛式氧浓度传感器工作特性

(3)空气流量传感器

空气流量传感器的作用是测定吸入发动机的空气量,并以此作为发动机ECU计算喷油量的主要依据。按其结构型式可分为体积型(量板式,卡门旋涡式)和质量型(热线式、热膜式)。量板式(叶片式)空气流量传感器结构简单,测量精度较低,测得的空气流量需要进行温度补偿;卡门旋涡式空气流量传感器无运动部件,反应灵敏,精度较高,也需要进行温度误差补偿;质量型空气流量传感器无磨损部件,气流流动阻力小,响应速度快,检测精度高,无须温度补偿,但制造成本较高,电热体受污染后对测量精度影响较大。其中,热膜式和热线式空气流量传感器测量原理一样,但热线式易断丝,热膜式寿命更长。

卡门旋涡式空气流量传感器测量原理是在进气通道中设置一个锥形涡流发生器。当空气流经该涡流发生器时，在其后部的气流中会不断产生两列并排的涡流，即卡门涡流。根据卡门涡流理论，这个旋涡行列紊乱地依次沿气流流动方向移动，其移动的速度与空气流速成正比，即在单位时间内通过涡流发生器后方某点的旋涡数量与空气流速成正比。通过测量单位时间内涡流的数量可算出空气流速，将其乘以空气通道的截面积即可获得进气流量。因此，卡门旋涡式空气流量传感器输出信号是与涡流频率成正比的数字信号，进气量越小，涡流频率越低，利用超声波或光电信号可以检测到涡流频率。

热式空气流量传感器的测量原理是：在进气通道中放置通电加热后的铂金属丝或铂金属膜，使热丝或热膜的温度与吸入空气温度相差一定值。当空气质量流量增大时，空气带走热量而使热丝或热膜温度下降，其电阻随之下降。由于热丝或热膜作为惠斯通电桥中的一个桥臂，热丝或热膜的电流变化与进气通道的空气流量成正比关系，电流一般在 50~120 mA 之间变化。由控制电路将电流变化转为电压变化，通过电压信号反映空气流量。此外，在热式空气流量传感器中还有一个可根据进气温度进行修正的温度补偿电阻。热膜式空气流量传感器结构如图 1-5 所示。

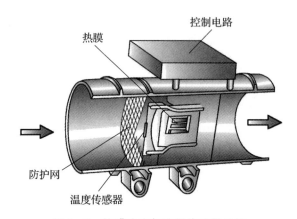

图 1-5 热膜式空气流量传感器结构

2. 位置/速度传感器

按照工作原理，测量转速的传感器分为磁电式、光电式和霍尔式三种类型。磁电式转速传感器属于无源感应式传感器，主要由永久磁铁、感应线圈和齿圈组成。如图 1-6 (a) 所示，齿圈与被测物体同轴转动，通过齿圈切割磁铁的磁感应线使其磁阻发生变化，从而使绕在磁铁上的感应线圈磁通量随之改变，并产生相应的正弦电流信号。正弦电流信号的幅值和频率随转速变化而变化，转速越快，频率越高；转速越慢，幅值越小。此外，还需要经过放大电路和整形电路将磁电传感器的正弦信号转换为适合单片机数字输入接口的方波信号。

光电式转速传感器主要由发光元件、光敏元件和遮光转子组成。遮光转子随被测物体同轴转动且位于发光元件和光敏元件之间，产生透光和遮光交替变化。如图 1-6 (b) 所示，当发光二极管的光束照到光敏二极管时，光敏二极管产生电压信号；当发光二极管光束被挡住时，光敏二极管电压为 0。因此，随着转子转动，光敏元件时断时通，光电传感器输出方波信号。

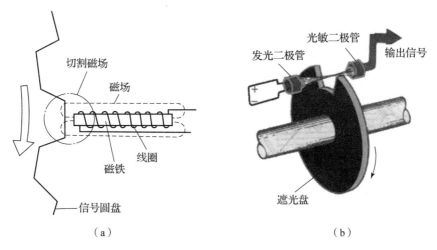

图1-6 转速传感器工作原理
(a) 磁电式；(b) 光电式

霍尔式转速传感器主要由永磁体、霍尔元件、集成电路和齿圈组成，永磁体的磁力线穿过霍尔元件通向齿圈。其工作原理为：当齿圈位于图1-7 (a) 所示位置时，穿过霍尔元件的磁力线分散，磁场相对较弱；而当齿圈位于图1-7 (b) 所示位置时，穿过霍尔元件的磁力线集中，磁场相对较强。齿圈转动时，使得穿过霍尔元件的磁力线密度发生变化，根据霍尔效应的原理，霍尔元件将输出一个毫伏（mV）级的准正弦波电压。此信号还需传感器由自带的集成电路转换成标准的方波电压信号。作为一种有源传感器，当电源电压为5 V时，霍尔传感器输出信号的高电平为4.8 V，低电平为0.3 V，电压幅值不受转速的影响，并且抗电磁干扰能力强。霍尔式转速传感器属于静磁传感器，可用于准静态转速的测量。

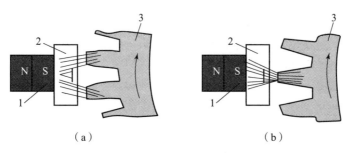

图1-7 霍尔转速传感器工作原理
1—磁体；2—霍尔元件；3—齿圈

对于以上三种类型传感器信号，通过测频法或测周法即可获得转动物体的角速度，并进一步换算成线速度或转角。此外，还可根据特定的脉冲信号用于位置识别。基于上述原理的车用传感器根据安装位置的不同，包括轮速传感器、方向盘转角传感器、发动机转速与曲轴位置传感器等。

发动机转速与曲轴位置传感器主要用于确定点火正时和喷油正时，产生点火和喷油控制脉冲，识别气缸等。其中，安装于飞轮壳体上的磁电式传感器本身不带信号触发转子，而是利用飞轮的齿圈和飞轮上的正时记号触发产生感应电流。类似的安装于飞轮处的霍尔式传感器,在飞轮齿圈的边缘有对称两组,每组均布在四个槽(六缸发动机则为三组)中。当槽对准传感器头下方时,霍尔传感器输出高电平;反之,当无槽面对准传感器头下方时输出低电平。对于安装在分电器内的光电式传感器,如图1-8(a)所示,由分电器驱动的遮光转子外圈均布有360道缝隙,内圈有与发动机缸数相同的透光孔。与之对应的发光元件和光敏元件也有两组。如图1-8(b)所示,其中一组识别外圈的缝隙,每转一圈产生360个脉冲信号;另一组通过内圈透光孔产生与气缸数相同的脉冲信号,两组信号分别用于计算发动机转速和产生压缩冲程上止点信号。此外,第1缸透光孔比其他缸透光孔稍长,用来识别第1缸的压缩冲程上止点。

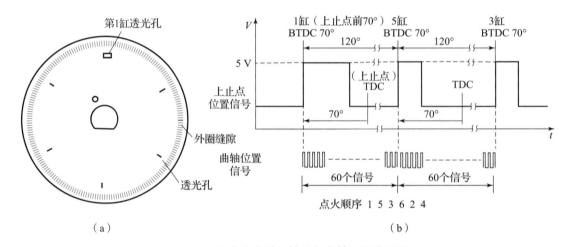

图1-8 光电式发动机转速与曲轴位置传感器

当前,安装于车轮靠近轮毂处的霍尔式轮速传感器应用较为广泛,其有以下两个优点:一是频率响应高,响应频率高达20 kHz,相当于轮速为1 000 km/h时的信号频率;二是信号电压幅值不受转速的影响,因此能检测到最低3 km/h的轮速信号,而磁电式轮速传感器在车速较低时,由于信号幅值过小单片机无法检测。因此,作用于低速起步工况的TCS系统一般要求使用霍尔式轮速传感器。

方向盘转角传感器安装于转向轴上靠近方向盘处,用于检测方向盘转动的角度和速度,目前光电式传感器应用最为广泛。当驾驶员转动方向盘时,通过转向轴带动遮光盘转动。ECU的数字接口根据传感器输出的脉冲个数就可计算转向盘转过的角度,而单位时间内的脉冲个数即是转速。此外,为了能辨别方向盘的转动方向,方向盘转角传感器需要同时产生两组脉宽相同的信号,但相位上相差90°,这样可根据光敏元件的导通顺序判定方向盘的转动方向。如图1-9所示,如果信号1在下降沿时,信号2是高电平,则ECU判断为左转向;如果信号1在下降沿时,信号2是低电平,则为右转向。目前,博世公司的方向盘转角传感器能直接通过CAN通信输出方向盘的转角、转速和方向等信息。

除了方向盘转角传感器和曲轴位置传感器能测量转角外,还有一类依靠电位计测量角位移或线位移的传感器,包括节气门位置传感器、油门踏板开度传感器、量板式空气流量传感器、悬架位移传感器等。它们的测量原理是将电位计的滑片与被测元件联动。当被测元件运动时,其位移或角度被转变为电位计电阻的变化,最终由位置传感器输出相应的电压值。

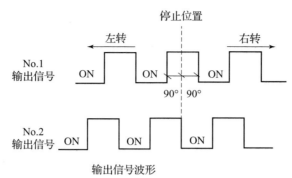

图1-9 方向盘转动方向判断原理

3. 温度传感器

目前,车用温度传感器按照安装位置不同包括进气温度传感器、冷却液温度传感器、油温传感器、水温传感器等,它们大多属于接触式的半导体热敏电阻式。车用温度传感器的应用如表1-2所示。根据温度特性的不同,温度传感器又可分为三种:正温度系数、负温度系数和在某一临界温度下电阻跃变的热敏开关。其中,最常用的是负温度系数的温度传感器,即温度越低,电阻值越大。

表1-2 车用温度传感器的应用

测温对象	测量范围/℃
进气或增压空气	-40~170
冷却水	-40~130
发动机机油	-40~170
燃油	-40~120
废气	100~1 000
制动钳	-40~2 000
空调蒸发器介质	-10~50
暖气通风口空气	-20~60

4. 车用压力传感器

车用压力传感器根据安装位置分为主缸制动压力、进气歧管压力、胎压等;根据信号产生原理可分为压电式、半导体压敏电阻式等。其应用如表1-3所示。例如,压敏电阻式进气压力传感器在硅膜片上贴有压力应变片,并将硅膜片的一面是真空,另一面导入进气管压力。其工作原理是压力变化,硅片变形,应变电阻阻值变化,惠斯通电桥输出电压变化。因此,进气压力越大,硅膜片的变形量也越大,传感器输出的电压也越大。

表1-3 车用压力传感器的应用

测温对象	测量范围/MPa
进气管压力	0.1~0.5
空气弹簧压力	1.6

续表

测温对象	测量范围/MPa
气压制动压力	1
液压制动压力	20
轮胎压力	0.5
自动变速器的调制压力	3.5
空调冷却介质压力	3.5
柴油机喷油泵压力	100
高压共轨柴油机燃油压力	150~180

5. 环境感知传感器

当前车载环境感知传感器的优缺点及用途如表1-4和图1-10所示。由表可知，单靠某一种类型的传感器无法满足和适应自动驾驶汽车的感知需求，因此需要将多传感器信息融合，建立完整的交通环境模型。

表1-4 智能汽车主要感知传感器

感知传感器	优点	缺点	主要用途	主要厂商
激光雷达	测距精度高，方向性好，抗杂波能力强	成本高，遇浓雾、雨雪等天气难以工作	障碍物检测与识别，高精度地图构建	Velodyne Ibeo 禾赛
超声波雷达	成本低，数据处理简单，体积小	量测距离小，方向性差，易受天气和温度影响	自动泊车，停车辅助	
摄像头	检测范围广，数据信息量丰富	量测距离误差较大，容易受光线影响	交通标识与车道线识别，障碍物识别，驾驶员监测	博世 大陆 Mobileye
毫米波雷达	测速精确，测距范围大，不易受环境影响	方位精度低，分辨率低，易受杂波干扰	障碍物位置与速度检测	博世 大陆 德尔福

车用毫米波雷达主要分为77/78 GHz的远程雷达和24 GHz的中近程雷达。毫米波雷达测距最远（可达200 m左右），基于多普勒效应的测速也最精准，并且具有全天时、全天候的特点。但是毫米波雷达也存在分辨率低、虚检率高等缺点。车用摄像头主要包括单目/双目摄像头、环视摄像头、鱼眼相机等。摄像头通过采集图像信息能够提取最为丰富的细节属性，如交通标示牌、红绿灯等语义信息，成本相对较低。但是摄像头作为被动测量传感器，易受环境光线的影响（强光、夜晚等），测距精度也低于雷达。超声波雷达成本低，最远探测距离在5 m以内，主要用于低速环境下的泊车辅助。上述三种传感器已在ADAS中广泛应

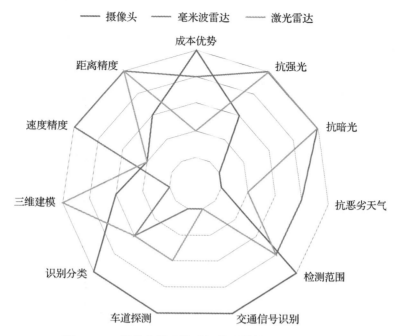

图1-10 当前车载环境感知传感器的优缺点及用途

用,而对于自动驾驶汽车感知系统激光雷达不可或缺。车用激光雷达包括安装于车顶的16线/32线/64线/128线机械旋转式激光雷达和安装于车前部的4线/8线固态激光雷达。激光雷达的优势是测距精度高、分辨率高,通过三维点云不仅能识别车辆的可行驶区域,还能通过聚类等方法提取目标及其轮廓。但是激光本身在恶劣天气下难以正常工作,同时当前激光雷达价格高,很难达到车规级。大部分自动驾驶汽车对于环境的各个关键感知区域,考虑到功能安全因素,都会布置至少两个传感器进行冗余,如图1-11所示。目前L2+以上智能汽车主流传感器方案为:激光雷达1~5个+毫米波雷达5~8个+摄像头7~12个。

此外,通过车联网中的车-车、车-路、车-后台通信也可以使智能车辆获得周边车辆运动信息及交通道路信息。理论上车联网能降低对环境感知传感器的性能要求,特别是考虑到雷达、摄像头由于自身"近视眼"很难具有200 m以上的探测能力。而车联网通过其"低延时,高可靠,多信息"的无线通信能提供360°半径超过1 km且无遮挡死角的环境信息。当前车联网常用的通信方式包括C-V2X和DSRC,但是在网联汽车真正落地前还要解决信息隐私与安全、技术标准统一和通信设施配套升级等问题。

6. 定位定向传感器

车用定位定向传感器包括全球导航卫星系统(Global Navigation Satellite System,GNSS)和惯性导航系统(Inertial Navigation System,INS)两部分。

(1)全球导航卫星系统

从20世纪70年代开始,美国最早着手研制全球定位系统(GPS),历时20余年于1994年完成24颗卫星的部署。其他各国的卫星定位系统包括中国的北斗、俄罗斯的GLONASS和欧盟的GALILEO。卫星定位系统的构成如图1-12所示。

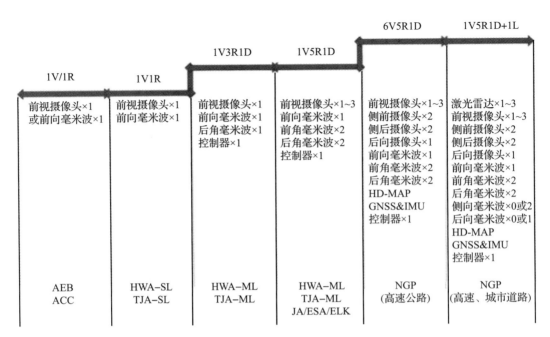

图1-11 不同级别智能汽车的感知传感器配置方案

注：R—毫米波雷达；V—摄像机；L—激光雷达；AEB—自动紧急制动；ACC—自适应巡航；HWA—单车道高速驾驶辅助；TJA—交通拥堵辅助；JA—路口辅助；ESA—紧急转向付出；ELK—紧急车道保持；NGP—点对点自动导航驾驶；SL—单车道；ML—多车道

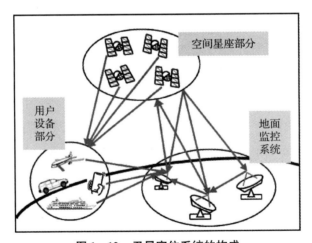

图1-12 卫星定位系统的构成

卫星定位系统的解算原理是以高速移动的卫星在某一时刻的相关卫星星历以及卫星时钟数据作为已知的初始数据，通过通信过程中的时间到达间隔原理或者载波相位原理计算用户接收机与测量卫星之间的距离，这个距离统称为伪距。由于距离等于光速乘以飞行时间，实际上是通过测时来测距的。计算得到与多颗卫星之间的伪距后，采用空间距离后方交汇的方法估算出用户观测点的具体位置。

目前，卫星信号接收机大多采用串口信号或CAN信号，更新频率在1~10 Hz。此外，接收机需要观测到足够数量的卫星，即满足一定的搜星数才能保证车辆行驶过程中定位的连续性。通常卫星信号接收机会兼容两套甚至两套以上的卫星系统，如北斗 + GPS，但是定位效果仍然受环境影响比较大。定位误差的来源包括卫星和接收机的时钟误差、通过大气电离层时信号传播速度改变导致的延迟误差，通过大气对流层时信号折射导致的延迟误差，信号到达卫星信号接收机附近时由于周围地形和建筑物产生反射引起多路径效应误差等。

即使在可观测卫星数量足够，且通信良好的情况下，上述单个观测点定位方法的定位精度也只能达到米级，不能满足车辆的定位精度要求。为了更好地消除卫星信号传输过程中的误差，衍生出 GNSS 相对定位方法，即通过两台或两台以上卫星信号接收机的观测数据来对观测点的位置进行修正。差分技术便是相对定位方法中的一种，通过差分定位技术，可以将卫星定位精度提升至厘米级。

差分定位系统有两套建于地面的卫星信号接收机，分别称为基准站和移动站，其中基准站被安装在视野开阔地段以获取良好的搜星数，不受任何其他电磁波的干扰，且要保证基准站坐标时刻处于已知状态，而移动站则安装在定位观测点，如随着车辆不断移动，但也需保证可观测卫星数量满足最低解算要求，如图 1-13 所示。此外，为了使移动站能够实时进行差分定位，还需搭建通信平台以不断传输基准站的数据链。根据传输的数据链内容的不同，移动站可按照不同类型的数学模型进行解算，包括坐标差分、伪距差分、载波相位差分等，其中载波相位差分的精度最高，应用最广。

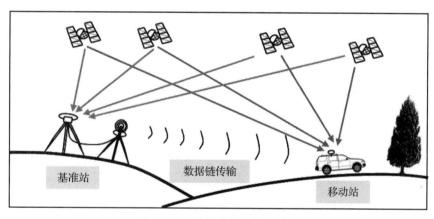

图 1-13　差分定位系统示意图

为了获得厘米级的定位效果，基准站的高精度坐标信息一般通过测绘主管部门购买授权方可获取，同时通信平台的数据传输能力限制了基准站与移动站之间的位置范围，基准站与移动站距离越近，移动站位置信息越精确。当前通信平台较多使用电台通信，一般要求基准站与移动站之间的距离不超过 20 km。另外，近些年千寻位置公司提供的网络实时载波相位差分服务（Real - time Kinematic，RTK），避免了用户自己搭建基准站的步骤，也打破了基准站与移动站间的范围限制。

（2）惯性传感器

惯性传感器包含陀螺仪和加速度计两类。测量角加速度的传感器称为陀螺仪；测量直线加速度的传感器称为加速度计。陀螺仪和加速度计是按照惯性原理工作的，因而称为惯性传感器。依靠系统内正交坐标系配置的陀螺仪和加速度计，可以测量载体的运动信息。常见的车用惯性传感器包括 ESC 系统用的侧向加速度传感器、横摆角速度传感器；主动悬架用的车身垂向加速度传感器、车轮垂向加速度传感器等。

陀螺仪的工作原理是当有外界角速度输入时，会产生陀螺力矩，力矩的大小方向与外加角速度有关。陀螺仪是一种精密仪器，漂移率（单位：度/小时）即每小时的积累误差是其主要精度指标。引起陀螺仪漂移误差的有害力矩称为干扰力矩，干扰力矩越大，陀螺仪的精度越低。对于转子式陀螺仪的干扰力矩主要来自框架轴承内的摩擦力矩、陀螺仪中心与框架中心不重合和陀螺马达的动不平衡等。

加速度计具有一个通过弹性或电磁限动装置连接的质量。通常只允许质量有一维的自由度。加速度计大多是通过形变来测量比力（外力与引力的合力）的大小。加速度计的主要参数是灵敏度和零位误差。

通过惯性传感器测量车辆的直线加速度和角加速度，以此为基础经过一次积分可以得到速度，二次积分可以得到距离或角度。这种不依赖于外界信息，只依靠车辆本身的惯性测量来完成导航任务的技术称作惯性导航。特别是对于自动驾驶汽车，一般通过 GNSS 和 INS 的组合定位定向来确定汽车行驶的位置、航向和姿态。

二、电子控制器

当前，车载嵌入式的电子控制器（Electric Control Unit，ECU）以单片机为核心。ECU 的硬件组成主要分为单片机最小系统、输入调理电路和输出驱动电路三部分。

单片机最小系统包括单片机及其外围的时钟、电源、复位等电路。车身控制器通常采用低成本的 8 位单片机，而控制算法更为复杂的动力总成和底盘控制器一般采用性能更好的 32 位单片机。特别是有关汽车安全的控制器如 ESC，需要两个运行相同程序的单片机形成冗余。将主单片机运算结果延迟 1.5 个周期后与校验单片机的运算结果进行比较，如出现偏差，则输出错误信号，使控制器处于备用状态。

输入调理电路主要用于各种传感器和开关信号的预处理，转换为适合单片机输入接口的信号。此外还可向传感器提供稳定的电源，及与 CAN 网络中的其他节点进行通信。对于传感器输出的数字信号，预处理环节一般包括整形、滤波和电平转换等；而模拟信号也要经过硬件滤波后才能进入单片机的 A/D 接口。

输出驱动电路主要使执行器按照单片机的控制指令动作。对于开关型执行器，通常使用单片机的普通 I/O 口控制；如果执行器需要连续控制，则会用 D/A 接口或 PWM 接口。但是由于单片机的输出电流本身十分微弱（mA 级），无法直接带动大电流的执行器（一般几安到几十安）。因此，一般需要利用三极管、MOSFET 或 IGBT 等组成驱动电路将控制电流放大。例如，控制直流电机就需要搭建 4 个三极管组成的 H 桥驱动电路（图 1-14）。要使电机运转，必须导通对角线上的一对三极管。根据不同三极管对的导通情况，电流可能会从左至右或从右至左流过电机，从而控制电机的转向。如果只需要控制电机转速而不管方向，则采用一对三极管组成的半桥电路即可。

ECU 的软件多由 C 语言编程，原则上分为与硬件相关的平台软件和应用软件，其中在应用软件中又主要包括信号调理模块、功能实现模块和故障诊断模块。在信号调理模块中主要对输入的各个传感器信号进行滤波处理，并计算控制器所需的中间变量；功能实现模块的核心是基于闭环控制实现系统功能，工程上多采用 PID、查询表 MAP、LQR、滑模变结构控

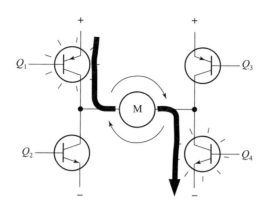

图1-14 H桥驱动电路

制等算法。故障诊断模块实时监控来自传感器、控制器和执行器的临时故障和永久故障,并将故障码记录于EEPROM中供以后读取。目前全车近百个ECU中的代码量已经超过1亿行,远超飞机和卫星中的代码量。

以单片机为核心的控制虽然输入输出接口非常丰富,但是计算能力先天不足,导致其在汽车智能化、网联化的背景下显得力不从心。因此,不少自动驾驶汽车开始应用以CPU + GPU、FPGA、ASIC等为核心,性能更为强大的域控制器,并逐步向底盘域、动力域扩展,以适应未来以数据为驱动、多系统协同控制的算法。

三、执行器

执行器按照控制器输出的电子控制信号工作,以使控制对象达到设定的状态。执行器按照所用驱动装置的原理不同,主要有电机和电磁阀两大类。此外,还有一类执行器不产生动作,比如点火线圈、加热器等。

1. 电机

电机中的能量转换以电磁能的形式通过定子和转子之间的气隙磁场传递。定子和转子通过永磁体或励磁线圈产生磁场,在此磁场中通过电流的转子线圈将受到安培力的作用产生运动,因此由转子线圈导入的电能被转化为机械能。改变转子线圈或励磁线圈的电流方向,都可改变力矩的方向。通常车用电机还要经过机械传动机构减速增矩或将转动变换为平动后,才能带动执行机构按控制的要求动作。

车用电机主要有直流电机和交流电机两种。直流电机定子只有一个用直流励磁线圈的单磁极。在转子中线圈绕在铁芯的凹槽中并与换向器相连。在定子壳体上,碳刷在电流换向器上滑动,向转子馈送直流电。通过换向器的旋转运动,线圈中的电流方向发生改变。直流电机成本低,一般用于力矩不大、性能要求不高的场合,如电动座椅、电动车窗、ABS电机等。

交流电机的三相绕组嵌入定子凹槽中,三相交流电产生磁场。根据转子结构不同,交流电机分为:

1)交流异步电机:在铁芯转子上有与定子一样的交流绕组。
2)永磁同步电机:转子中的磁极由直流绕组励磁。
3)直流无刷电机:电子换向直流电机,属于永磁体励磁,无集电环的同步电机。

交流电机的控制算法主要包括磁场定向矢量控制(Field Orientation Control,FOC)和直接转矩控制（Direct Torque Control，DTC）。交流电机虽然控制算法复杂，需要逆变器将车用直流电变为交流电，但是相比于直流电机取消了换向器，使其维护方便，容易做成高转速、大功率电机。因此，EPS 电机正逐步由直流电机向交流电机发展。此外，新能源汽车用的驱动电机主要为交流异步电机或永磁同步电机。

2. 电磁阀

电磁执行器只有一个线圈，同时提供磁场能和用于被转换的电能。根据电磁原理，励磁线圈中放置铁芯，具有较大的电感量，因此可以通过线圈通电产生电磁力完成控制动作。通常电磁力只能在一个方向上直线运动，还需要一个复位元件（如弹簧）。电磁阀的结构如图 1-15 所示，主要有线圈、铁芯和弹簧等。线圈通电后产生电磁力，铁芯在电磁力的作用下克服弹簧力而轴向移动，带动阀芯、滑阀等直线移动。

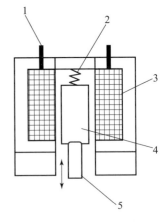

图 1-15　电磁阀结构
1—接线端子；2—弹簧；3—线圈；
4—铁芯；5—连接阀芯

电磁阀按其工作方式分为开关阀和线性阀。其中，开关电磁阀只有通电和不通电两种工作状态。对于常开型电磁阀，由弹簧保持其阀处于打开的状态，通电时由线圈电磁力吸动铁芯，使阀保持在关闭状态。对于常闭型电磁阀通、断电时阀的状态则正好相反。喷油器、废气再循环电磁阀、ABS 电磁阀等都属于开关电磁阀。在 ABS 压力调节器的八个电磁阀中有四个常开阀、四个常闭阀，通过开关阀的快速开启和关闭动作来改变液体的流向和平均流量。开关阀是通过控制电磁线圈产生的电磁力来开关阀口，其开关动作可以根据高低电平的互相转换来实现。

此外，还有一种高速开关阀，其工作原理与传统开关阀相同，都是在开、关两种状态之间切换来实现液流的通断。不同之处在于高速开关阀响应速度较快。通过控制高速开关阀的开启频率或开启时间可以近似调节通过阀的流量，即采用不同宽度的脉冲信号来控制阀的开关，可以使通过阀的平均流量与占空比成正比。通过电磁阀的流量与脉冲宽度成正比，与调制周期成反比。由于高速开关阀的临界频率有限，通常采用脉宽调制控制（PWM），调节脉冲宽度。高速开关阀的响应速度越快，对流量的控制就越精细和平稳，但是在 PWM 控制中占空比的有效调节区间通常较小。

线性阀是解决高速开关阀低频控制下缺点的一个有效途径。线性阀的主要特征是节流面积可调，通过控制电磁力实现阀口开度在全开和全闭之间的更精细调节。线性阀的结构比开关阀更为精密，一般成本也比开关阀高。线性阀的控制方式与开关阀有本质区别，它能将阀芯悬停在一定位置。由于电磁线圈通电后温度上升，线圈电阻会发生改变，因此线圈电流和 PWM 控制占空比的关系发生变化，造成阀芯的悬停位置发生变化。因此，为保证阀芯位置能够悬停在原位置，在控制线圈电流的过程中，还需要考虑温度对线圈电阻的影响。

第四节　开发与验证

在传统汽车电器与电控系统开发中，整车厂（OEM）只做系统集成工作，不做软件开发，由一级供应商（Tier1）完成所有功能的软件开发。各个系统主要由硬件产生价值，由于外部开发者无法对其介入开发,因此系统较为封闭,容易形成信息孤岛。同时代码无法复用,大量工作花费在不同软硬件的适配上。

而在汽车电气化、智能化的背景下,软件会深度参与汽车的开发与验证过程。OEM 不仅仅只是整车架构的定义者以及系统集成者,还主导脱离底层操作系统以及硬件的基础软件平台和大部分策略层面软件的开发。Tier1 只负责各个电控系统底层软件的开发,从而形成更高效的可扩展性和更开放的应用服务生态。得益于芯片、车载网络、大数据等技术的发展,为加速软件功能迭代提供了硬件平台基础。而电子电气架构 EEA(Electrical/Electronic Architecture)、远程升级 OTA(Over-The-Air)、大数据和网络安全组成了软件定义汽车的基石。在软件定义汽车的驱动下,汽车电控系统将有更短的开发周期、更少的软件更新成本,并通过标准化的 I/O 接口实现软硬分离。

早期汽车电控系统软件与硬件是高度耦合的,每当需要更换新的硬件时,都需要对其软件进行重新编写和大量的修改,以及一系列的测试。任何微小的变动都会带来灾难性的工作量,因此有必要实现软件与硬件的分离。在汽车电控系统软件开发与验证过程中,力求摆脱对系统硬件的依赖,于是 AUTOSAR(Automotive Open System Architecture,汽车开放系统架构)应运而生。2003 年 AUTOSAR 联盟成立,并推出了一个开放化、标准化的汽车嵌入式系统软件架构——AUTOSAR 规范。目前 AUTOSAR 联盟已经囊括了 100 多个会员,而 AUTOSAR 也成为汽车世界中最权威的软件开发规则。

分层架构是实现软硬件分离的关键。AUTOSAR 从上到下分层依次为:应用层(Application Software Layer,ASW)、运行环境(Runtime Environment,RTE)、基础软件层(Basic Software Layer,BSW)、微处理器(Microcontroller)。为保持独立性,每一层只能调用下一层的接口,并为其上一层提供接口。如图 1-16 所示,AUTOSAR 描述了控制器专用的 BSW,与控制器无关的 ASW,以及它们通过虚拟功能总线(Virtual Functional Bus,VFB)进行互联的逻辑分配。功能性软件组件(Software Components,SWC)相互之间以及与基础软件之间都是严格分开的,通过 VFB 可以把不同控制器里执行的软件组件连接在一起。

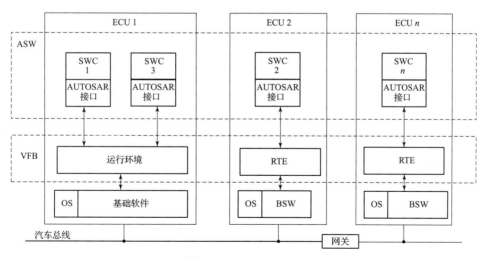

图 1-16 AUTOSAR

AUTOSAR 可分为 Classic AUTOSAR 和 Adaptive AUTOSAR 两类。其中,Classic AUTOSAR 主要采用 C 语言,运行 OSEK/VDX 操作系统;而 Adaptive AUTOSAR 采用 C++ 编程,运行

POSIX 操作系统。对于传统嵌入式 ECU，如发动机、自动变速器、电机等 ECU，在软件开发时主要采用 Classic AUTOSAR，软硬件系统之间采用面向信号的通信；而在 ADAS 和自动驾驶等领域多采用的更复杂的域控制器和中央计算平台中，需要应用 Adaptive AUTOSAR，同时采用面向服务的通信（Service Oriented Communication）。面向服务的架构（Service Oriented Architecture，SOA）思想是通过不同服务的相互作用实现一个复杂的功能，每个服务都是一个独立可执行的软件组件。服务以组合的形式来调动其他基础服务，然后将功能组合起来，从而降低由紧密互动的软件组件引起的复杂性。Adaptive AUTOSAR 封装了 SOA 软件底层的通信细节（如 SOME/IP 协议），方便上层应用调用标准服务接口（Application Programming Interface，API）。

在软件开发过程中，需要掌握需求设计能力、软件架构能力、代码开发能力、编译集成能力和系统测试能力。AUTOSAR 不仅在软件的功能、接口上进行了一系列的标准化，还提出了一套规范化的软件开发流程与方法。AUTOSAR 的应用在保证软件质量的同时，大大降低了开发的风险与成本。

目前，整车开发广泛采用如图 1-17（a）所示的 V 型开发流程，包括需求分析、设计、实现、集成/验证和有效性确认五个阶段。类似的，汽车电控系统开发一般也采用 V 型开发流程（图 1-17（b）），包括算法建模和离线仿真、快速控制原型设计、目标代码生成及

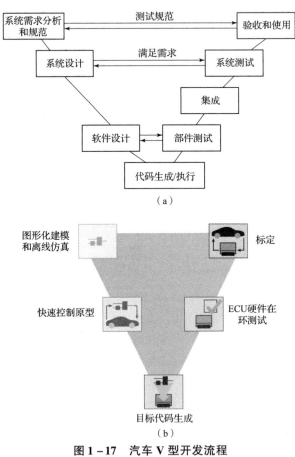

图 1-17 汽车 V 型开发流程
(a) 整车；(b) 电控系统

ECU 开发、ECU 硬件在环测试和 ECU 测试标定五个环节。V 型开发流程能够加快测试迭代，使得以测试为基础的实验和验证贯穿整个研发过程始终。因此，相对于传统的电控产品开发完成后直接进入台架或实车测试，采用 V 模型提高了汽车电控系统的开发效率。

在汽车电控系统的开发中除了考虑功能性外，还要全面地考虑可靠性和安全性的要求。表 1-5 中给出了汽车上所容许的系统、零部件可靠性要求。例如，传感器的故障率为 $<1 \times 10^{-5}$，即在 10 年中 10 万个传感器的故障率不到 1 个。此外，ISO 26262 道路车辆功能安全标准将汽车电子电气产品划分为 ASIL A ~ ASIL D 四个等级，其中 ASIL D 安全要求最高。

表 1-5 汽车各系统的可靠性要求

故障率	要求
ECU 故障率	$<5 \times 10^{-5}$
传感器故障率	$<1 \times 10^{-5}$
专用芯片故障率	$<3 \times 10^{-6}$
集成电路故障率	$\leq 1 \times 10^{-6}$
分立元件故障率	$<5 \times 10^{-7}$

采用 V 型开发流程的汽车电控系统离不开大量的实验和评价。汽车电控系统实验通常包括：仿真实验、台架实验和道路实验。仿真实验又可分为离线仿真和实时仿真。离线仿真对应电控系统 V 型开发流程中的第一步，数学模型可简单也可复杂，对计算时间通常没有要求。常用的仿真软件包括 Matlab/Simulink、CarSim、CarMaker、Prescan、AMEsim 等，并且可以开展多个软件的联合仿真，充分发挥各个软件的特点优势。实时仿真一般对应 V 型开发流程中的第二步和第四步，需要快速计算，因此数学模型不能过于复杂，常用的实时仿真工具包括 dSpace、PXI、Labcar 等。在硬件在环实验中，传感器和控制对象通常是虚拟的，已完成图形化编程和自动代码生成的控制器一般是真实的，执行器既可以采用实物也可以是仿真模型。而硬件在环实验与快速控制原型设计的最大区别是：前者中控制器是真实的，控制对象是虚拟的；而后者中控制器是虚拟的，控制对象是真实的。

典型的台架实验包括转鼓试验、电磁兼容实验、驾驶模拟器实验等。通过台架实验基本能验证 ECU 的总体性能，为道路实验打好基础。

道路实验是汽车实验中的最后一个环节。道路实验的最大特点是说服力强，但是实验流程复杂，花费昂贵，结果一致性较差，有时还十分危险。道路实验通常需要考虑以下五个方面：专门的实验样车，熟练的实验驾驶员，针对性的实验任务，合适的试车场所和安全的保护措施。在道路实验中主要完成 ECU 内关键控制参数、特征曲线、MAP 图等标定。汽车电控系统只有与车型相匹配时，才能充分发挥其效能。根据标定系统的工作方式分为离线标定和在线标定两种。

汽车电控系统的性能评价方法分为客观评价和主观评价。客观评价中需要避免驾驶员人为的影响，并针对某一单项指标的实验结果进行直接、定量的比较。主观评价则是驾驶员本人对汽车性能的评价。在某些实验中，以客观测试结果量化主观感觉的能力仍相当有限，因此主观评价在汽车底盘调校及性能匹配等实验工作中非常重要。

第二章
汽车电器与电气架构

第一节 概述

汽车电子电气系统主要包含电源和用电设备，用电设备中又主要分为电器和电控系统两大类，各个部件按照能量流和信息流由整车电气系统和车载通信网络作为连接的桥梁实现电能分配和信号通信。传统汽车（非新能源汽车）的电子电气系统有以下四个特点：

1）单线制：电源正极到用电设备只用一根导线，用汽车的金属机体作为公共回路与电源负极相连。汽车上电源与用电设备都是并联关系。

2）负极接地：电源和用电设备的负极与其安装位置的车身、车架等车体相连。

3）双电源：蓄电池和发电机。

4）低压直流电：目前有 12 V（乘用车）、24 V（商用车）两种电压。

在汽车电源中，发电机作为主电源，当发电机正常工作时，由发电机向全车用电设备供电，同时给蓄电池充电。在汽车上普遍采用的是三相同步交流发电机，由三相桥式整流电路将发电机定子绕组感应的交流电变为直流输出。蓄电池的作用是发动机起动时向起动机供电（汽油机的起动电流为 100 ~ 600 A）；当发动机怠速时，向车载用电设备供电；同时辅助发电机向用电设备供电；蓄电池还是电子控制器的不间断电源。目前使用的大多是改进的铅酸蓄电池，在蓄电池的正极会装有线路切断安全装置，而在负极装有蓄电池监控单元，用于监控蓄电池的电压和内阻。

除了电子控制系统外，汽车用电设备还包括起动系统、点火系统、灯光系统、仪表系统、空调系统、防盗系统、收音机、音响系统、电动车窗、电动座椅等。本章将重点介绍其中的两大类：一类是与乘坐舒适性有关的汽车电器；另一类是实现车身特定功能的电动装置。设计时除了要考虑用电设备的功率需求平衡（图 2 - 1），还需要将各种用电设备通过电源线和信号线连接起来。特别是随着汽车用电设备的增多，车载供电网络和通信网络日趋复杂，会造成汽车物理空间上的安装布置变得困难。因此，电子电气架构作为顶层设计越来越受到重视。

电子电气架构（Electrical/Electronic Architecture，EEA）最早由德尔福公司提出，通过 EEA 设计，可将动力总成、传动系统、信息娱乐系统等汽车信息转化为实际电源分配的物理布局、信号网络、数据网络、诊断、电源管理等电子电气解决方案。因此，EEA 需要考虑车上电器及电控单元的分布位置、线束连接、电源分配等问题。随着芯片算力的提升和车载以太网的应用，电子电气架构正经历高度分布式—域集中式—中央集中式的转型。这种集中化趋势不仅有利于数据交互、功能协同，提高算力利用率，同时减少线束使用、精简物料清单（BOM），降低故障率和整车成本。例如，大众 MEB 平台和特斯拉 Model 3 平台分别采用了域集中式 EEA 和中央集中式 EEA。

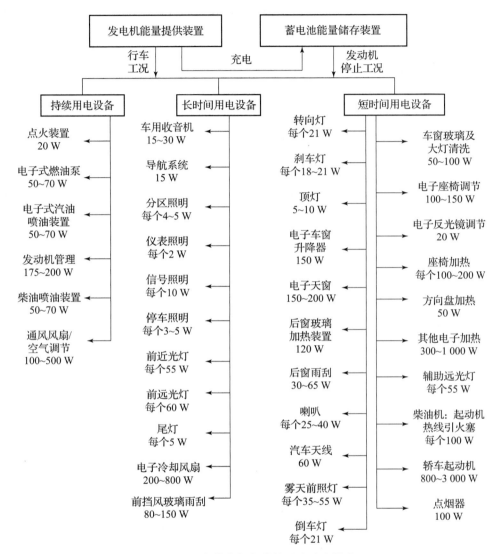

图 2-1　车载电气负载的平均功率需求

域集中式 EEA 主要按功能域划分，包括车辆控制域（Vehicle Domain Controller，VDC）、智能驾驶域（ADAS/AD Domain Controller，ADC）和智能座舱域（Cockpit Domain Controller，CDC），以及基于车载以太网的主干网和若干高性能网关。车辆控制域将原有的汽车动力、底盘、车身相关系统进行整合，对实时性、安全性要求较高；智能驾驶域负责自动驾驶相关感知、规划、决策等功能；智能座舱域负责人机交互和网联功能的实现。

中央集中式 EEA 主要按区域划分，由车载中央计算机（Vehicle Central Computer，VCC）、区域控制器（Zonal ECU，ZCU）、主干网（千兆以太网）/区内网（CAN/LIN/FlexRay）、双电源冗余供电和区域内智能分级供电系统等组成。它不仅能将计算资源集中化,便于软、硬件分离,也给各区域的电源管理带来灵活度。如果说当前汽车的分布式架构是"计算的分布式,供电的集中式";那么中央集中式 EEA 就是"供电的分布式,计算的集中式"。而区域控制器主要充当网关、交换机和智能接线盒的角色,负责数据分发和分级配电(一级配电:双电源—区域控制器;二级配电:区域控制器—底层控制器)。此外,区域控制器会配置 ASIL 等级高的底层控制器实现基本功能,保证系统功能安全,同时整合区域内的部分控制器功能。

此外,结合域集中式和中央集中式 EEA,应用面向服务的软件架构 SOA 可实现功能的快速迭代与灵活重组。SOA 中的每个服务都具有唯一且独立互不影响的身份标识,并通过服务中间件(Service Middleware)完成自身的发布,对其他服务的订阅以及与其他服务的通信工作(图 2-2)。通过软件合理地划分为单独的软件组件,SOA 能最小化组件之间的功能依赖性,提高软件的可扩展性和移植性,提高组件的可重复性和硬件的可升级性。

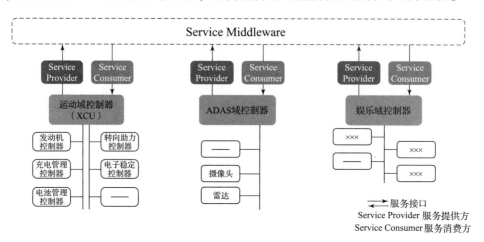

图 2-2　面向服务的软件架构

第二节　汽车电器

本节主要介绍灯光信号、信息娱乐和车载空调三类典型的汽车电器系统,这些系统直接影响驾驶员的舒适性和驾乘体验。

一、灯光信号系统

汽车灯光系统包括汽车内外各种照明灯及其控制装置,用来保证夜间行车安全。基本要求是能提供车前 100 m 以上明亮均匀的道路照明,并且不应对迎面来车司机造成眩目。随着车速的不断提高,要求道路照明的距离也相应增加。汽车上的照明系统主要包括前照灯、倒车灯、牌照灯、雾灯。

汽车前照灯通常分为卤素灯、氙气灯和 LED 灯三种。卤素灯的原理是在灯泡内注入碘或溴等卤素气体,在高温下,升华的钨丝与卤素进行化学作用,冷却后的钨会重新凝固在钨丝上,形成平衡的循环,避免钨丝过早断裂。因此,卤素灯泡比白炽灯使用寿命更长。1971年海拉公司最早将卤素车灯应用于奔驰上。

氙气灯利用电子镇流器将汽车12 V电压瞬间提升到23 kV以上的触发电压,将灯泡中的高压惰性气体——氙气电离,形成电弧放电并使之稳定发光。氙气灯发出的电弧光亮度是卤素灯的2倍以上,电能消耗为卤素灯的一半,同时电能转化为光能的效率也比卤素灯提高70%以上,所以氙气车灯具有比较高的能量密度和光照强度,使得在夜间和大雾环境下驾驶员视野更清晰。此外,由于氙气灯内是两个电极,没有灯丝,因此使用寿命较卤素灯提高5倍以上。1992年在宝马7系上最早应用氙气车灯。

奥迪在2003年最早应用LED车灯,由于采用有源器件——发光二极管作为光源,具有亮度高、功能组合丰富、低功耗、寿命长、低延时等优点,但是在散热性能上不如氙气车灯。

汽车信号系统的作用是保证车辆运行时的人车安全。其中,常用的听觉信号包括喇叭和倒车蜂鸣器;视觉信号包括转向信号、制动信号、双闪信号、示廓信号等。其中,制动信号一般由制动踏板处的制动开关控制,通过制动尾灯和高位制动灯显示。示廓灯用于汽车夜间行车时标志汽车的宽度和高度,也被称为"示宽灯"和"示高灯"。

为防止眩目,汽车上采用远光灯和近光灯。在无迎面来车时采用远光灯,使前照灯照亮距离更远,以满足高速行驶的道路照明需要;在会车时则切换为近光灯,使前照灯光线斜向下照射,虽然照射距离较近,但避免了会车时对对向驾驶造成干扰。目前已出现汽车前照灯的远近光灯自动切换系统。此外,自2006年起在一些高档车型上开始装备自适应转向大灯系统(Adaptive Front-lighting System,AFS)。在车辆转弯时,AFS会根据车辆的行驶速度和转弯半径实时地计算出转弯过程中车灯的水平转角,既保证驾驶员在整个动态变化过程中具有足够安全的视角范围,又保证不会对迎面车辆驾驶员造成眩目。同时,当车辆由于载荷变化或者急加速/急减速而导致车身俯仰时,AFS会主动根据车身俯仰角度实时调节车灯照射角度,保证光照距离不受车身姿态的影响,同时滤除粗糙路面、减速路障等干扰,保证行车照明质量。AFS在自适应调节过程中,由步进电机执行前照灯模块或附加反射装置部件的转动。AFS系统的组成如图2-3所示。

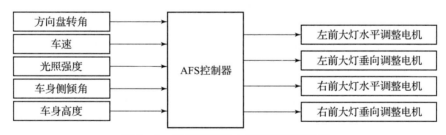

图2-3 自适应转向大灯控制系统组成

二、信息娱乐系统

当前行车信息主要通过仪表显示系统提供给驾驶员。汽车电子仪表不仅能精确显示发动机转速、车速、里程、油压、发动机冷却液温度、燃油贮量等直接参数,还可显示一些经过计算后的间接参数,如瞬时油耗量、平均油耗、平均车速、续驶里程、行驶时间等。电子仪表系统的显示形式可多样化,如数字化显示、条线图形显示、声光显示与报警等,以使驾驶员更为方便、全面地掌握汽车的运行状况。

当前电子仪表以单片机为核心，具有一定的信息记忆、运算处理功能，同时一般集成网关作为全车信息的汇集地。随着无线通信技术与电子显示技术的发展，未来电子仪表系统将升级成智能座舱的一部分，突出信息量大和高度智能化的特点。电子仪表系统除了基本的指示功能外，还兼具通信和导航功能。例如，搭载高精度地图与 GPS 定位系统；利用车载无线通信可以通过云端与交通管理中心、汽车救助中心实时互动等。

在驾驶员低头读取仪表数据的过程中，有可能因为动作分心和视觉分心造成一定的驾驶安全隐患，因此出现了抬头显示系统（Head – up Display，HUD）。HUD 利用光学反射的原理，将 HUD 的图像投射到距离驾驶员几米的位置处，驾驶员能够在观察外界信息的同时获取到融合在外界景象上的 HUD 虚像。抬头显示系统最初应用在飞机上，在 1988 年首次在通用汽车上用于显示车速信息。目前抬头显示系统包括前挡风玻璃投影和反射板投影两种形式，主要用于显示车速、导航、夜视红外、安全报警等关键信息。

传统汽车娱乐系统以收音机和 CD 机为主，随着数字技术的发展，车内娱乐设备更加丰富，包括数字影音娱乐系统、车载多媒体播放系统、车载电话、后座娱乐系统等。由于娱乐信息系统中的音频、视频数据量很大，对车载芯片和通信网络的实时运算和传输提出了较高的要求。

未来在数字化、网联化的背景下，汽车智能座舱将综合满足以下六个方面的功能需求：行车参数、驾驶辅助信息、车辆体验、导航、通信和信息娱乐。通过语音交互、手势交互、人脸识别、大屏化、多屏化等人机交互方式，智能座舱能提供用户在车内更好的驾驶辅助出行类服务、工作与社交类服务、娱乐性服务。未来智能座舱将面向车云一体化，座舱内各种服务信息和驾驶员大数据成为产品的核心竞争力（表 2 – 1）。

表 2 – 1　智能座舱概览

研究内容	博世公司	大陆公司
座舱域控制器	AI Car Computer	Integrated Interior Platform
人机交互系统	mySPIN 车载信息娱乐系统	NAC/RCC 导航及车载娱乐系统、智能语音助手解决方案
车载显示系统	全液晶/曲面仪表板 车载裸眼 3D 显示屏 数字化后视镜 智能座舱多屏互动	AR HUD 抬头显示 裸眼 3D 显示屏 曲面 AMOLED 屏
中控面板	车辆控制屏 NeoSense 触屏反馈技术	曲面中控面板系统 触觉交互屏幕
座舱监控系统	基于 AI 的驾驶员监控系统	前视 + 360 环视 + 舱内多摄像头集成系统
车联单元	OTA 混合连接控制单元	智能网关、智能天线 融合 5G – 混合式 V2X 方案

三、车载空调系统

车载空调一般由制冷系统、供暖系统、通风系统、空气净化装置及控制系统五个部分组成，其主要功能是实现对汽车内部空间温度、湿度、通风性以及清洁度的调节。1954 年通用汽车公司最早将冷暖一体式空调安装于车上；1964 年通用公司首先实现了自动控制的车载空调；1977 年由单片机控制的全自动空调开始在汽车上应用。

汽车空调的制冷系统由压缩机、冷凝器、膨胀阀、储液干燥器和蒸发器等组成。基于制冷剂由液态转化为气态时需要吸收空气热量的原理，压缩机将制冷剂进行压缩，高温高压制冷剂气体进入冷凝器管道被降温，经过干燥器处理后变成高压液体，再通过膨胀阀节流处理变成低温、低压的低能量液体。低能量液体在蒸发器内吸收由通风系统送来的空气热量而蒸发，达到制冷的功能。

汽车供暖系统多采用水暖式和空暖式。水暖式供暖是用发动机的工作热水经由热水阀注入热交换器，利用风扇或者蒸发器将吸收热水能量后的空气送进车内。空暖式供暖的工作原理是利用汽车发动机排除废气时产生的热量来加热空气，使用气热管换热器就能让排出废气和进入车内的暖空气互不影响，安全性能高。对于纯电动汽车，一般采用 PTC（Positive Temperature Coefficient）热敏电阻式和热泵式供暖技术。

汽车的通风系统主要是使用马达驱动鼓风机风扇对各种风门的风量进行调节，达到汽车内外空气的循环，实现通风和热交换的功能。

全自动空调的控制系统组成如图 2-4 所示。空调控制器根据控制面板设定的温度、工作状态和各个传感器的信号进行比较计算，对送风温度、送风模式及风量、压缩机的启停、热水阀开度等进行自动调节，实现对送风温度、风量等的闭环控制。电子控制器的输入信号主要有车内外温度、光照强度、发动机冷却液温度、冷暖风门位置、压缩机制冷温度及压力、设定温度、空调运行模式等。控制器输出的控制信号主要是各风门的位置、鼓风机和压缩机的运转状态等。控制通风方式的风门主要由伺服电机或步进电机驱动，而调节鼓风机电机的转速可以控制空调的风量大小。

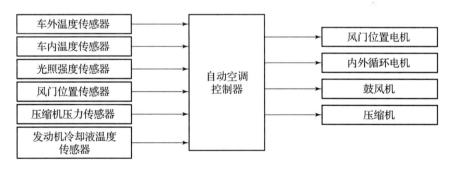

图 2-4 全自动空调的控制系统组成

由于车内空间小，气流不能均匀分布，对车载空调系统的制冷要求高；同时，车载空调在质量、体积、振动、噪声、安全性等方面都有较高的技术要求。此外，作为较大功率的用电设备，需要考虑车载空调对汽车动力性能，以及对纯电动汽车续航里程的影响。

第三节　电动装置

汽车上的辅助电动装置包括电动座椅、电动后视镜、电动刮水器、风窗玻璃洗涤器、电动车窗、电动门锁等。其中，大部分装置都由小型直流电机作为动力源，配合传动机构的减速增扭后作用于直线运动的控制对象。

电动座椅主要由电动机、座椅调整机构、控制开关等组成，利用开关调节座椅的位置。一些电动座椅为防止电机过载，还设置了过载断路开关。电动座椅有两向可调（上下，一个电机）、四向可调（上下/前后，两个电机）、六向可调（上下/前后/靠背倾角，三个电机）、八向可调（前端上下/后端上下/前后/靠背倾角，四个电机）四种调节方式。座椅调整机构将电机的旋转运动转变为座椅的空间移动。高度调整机构通常是将电机的高速旋转经蜗轮蜗杆传动减速，再经蜗轮内圆与心轴之间的螺纹传动，转换为心轴的上下移动。前后调整机构则是将蜗轮蜗杆减速机构加齿轮齿条传动，使座椅在电动机的驱动下沿导轨前后移动。通过电动座椅调节开关控制四个永磁电机的正反向电流，使电机分别按不同的方向转动，可以实现座椅的前端上下、后端上下、前后移动和靠背倾角调节。

电动后视镜可使驾驶员坐在车内通过调节开关调整后视镜。电动后视镜主要由永磁电机、传动机构和控制开关组成。每个后视镜都装有两套驱动装置，其中一套一个电机和传动机构用于后视镜水平方向的转动；另一套则用于后视镜垂直方向的转动。电动后视镜通常采用组合式开关操纵，组合开关由后视镜选择和后视镜转动（水平方向和垂直方向）控制开关组成。有的汽车后视镜带有可折叠功能，由后视镜折叠开关控制电机工作，驱动折叠传动装置带动后视镜的折叠和伸出。

电动刮水器主要由电动机及控制电路、传动机构和刮水片组成，其作用是清除前后风窗玻璃上妨碍驾驶视野的雨水、灰尘、雪花及杂物。电动刮水器的基本功能是使刮水片实现摆动，同时还应具有变速、间歇摆动及自动复位等控制功能。刮水片一般设有两种摆动刮水速度，依靠控制电机的转速实现变速。汽车在小雨或雾天中行驶时，刮水器快速反复刮动不但没有必要，反而影响驾驶员的视线，因而增设了间歇刮水功能，每刮刷一次停歇 3~6 s。此外，当关闭刮水器开关使刮水片停止摆动时，若刮水片没有正好停在风窗玻璃的下边缘，将会影响驾驶员的视野，为此刮水器都设有自动复位机构。无论关闭刮水器开关时刮水片处在什么位置，自动复位机构都自动停在指定位置。

风窗玻璃洗涤器通常与刮水器配合使用，由洗涤液泵、洗涤液缸、洗涤液喷嘴、三通接头、连接软管等组成。当风窗玻璃需要洗涤时，应首先起动洗涤液泵，使洗涤液从喷嘴喷到刮水器的刮水片上，浸软尘土和污物后，才能开启刮水器，把玻璃上的尘土、污物及洗涤液一起刮干净。由于洗涤液泵电机为密封式、短时工作的高速电机，因此洗涤液泵连续工作时间应不超过 5s，使用间隔应在 10 s 以上。

冬天汽车风窗玻璃结霜会影响驾驶员视野，因此需要安装汽车玻璃除霜装置，主要有以下几种形式：①在风窗玻璃下面装热风管，向风窗玻璃吹热风以除霜并防止结霜。这种形式一般用于前风窗玻璃的除霜。②电加热除霜，将电热丝（镍铬丝）紧贴在风窗玻璃的车内表面，需要除霜时通电加热即可。这种形式一般用于后风窗玻璃。③将含银陶瓷电网嵌入玻璃内，或采用在中间夹有电热丝的双层风窗玻璃，通电后都有除霜功能。④在风窗玻璃上镀一层透明导电薄膜，和电热丝一样通电后产生热量除霜。

电动车窗主要由升降控制开关、双向直流电机、升降机构等组成。在电动车窗中一般加入了防夹技术，即在车窗玻璃上升过程中遇到障碍物，当达到夹紧力限值时，自动停止并退回一定的距离。根据美国 FMVSS118 和欧洲 74/60/EMC 法规规定，在防夹区域（4～200 mm）内，如果受到物体阻碍且夹紧力大于 100 N 时，应自动停止车窗闭合并触发电机反向转动，避免由于持续夹紧而对人和物造成伤害。目前实现防夹功能主要基于如下两种方案：霍尔传感器方案和电机电流纹波方案。

实现防夹功能需满足两个要求：一是遇到障碍物时能够准确识别出夹紧力大小，达到设定的阈值时能及时反转车窗；二是要精确判断出车窗运行的位置。电动车窗控制器通过实时检测障碍物对车窗上升的阻力增大而导致的电机电流和霍尔信号的脉宽变化，最终计算出当前夹紧力的大小。若计算出的夹紧力大于设定的阈值，则控制器给出防夹命令控制车窗电机反转。同时，出于对电机机构的寿命保护，往往要求车窗自动上升至顶和下降至底时做软停止，即通过准确判断车窗的位置，在接近顶或底的时候，停止对电机的输出，通过惯性控制车窗，避免发生堵转。电动车窗的驱动电机可分别由总开关和各车门处的分开关控制。此外，在电机驱动电路中设有热敏开关，其功能是当车窗完全关闭/打开或由于车窗玻璃上结冰、卡滞等引起车窗玻璃无法移动时，由于电流增大使热敏开关变热而自动断开，防止电路过载。

电动门锁是汽车电子防盗系统的重要组成部分，一般通过按键或遥控钥匙完成所有车门的锁定和打开。电动门锁系统也称中控门锁，主要由门锁执行器、操纵机构、继电器及控制电路等组成。电动门锁一般在各车门处均设有可独立开关的锁扣；有些电动门锁系统还设有车速感应锁定功能，当车速超过 10 km/h 时，各车门能自动锁定以确保行车安全。电动门锁的执行器主要有电机式和电磁线圈式两大类。电机式门锁执行器通过控制电机的正反转来实现门锁的锁定和打开动作，而电磁线圈式电动门锁执行器有单线圈和双线圈两种。其中，双线圈式电动门锁执行器通过对开锁线圈和锁门线圈的通断电控制，产生不同方向的电磁吸力，使衔铁做出相应的移动，再经门锁连接杆驱动门锁机构的开关；而单线圈式的开锁和锁止动作是通过控制线圈电流方向实现的。

第四节 整车电气系统

一、电气系统组成

整车电气系统是连接车载电源和用电设备之间的桥梁，包括线束、接插件、控制开关和保护装置等。

汽车线束的作用是保证电能分配和信号通信。车用导线通常采用铜线，也有在蓄电池等中少部分使用铝线的。线束的截面积一般从 0.5 mm^2 的信号线到大功率电器使用的 75 mm^2 线不等。此外，各国对线束的颜色也有不同的规定，如我国要求截面积 4.0 mm^2 以上的导线采用单色，其他导线采用双色（在主色基础上加入辅助色条）。开发线束需要考虑以下几点：密封性、电磁兼容性、温度、布线和对导线的保护等。

接插件由插头和插座组成，用于线束与线束之间、线束与用电设备之间的连接。车用插接器需要良好的密封性，以防止油污、水及灰尘等进入而使端子锈蚀，同时设有锁止机构保证可靠的连接。插拔接口最常见的故障原因在于振动或温度变化引起的接触点磨损，磨损导致氧化从而使内阻升高。在大电流情况下，接触点处的温度升高，容易发生热过载。对于传感器或执行器的接插件，一般接头针脚在 10 个以内；而控制器的接头针脚在 10 个以上，且有结合力的支撑。

随着用电设备的增多，当前高档轿车上使用了 40 多种专用线束、超过 700 个接插件、3 000 条导线，全部线束长度超过 4 km。过多的线束增加了材料和成本，也会因为回路增加可能对用电设备造成干扰，因此，布线的优化和接插件的标准化对车载电路设计十分重要，在布线前应采用软件工具进行合理分析。

整车电气系统中的控制开关主要包括点火开关和继电器。点火开关是一个复合开关，包括 OFF/LOCK（关闭挡）、ACC（附件挡）、IGN/ON（点火挡）、START（起动挡）。继电器主要起保护开关和电路自动控制的作用。其中，保护开关是指开关只控制继电器线圈的通断，由继电器触点来通断开关要控制的电路。由于开关只流过较小的继电器线圈电流，因而开关不易损坏，可延长其使用寿命。例如，起动继电器、车灯继电器等。电路自动控制是指当电路中的受控电压达到设定的继电器动作电压时，继电器触点改变工作状态，如安全继电器。

整车电气系统中常用的保护装置有熔断器和易熔线。熔断器中保护元件是不可恢复的熔丝，通常用于局部电路保护。当其所保护的电路过载或短路时，熔断器的熔丝因电流超过规定值一定时间而发热熔断，以避免用电设备损坏。熔断器一般包括插片式、管式、片式等结构形式。为了便于检查和更换熔断器，汽车上常将各电路的熔断器集中安装在一起，同时安装有各种继电器组成配电盒。易熔线则由多股熔丝胶合而成，用于保护工作电流较大的电路。易熔线通常被接在蓄电池正极附近，或集中安装在接线盒内。

二、电路图

电路图是电气设备的图形表示。汽车电路图用于表示汽车上各种电气设备的相互关系和相互连接的形式。电路图不考虑设备的形状和外形尺寸，仅是抽象的表示电流流向情况。电路符号是电路图的最小元素。电路符号线和连接线的粗细一样。根据德国标准 EN 61346 - 1，汽车电路图的分类如图 2 - 5 所示。

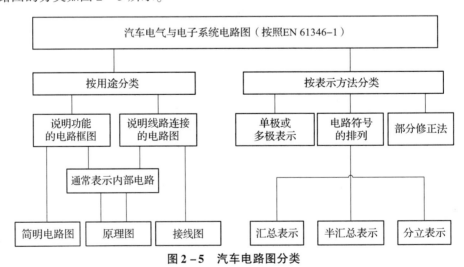

图 2 - 5　汽车电路图分类

其中，简明电路图是电路的简化表示，只考虑电路的主要部分，并且大多用单线表示，不显示内部电路。电路原理图更为详细地描述了电气设备的工作原理和功能，便于定位故障和测试维修。接线图则表示出电气设备的实际接线位置和与该设备内外部的导线连接，多在今后更换设备时使用。

此外，德国标准 DIN 72552 针对汽车电气设备规定了标记体系（表 2-2），用于消除设备和导线连接的错误。端子标记不同于导线标记，带有不同端子标记的各种设备可能被连接到同一导线两端，因此不需要将端子标记带到导线上。

表 2-2 DIN 72552 标准的端子标记

端子	定义
1/4	点火线圈和分电器（低压/高压）
15	受开关控制的蓄电池正极
30	直接连蓄电池正极
31	蓄电池负极的回流线和负极（直接搭铁）
50	起动控制端子
53	雨刮电机正极输入
55	前雾灯
56	前照灯
58	边灯、尾灯和仪表照明
59	交流电压输出和整流器输入
75	收音机和点烟器
76	扬声器
84	线圈和继电器触点输入

三、电路分析方法

通过汽车电路图对整车电气系统进行分析时，应考虑以下几个方面。

1）牢记汽车电气系统的基本特点：单线、并联、负极搭铁：
- 每个用电设备连接都是一根导线与电源的正极相连接，如果某个用电设备的电源线还连接着其他用电设备，则是与其他用电设备共用电源线；
- 用电设备与电源之间可能串联有熔断器、开关或继电器等部件，但各个用电设备之间仍然是并联关系；
- 一些电器通过其壳体搭铁连接电源的负极，有的电器和电子装置则是通过导线搭铁。

2）充分了解各种电路图的特点与规定；
3）熟悉各种用电设备的结构与工作原理；

4）熟悉各种开关及继电器的功能与状态；

5）分清相关联电路的关系：

- 并联关系；
- 控制与被控制关系；
- 控制目标关联关系：电控系统的传感器、执行器会通过控制器进行关联。

6）熟练掌握回路分析法：一个具有某种功能的汽车电路都是由电源正极通过安全装置（熔断器或易熔线）、控制装置（开关或继电器触点）、用电设备及相应的线束组成。回路分析法就是分析电路的通路情况，一般是从电源的正极经熔断器、开关或继电器触点、用电设备到搭铁，再回到电源的负极。熟悉回路分析方法，不仅对理解电路原理有用，对电路故障分析和故障查询也很重要。

第五节 车载通信网络

车载通信网络是连接不同电子控制器和网关接口的信息桥梁。宝马公司早在1987年推出了第一辆带有通信总线（K-Line）的汽车，目的是减少车内线束。由于其应用方向是发动机控制单元的诊断，因此被称为"D-Bus"。随着汽车网络技术的发展，目前车内局域网主要采用CAN网络为主体，LIN网络为补充的CAN/LIN混合网络。CAN/LIN网络的应用对于改善分布式电控系统的灵活性和扩展性，提高数据传输的效率和可靠性，降低电路故障率和线束成本具有重要意义。

一、CAN/LIN 总线

CAN（Controller Area Network，控制器局域网）是一种串行双向数据总线。CAN总线由德国博世公司在20世纪80年代最早提出，并于1992年由奔驰公司首次应用于汽车上。为了避免电磁干扰和回音，CAN总线采用双绞线和终端电阻。两条线上的电位是相反的，其中一根为CAN-High线，另一根为CAN-Low线。CAN总线的传输速率与传输距离成反比，如表2-3所示，最大波特率为1 Mbit/s。

表2-3 CAN波特率和传输距离的关系

波特率	最大距离
10 Kbit/s	6.7 km
20 Kbit/s	3.3 km
50 Kbit/s	1.3 km
125 Kbit/s	530 m
250 Kbit/s	270 m
500 Kbit/s	130 m
1 Mbit/s	40 m

CAN 总线具有以下特点：

1) 多主机：在 CAN 网络上可以连接许多电子控制器，不分主从关系。

2) 设置方式：不需要改变任何节点的软硬件和 CAN 协议，就可以在 CAN 网络中直接添加节点。

3) 报文路由：报文的内容由识别符命名，不包含源地址或目标地址。可根据报文的标识符决定接收或屏蔽该报文，同时标识符决定了报文的优先级。

4) 广播模式：所有 CAN 网络上的节点都可以接收到相同的报文，并同时对此报文做出反应（接收或不接收）。通过报文滤波即可实现点对点、点对多点的数据传输，无须专门的调度。

5) 检错机制：采用短帧结构，每帧信息都有 CRC（循环冗余码）校验，节点发送的信息遭到破坏后可自动重发。节点在错误严重的情况下具有自动退出总线的功能。

若将电子控制器配置成为 CAN 网络上的一个节点，硬件上除了单片机外还需要 CAN 控制器和 CAN 驱动器（收发器）。通常将 CAN 控制器集成到单片机内成为一个 IO 模块，因此采用嵌有 CAN 协议控制模块的单片机 + CAN 驱动器即能构成一个完整的 CAN 节点。CAN 驱动器作为 CAN 物理层的接口芯片，用于电平匹配，多采用飞利浦公司的 TJA1050/TJA1040 芯片。

1993 年，CAN 首次成为国际标准——ISO 11898，并在两年后扩展形成了 CAN 2.0 规范。其中，11898 - 1 称为"CAN 数据链路层"，11898 - 2 称为"非容错 CAN 物理层"，11898 - 3 称为"容错 CAN 物理层"。此外，美国 SAE 还针对商用车推出了 J 1939 标准的 CAN 协议。CAN 2.0 规范对数据链路层（包括逻辑链路控制子层 LLC 和媒体访问控制子层 MAC）和物理层进行了具体定义。按照帧格式的不同，CAN 报文分为 11 位标识符的标准帧和 29 位标识符的扩展帧。按照帧类型不同，CAN 报文分为数据帧、远程帧、错误帧和过载帧。其中，最为常用的是数据帧，由 7 个不同的位场组成：帧起始、仲裁场、控制场、数据场、CRC 场、应答场、帧结尾，如图 2 - 6 所示。仲裁场内包含标识符，控制场内包含数据长度代码，数据场由待发送数据组成，可以为 0 ~ 8 个字节，每个字节有 8 位。远程帧则不带数据场。

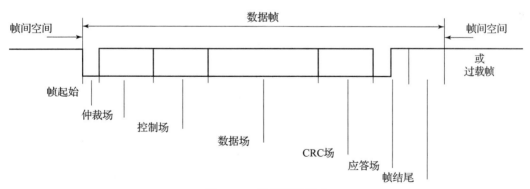

图 2 - 6　数据帧的组成

目前，车载网络呈现"局部成网，区域互联"的特点，即一辆汽车上同时包含动力安全子网、车身电器子网、故障诊断子网、信息娱乐子网和智能驾驶子网等。不同类型的子网络通过网关进行信息共享。其中，动力安全子网通常基于 ISO 11898 或 J 1939 协议组建高速

CAN 网络来保证数据传输实时性，波特率为 500 Kbit/s（ISO 11898，常用于乘用车）或 250 Kbit/s（J 1939，多用于商用车）。属于动力安全子网的电子控制器包括发动机、自动变速器、ABS、主动悬架、安全气囊、自适应转向大灯等。车身电器子网通常基于 ISO 11519-2 和 J 2284 协议组建低速容错 CAN 网络，增加传输距离，改善系统抗干扰特性。属于车身电器子网的电器系统包括车门、车窗、座椅、雨刮、空调等，它们对实时性要求不高，波特率一般设为 100~200 Kbit/s。为了降低系统成本，在车身电器子网的底层通常采用 LIN 总线把 ECU、传感器和执行器先组织形成模块化，再在上层结合 CAN 总线构建 CAN/LIN 混合网络。故障诊断子网一般通过 CAN 总线连接网关与 OBD Ⅱ接头。由于音频、视频、环境感知传感器数据量很大，信息娱乐子网和智能驾驶子网通常采用速度更快（几兆到上百兆 bit/s）的 MOST 总线、Flexray 总线或车载以太网等。图 2-7 给出了典型的车载网络组成。

下面以车速信号为例介绍如何利用车载通信网络实现数据传递。ABS/ESC 控制器计算来自轮速传感器的信号，获得车速信息并将这一数值发送到基于高速 CAN 总线的动力安全子网上。发动机管理系统需要车速调节喷油量，而自动变速器控制器根据车速信号来选择合适的挡位。自适应巡航系统需要根据实时车速控制自车与前车保持安全车距。网关（Gateway）将车速信息发送到组合仪表 CAN 总线上，然后由仪表盘将数值显示出来。此外，通过网关车速信息还会传输到 CAN 网络中的智能驾驶子网、车身电器子网和故障诊断子网上。例如，在 GPS 信号丢失时，导航系统需要对车速信号进行积分获得车辆的方位；对车门的自动锁止；连接故障诊断仪来读取车速信息。

LIN（Local Interconnect Network，本地互联网）规范是由摩托罗拉与奥迪等推出的一种低成本的开放式串行通信协议，主要用于车内面向智能传感器或执行器的数字化通信场合。LIN 采用了 UART 的数据格式和简单的单线连接，位速率最高可达 20 Kbit/s。此外，LIN "单主多从" 的媒体访问机制省去了复杂的仲裁过程，从属节点可在没有晶体振荡器的情况下自行同步，因此软硬件平台得到简化。LIN 总线遵循国际标准 ISO 9141，1 个 LIN 网络上节点数目少于 12 个，不需要改变 LIN 从节点的硬件和软件就可在网络上增加节点。

现有 CAN 总线为主的车载网络仍然存在以下缺点：
1）位速度受限，最大为 1 Mbit/s（通常使用 500 Kbit/s）；
2）有效信息传递率低，数据场不到数据帧总长度的 60%；
3）属于事件触发型，报文发送和接收时间存在不确定性（总是排队等待）；
4）为了避免冲突仲裁导致网络瘫痪，通常要求 CAN 总线上的数据负载率在网络带宽的 30% 以下。

随着车载 ECU 数量的不断增加，CAN 网络中事件也不断增加，优先级低的节点可靠性得不到保证，会产生数据延迟甚至网络瘫痪现象。针对传统 CAN 总线的不足，博世公司推出了 CAN FD 协议，并且 CAN FD 与 CAN 网络的相似性使得不需要对 ECU 的软件部分做大规模修改即可升级车载网络。CAN FD 主要做出了以下三点改进：

1）可变速率。

CAN FD 采用了两种位速率，一个是从控制场到应答场之间的数据段，使用高于 1 Mbit/s（标称可达 5 Mbit/s）的可变位速率，提高通信效率；其余部分如仲裁场仍沿用 CAN 2.0 的规范，最高速率为 1 Mbit/s。

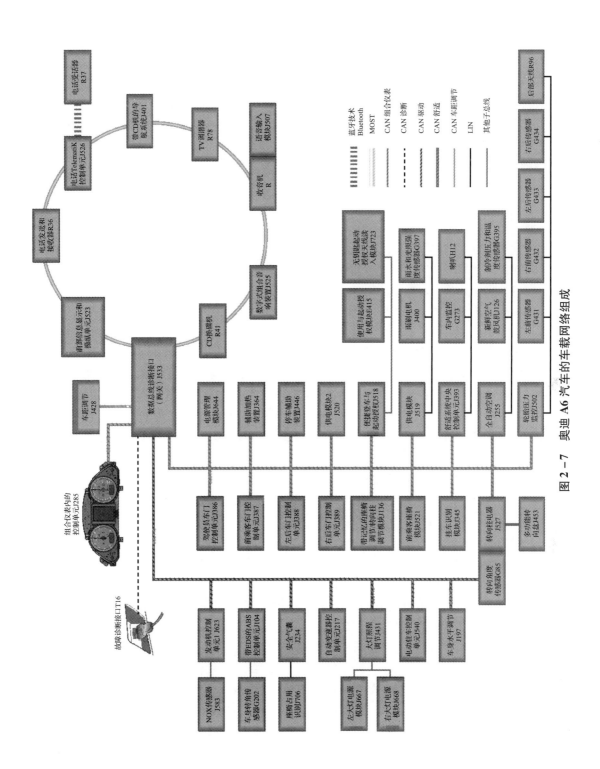

图 2-7 奥迪 A6 汽车的车载网络组成

2）新的数据场长度。

CAN FD 对数据场的长度作了很大扩充，最大长度由传统的 8 字节增加到 64 字节，加长的数据段避免了数据传输时非必要的拆分。

3）更可靠的 CRC 校验和额外的控制位。

在传统的 CAN 2.0 中填充规则会对 CRC 产生干扰，在 CAN FD 中升级了算法，将填充位加入多项式的运算中作为格式检查。考虑到数据场长度的变化范围很大，CRC 也会生成两种相应的校验算法，当数据场长度小于或等于 16 字节，使用 17 位的 CRC 算法，否则，使用 21 位的 CRC 算法。此外，在 CAN FD 中利用了部分保留标志位，新增三种控制位，包括 EDL（是否是 CAN FD 帧）、BRS（是否可变速率）以及 ESI（错误状态），从而丰富控制场内的有用信息。

二、其他车载总线

近年来随着汽车智能化的发展，对车载网络的传输速率和可靠性提出了更高的要求。例如，在奥迪 A8 上除了常用的 CAN/LIN 网络外，还采用了以下三种车载网络技术。

（1）FlexRay 总线

FlexRay 属于时间触发型总线，所有的消息传输会根据网络规划一个接一个地进行，不会出现冲突情况。由于消息的传输在时间上是准确的，每个消息的缺失都可以直接监测，对故障节点也可以可靠识别和隔离，因此相比事件触发的 CAN 总线具有更高的可靠性。FlexRay 最大波特率可达 10 Mbit/s，特别适合在电气与机械电子组件之间实现可靠、实时、高效的数据传输，如应用于汽车线控系统（X－by－Wire）。和 CAN 类似，FlexRay 也发送差分信号，但 FlexRay 信号受其网络布局的影响更小。FlexRay 总线上共有三种信号状态，即空闲态：两根导线上的电压均为 2.5 V，此时无通信；数字 0：正极导线为低电平（1.9 V），负极导线为高电平（3.1 V）；数字 1：正极导线为高电平（3.1 V），负极导线为低电平（1.9 V）。此外，FlexRay 具有冗余数据传输能力，使用两个相互独立的信道。每个信道都由一组双线导线组成。一个信道失灵时，该信道应传输的信息可在另一条没有发生故障的信道上传输。

（2）MOST 总线

MOST（Media Oriented System Transport）是一种光纤数据总线，主要面向多媒体系统的数据传输，最大传输速率可达 25 Mbit/s。在由一根光纤构成的 MOST 环形网络中，最多可以连接 64 个节点，并且节点间的数据只能沿环形依次单向传输。MOST 总线多在信息娱乐子网中用于连接组合仪表、CD 机、收音机、数字音响、导航系统、车载电话、显示屏等多媒体模块，并且由于光纤传输，不易受到电磁干扰。

（3）车载以太网

车载以太网的应用是当前汽车网络技术中的热点问题。宝马公司是最早引入车载以太网的公司，早期使用屏蔽线的以太网较 MOST 没有成本优势。车载以太网的关键点在于使用非屏蔽线作物理层并以 100 Mbit/s 进行数据传输，在汽车恶劣的电磁环境下仍有足够良好的电磁兼容性能。为了提高车载以太网的可靠性，通常采用精准的时间同步，并通过提高带宽减少数据传输延迟。车载以太网一般用于对通信带宽要求很高的智能驾驶子网络（涵盖驾驶辅助和自动驾驶）。此外，对于故障诊断子网的数据通信除了采用 CAN 总线外，还可以基于车载以太网配置 DoIP（Diagnostic communication over Internet Protocol），从而大大降低了故障诊断和软件升级的时间。

由于汽车上一般采用多种不同的车载网络，如奥迪 A8 中至少有 5 种网络类型，因此需要网关进行网间连接和协议转换。网关的定义是在采用不同体系结构或协议的网络之间进行互通时，用于提供协议转换、数据交换等网络兼容功能的设备。网关不仅能使不同传输速度的车载网络得以协同工作，还具有过滤信息，改变信息优先级的功能。例如，对于汽车加速度信号，在动力安全子网中传输时优先级很高，但是当传输到车身电器子网后，网关会自动调低其信号优先级。

如果在单车智能上实现车路协同、车云一体，还需要将网关升级为 T‐BOX（Telematics BOX），为整车提供远程通信接口。T‐BOX 作为无线网关，可以读取车载网络系统中的数据，并通过 4G/5G 无线通信发送给手机 APP、路端或云端，从而实现行车轨迹记录、车辆远程查询和控制（如开闭门锁、空调控制、车窗控制、启动车辆等）、驾驶行为大数据分析、道路救援和防盗报警等功能。此外，T‐BOX 还可以结合远程升级 OTA，实现功能服务导入与迭代、产品性能优化，以及进行低成本的软件故障解决和问题修复。通过软件更新，使得汽车在生命周期内更有生命力，提升人机交互体验。

第三章
发动机电控系统

第一节 概述

随着世界各国对车辆经济性和排放要求越来越高,对发动机性能要求也越来越高,而发动机电控系统对提高发动机性能起着至关重要的作用。一些发动机控制新技术在降低油耗和排放方面具有显著效果,比如汽油机缸内直喷技术有助于降低约20%的油耗,并减少排放。根据所用燃料种类,车用发动机分为汽油机、柴油机和气体燃料发动机。此外,除了上述三种传统燃料的发动机,以清洁替代能源作为汽车动力的新能源汽车也在快速发展。新能源汽车包括纯电动汽车、混合动力汽车和燃料电池汽车。新能源汽车动力系统还包括动力电池、驱动电机和燃料电池等。本章主要介绍汽油发动机电控系统,对柴油机电控系统只作简要叙述,不涉及气体燃料发动机和新能源汽车动力系统。

柴油机采用高压强制喷射强制雾化的方法在气缸内形成可燃混合气,在高温高压条件下自燃。与汽油发动机相比,柴油机具有燃油经济性好、尾气中氮氧化合物较低、低速大扭矩等特点。而对于平顺性、噪声等缺点,通过燃油高压共轨喷射以及较低压缩比(相对于传统柴油机)可以有效抑制噪声。受日益严格的排放法规限制,柴油机是提高经济性、降低排放的一个重要途径。现代柴油机控制系统是以压电式高压共轨系统为代表的综合控制系统,集"共轨"技术、"时间控制"燃油喷射技术、涡轮增压中冷技术、多气门技术、废气再循环技术、选择性催化还原过滤器再生技术、压电技术等于一体。

汽油发动机主要控制系统包括燃油喷射控制、点火控制和排放控制。除此之外,本章还会简单介绍一些其他控制系统,包括怠速控制、气门升程与配气相位可变控制、断缸控制、进气压力波增压控制、涡轮增压控制。上述控制系统并不是独立工作的,而是由发动机管理系统集中控制,共用同一个控制器。

发动机集中管理系统各单项控制共用传感器所提供的信息,共享微处理器资源,用同一个控制器控制,因而简化了电路与结构布置,减少了部件,使系统的工作可靠性也有所提高。此外,电子控制器可以设置协调各控制单项的综合控制程序,因此,其控制的协调性和精度比各单项独立控制好。现代发动机都进行集中控制,采用综合管理系统。如德国博世公司生产的 Motronic 系列发动机管理系统(Engine Management System,EMS),使用单个 ECU 对汽油机进行开环和闭环控制。Motronic 发动机管理系统控制器可以综合实现数据采集、子系统控制、转矩综合控制、监视、电子诊断和车辆管理等功能。ECU 根据吸入发动机的空气量计量正确的燃料量,并在可能的最佳时刻触发点火火花。同时还包括怠速控制、

Lambda 闭环控制、蒸发排放物控制系统的控制（碳罐净化）、爆震控制、废气再循环控制、二次空气系统控制等功能。还可以附加功能扩展废气涡轮增压、可变进气道歧管控制、凸轮轴控制、扭矩和速度限制等功能。除此之外，发动机管理系统还需要和其他系统协调，以实现巡航控制、自适应巡航控制（ACC）、自动变速箱换挡时的扭矩调节等。Motronic 系列发动机采用基于扭矩控制的系统结构，上述所有控制功能的要求都转换为扭矩需求，并划分优先级。根据转矩需求综合控制空气供给、燃料供给和点火系统。

第二节　汽油机电控燃油喷射系统

一、概述

1. 发展历程

汽油喷射系统的基本作用是根据发动机运转工况的需要，向发动机供给合适空燃比的可燃混合气。汽油喷射技术一直在不断发展，其使用的电子元件也越来越多，电控化程度持续提高。20 世纪 70 年代，发动机的发展目标主要集中在增大功率和增强舒适性，而 20 世纪 80 年代发展重点转向降低排放。之后进一步的要求也开始受到重视，如降低油耗和 CO_2 排放。

汽油机控制系统发展历史上的一个重要里程碑是电控燃油喷射系统的引入。之前采用机械控制式燃油喷射系统，博世公司在 1967 年推出 D – Jetronic 发动机，第一次采用电子系统将燃油通过电磁喷射器喷射，间歇性地喷入每个气缸的进气门（多点喷射）。然而燃油喷射系统必须具有较低的成本，才有可能广泛应用。机械式 K – Jetronic 发动机和 Mono – Jetronic 发动机仅具有一个位于中央的电磁燃油喷射器（单点喷射），使燃油喷射技术延伸到中型和小型汽车。由于汽油喷射在燃料消耗、功率输出、发动机性能和排放方面的优势，化油器被完全淘汰了。尤其是，只有结合燃油喷射技术与废气处理（三元催化转化器）的优势，才能实现污染物排放的减少。法规对碳氢化合物（HC）、一氧化碳（CO）和氮氧化物（NO_x）规定的排放限值，只有使用燃料喷射系统才能达到，该系统能够在非常窄的范围内调节混合气的成分。

表 3 – 1 给出了燃油喷射系统的发展过程。目前只有带多点喷射的 Motronic 发动机管理系统仍在使用，只有将这种类型的燃油喷射与复杂的发动机管理相结合，才有可能满足当今严格的排放限值。随着油耗和排放法规越来越严格，燃油喷射系统也在持续发展。

表 3 – 1　汽油机燃油喷射系统发展历程

年份	型号	特点
1967	D – Jetronic	模拟技术式多点喷射系统 间歇式燃油喷射 进气歧管控制
1973	K – Jetronic	机械液压式多点喷射系统 连续式燃油喷射

续表

年份	型号	特点
1973	L – Jetronic	电子式多点喷射系统（从模拟技术到数字技术） 间歇式燃油喷射 气体流量传感器
1981	LH – Jetronic	电子式多点喷射系统 气体质量流量传感器
1982	KE – Jetronic	带有电子控制功能的 K – Jetronic 型系统
1987	Mono – Jetronic	单点喷射系统 间歇式燃油喷射 利用节气门开度和发动机转速计算空气流量

2. 系统分类

电控燃油系统根据喷射部位、喷射时刻和喷射顺序可以分为不同的类型。

（1）按喷射部位分类

按喷射部位分类可以分为缸外喷射和缸内喷射。缸外喷射是将喷射器安装在进气管或进气歧管上，将汽油喷入进气管或进气道内，如图 3 – 1 所示。

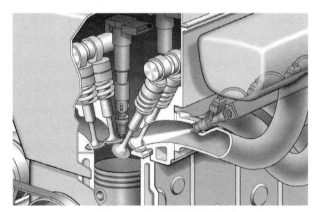

图 3 – 1　缸外喷射示意图

缸内喷射技术也叫缸内直喷，是指在燃烧室内产生空气、燃料混合物。在进气冲程期间，仅空气流经打开的进气门，燃油通过特殊的燃油喷射器直接喷入燃烧室，如图 3 – 2 所示。目前缸内喷射技术应用也越来越广泛，本节主要介绍缸外喷射系统，缸内直喷系统的工作原理将在第 4 小节中专门介绍。

（2）按喷射时刻分类

考虑每个缸的喷射时刻，燃油喷射系统可以分为进气前喷射和进气同步喷射。当气缸的喷射在进气门打开之前结束，并且大部分燃油喷雾撞击进气通道和进气门的底部时，就称作进气前喷射。进气前喷射可以在冷起动期间显著减少污染物排放。相反，当进气门打开时进行喷射，称作进气同步喷射。

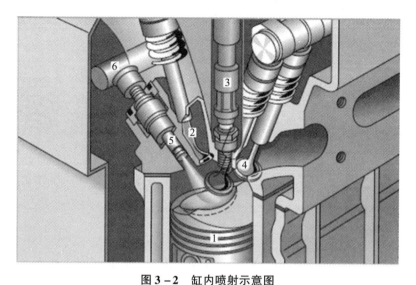

图 3-2 缸内喷射示意图

1—活塞;2—进气阀;3—点火线圈和火花塞;4—排气阀;
5—高压燃油喷射器;6—燃油分配管

(3) 按喷射顺序分类

考虑所有气缸的喷射顺序时,多点喷射系统又分为同时喷射、分组喷射、顺序喷射和单独喷射四种方式,如图 3-3 所示。目前绝大多数只采用顺序单独喷射。在第一次燃烧过程中的冷启动期间,偶尔还是同时或分组进行燃料喷射。

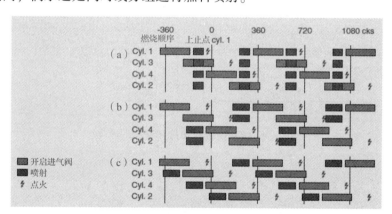

图 3-3 多点喷射顺序分类示意图

(a) 同时喷射;(b) 分组喷射;(c) 顺序喷射和各缸单独喷射

- 同时喷射。

这种燃油喷射方式中,所有喷油器都同时打开和关闭,因此每个气缸可用于燃料蒸发的时间是不同的。在这种喷射方式中,不可能所有气缸都可以进行进气前喷射。因为喷射的开始时间和各缸工作顺序是确定的,所以有时必须将燃油喷射到打开的进气门中。

- 分组喷射。

在图 3-3 的例子中,燃料喷射器组合成两组。在曲轴工作循环的第一转,一个组喷射器喷射其气缸所需的总燃料量。在曲轴工作循环的第二转,第二组喷射器进行喷射。这种布置可以根据发动机工作点来选择喷射正时，并且避免将非期望的燃料喷射到打开的进气口中。和同时喷射一样，每个气缸用于燃料蒸发的时间也不同。

- 顺序喷射。

在顺序喷射系统中，每个气缸分别喷入燃油，喷油器按点火顺序动作。对于所有气缸，喷射持续时间和喷射时刻（相对于各个气缸的上止点）都是相同的。因此，每个气缸的喷射正时是相同的。喷射开始时间可以调整，以适应发动机的工作状态。这样可以补偿一些不规则性，如气缸充气的不规则性。

- 各缸单独喷射。

各缸单独喷射可控的自由度最大。与顺序单独燃油喷射相比，单独喷射的优势在于，每个气缸的喷射持续时间可以单独更改。

二、控制原理

汽油喷射电子控制系统的电子控制器（ECU）根据各传感器输入的电信号判断发动机的工况和状态，并确定最佳的喷油量。汽油喷射电子控制系统的控制原理如图3-4所示。喷油压力和喷油器的喷口截面积均为恒定，因此，电子控制系统通过控制喷油器间歇喷油时间来控制喷油量。ECU根据各传感器信号确定基本喷油量和各种情况下的喷油量修正，并输出相应的喷油器控制脉冲，控制喷油器的喷油时间，实现最佳空燃比控制。

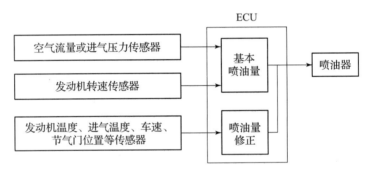

图3-4 汽油喷射电子控制系统的原理

1. 基本喷油量

基本喷油量或基本喷油时间的确定：电子控制器中的ROM存储器储存有特定工况下的最佳喷油时间标准参数（基本喷油时间MAP图，如图3-5所示），发动机特定工况下的最佳喷油时间是通过试验取得的。工作时，电子控制器根据当时的发动机转速和空气流量（或进气管压力），从ROM中查寻得到基本喷油时间。如果发动机工作在非特定工况，ECU中的CPU可根据该工况周围的4个特定工况点的基本喷油时间，通过插值法计算得到该工况下的喷油时间。

为了能够精确地调节空气/燃料混合物，必须精确地测量用于燃烧的空气的质量，可以通过进气流量传感器或进气压力传感器测量空气质量。进气流量传感器位于节气门上方，质量型进气流量传感器直接测量进入进气歧管的空气质量流量，体积型的需要根据进气温度和大气压力换算得到质量流量。除此之外，也可以使用压力传感器测量进气歧管压力，然后将这些数据与节气门位置和发动机转速一起用于计算进气质量。

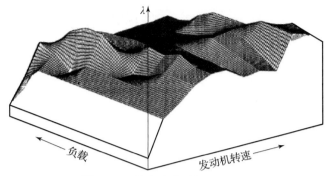

图 3-5 基本喷油时间 MAP 图

2. 喷油量修正

除了发动机转速和进气量,其他一些因素,如起动工况、怠速工况、加速工况等变化时,喷油量也应该随之调整,所以需要在基本喷油量基础上,考虑其他一些因素进行喷油量修正。汽油喷射电子控制系统一般包括如下喷油量修正。

(1) 起动喷油量修正

发动机在起动时其转速很低,基本喷油量很少,因此,需要通过起动喷油量修正(适当增加喷油量)来改善其起动性能。电子控制器根据点火开关(起动挡)作出起动时喷油量修正控制;根据冷却液温度传感器的信号确定喷油修正量,发动机冷却液温度越低,起动补充喷油量也越多。一些汽油喷射控制系统则是通过在正常喷油脉冲之间增加一个喷油脉冲来增加起动喷油量。

(2) 起动后喷油量修正

发动机起动后,其温度较低、汽油雾化不良,为保证发动机稳定运转,在基本喷油量的基础上增加起动后补充喷油量。控制器根据点火开关从"起动"挡到"点火"挡的变化瞬间作出起动后喷油修正控制;根据冷却液温度传感器的信号确定起动后喷油修正量,根据发动机转速传感器的信号脉冲递减喷油修正量。起动后喷油量修正特性如图 3-6 所示。

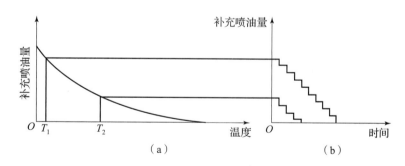

图 3-6 起动后喷油量修正特性

(a) 起动后喷油补充初始值;(b) 起动后喷油补充量随转速信号递减过程

(3) 怠速暖机加浓修正

发动机冷机起动后,保证发动机起动后能稳定运行的起动后补充喷油量很快就会消失,如果这时发动机的温度还较低,就仍需有较浓的混合气,这由时间相对较长的怠速暖机修正来保证。

电子控制器根据节气门位置传感器（怠速开关）信号作出怠速暖机喷油量修正控制；根据冷却液温度传感器的信号确定修正量，怠速暖机喷油量修正特性如图3-7所示，根据发动机转速传感器信号对喷油修正量进行适当的调整。

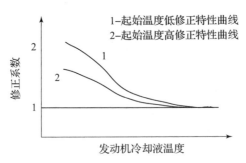

图3-7 怠速暖机喷油量修正特性

（4）加速时喷油量修正

为保证发动机在汽车加速时有良好的加速性能，需要在基本喷油量的基础上增加适当的喷油量。电子控制器根据节气门位置传感器信号作出加速时喷油量修正控制；根据空气流量传感器或进气压力传感器、发动机转速传感器及冷却液温度传感器的信号确定加速喷油修正量。加速时喷油量修正特性如图3-8所示。

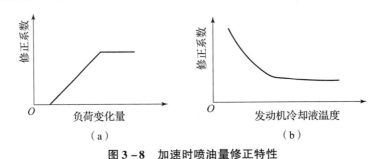

图3-8 加速时喷油量修正特性
（a）负荷变化量修正特性；（b）冷却液温度变化修正特性

（5）减速时喷油量修正

减速时如果仍按基本喷油量控制会使混合气过浓。电子控制器根据节气门位置传感器、空气流量传感器或进气压力传感器、发动机转速传感器及冷却液温度传感器的信号进行减速喷油量修正，适当减少喷油器的喷油时间，以降低汽车减速时的燃油消耗和排气污染。

（6）大负荷喷油量修正

在发动机大负荷时需适当加浓混合气，以保证发动机仍在最佳的状态下工作。电子控制器根据节气门位置传感器的信号作出大负荷喷油量修正控制。当节气门开度大于某设定值时，电子控制器根据节气门位置传感器的信号作出发动机大负荷判断，并开始进行大负荷喷油量修正；当节气门开度小于设定值时，大负荷修正就立即停止。

（7）汽油高温喷油量修正

当汽油温度过高时，喷油器内的汽油会汽化，含有蒸气的汽油会导致喷油量减少而使混合气过稀。因此，在汽车热车起动时，如果汽油的温度过高，就需要适当增加喷油时间，以弥补因汽油汽化所引起的混合气稀化。

电子控制器根据点火开关（起动挡）信号和冷却液温度传感器的信号作出热起动喷油量修正控制；根据冷却液温度传感器的信号确定汽油高温喷油量修正量，其修正特性如图3-9所示。

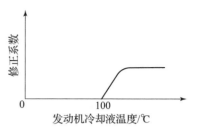

图3-9 汽油高温喷油量修正特性

(8) 汽油关断控制

汽油关断控制有两种情况，一是在汽车减速时停止喷油，以达到节油和降低排气污染的目的；二是在发动机转速太高时停止供油，以防止发动机超速运转而损坏。

电子控制器根据节气门位置传感器信号判断是否是减速工况（节气门开度突然减小至关闭），再根据发动机转速传感器和冷却液温度传感器信号确定是否停止喷油。在发动机转速降至较低的范围、发动机冷却液温度又较低时，电子控制器则不作出停止喷油控制，或在停止喷油状态下立即恢复喷油，以避免发动机熄火。

电子控制器根据发动机转速传感器信号作出高转速停止喷油控制。当发动机的转速超过了设定的极限转速时，电子控制器作出立即停止喷油控制，以避免发动机转速太高。

(9) 蓄电池电压变化喷油量修正

当蓄电池的电压变化时，喷油器的电磁线圈电流会随之改变，使喷油器的开启速率发生变化。为消除因喷油器开启速率变化而引起的喷油量偏差，电子控制器将根据蓄电池电压的变化对喷油器通电时间进行修正，修正特性曲线如图3-10所示。

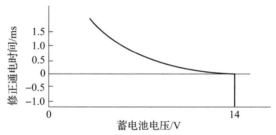

图3-10 蓄电池电压变化喷油修正特性

(10) 混合气浓度反馈喷油修正

为控制发动机排出废气中的有害成分，现代汽车发动机大都安装了三元催化转化器，其净化特性如图3-11所示。在理论空燃比附近，三元催化转化器对CO、HC和NO_x三种物质的转换效率最高。因此，应将混合气控制在理论空燃比。

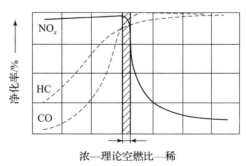

图3-11 三元催化器净化特性

氧传感器通过监测发动机排出废气中的氧含量来反映混合气的浓度。电子控制器则根据氧传感器输入的信号对喷油量进行修正。当氧传感器的输入信号电压为0.8 V左右时,电子控制器将适当减少喷油时间;当氧传感器的电压为0.1 V左右时,电子控制器则会适当增加喷油时间。通过这样的反馈修正,发动机的空燃比始终保持在理论空燃比附近。

为确保发动机的正常起动性和运行,下列情况下电子控制器将停止混合气浓度反馈修正:①发动机温度在60℃以下;②起动时及起动后加浓期间;③大负荷加浓期间;④减速断油期间。

(11) 自适应修正

自适应修正也称学习修正,用于进一步提高空燃比控制精度。在使用过程中,发动机的供油系统、进气系统及汽油喷射电子控制系统中某些部件的性能会发生变化,使得实际空燃比中心值与理论空燃比的偏差逐渐加大,导致电子控制系统不能进行正常的控制。自适应修正就是计算出实际空燃比中心值与理论空燃比的偏离量,并求出空燃比偏离量的修正系数,然后将修正系数存入点火开关断开时也不断电的RAM存储器中,并在以后的工作中使用这一修正系数修正喷油时间,使空燃比的控制得以改善。

三、系统结构

典型的进气歧管喷射系统(多点喷射)如图3-12所示,由供油系统、空气供给系统和电子控制系统三部分组成。

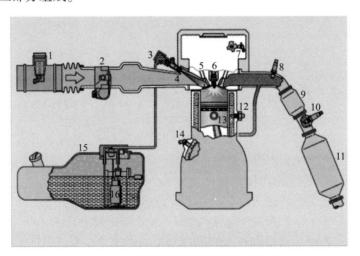

图3-12 电控燃油喷射系统结构组成

1—热膜式空气质量流量计;2—节气门;3—燃油分配管;4—燃油喷射器;5—进气门;
6—火花塞;7—凸轮轴位置传感器;8—上游氧传感器;9—初级三元催化转化器;
10—下游氧传感器;11—主三元催化转化器;12—发动机温度传感器;
13—带活塞的气缸;14—发动机转速传感器;15—燃油箱;16—电动燃油泵

1. 空气供给系统

空气供给系统的作用是为发动机可燃混合气的形成提供必要的空气,并测量控制进气量。

空气供给系统主要由空气滤清器、进气管道、节气门及节气门体、进气歧管等组成(图3-12)。在气缸进气行程真空吸力作用下,适量的空气经空气滤清器滤清后,经节气门到进气歧管，与喷油器喷出的汽油混合，形成空燃比适当的混合气，再从进气门进入气缸。对于具有确定空燃比的均质运行的汽油机，输出转矩和功率由进气质量和喷射的燃料量确定。空气质量必须精确地按比例分配，以便可以精确控制空燃比。目前汽车上广泛采用电子节气门，空气的流量由节气门开度控制。

2. 燃油供给系统

燃油供给系统的功用是向气缸内供给燃烧时所需的一定量的燃油。喷油器将燃油喷入进气歧管（多点喷射）或直接喷入燃烧室（缸内直喷）。在歧管喷射的情况下，电动燃油泵将燃油从油箱输送到喷油器。在缸内直喷系统中，燃料先通过电动燃油泵从油箱中排出，然后通过高压泵将其压缩至较高压力，再将其提供给高压喷油器。本节主要介绍多点喷射系统的燃油供给系统，主要组成部件有汽油箱、汽油泵、汽油滤清器、汽油压力调节器及喷油器等。

燃油供给系统可以分为有回油管路和无回油管路两种，如图 3-13 所示。

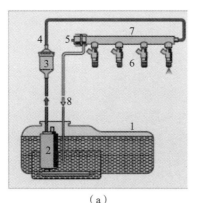
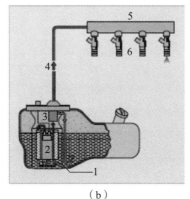

图 3-13 燃油供给系统分类

(a) 有回油管路；
1—燃油箱；2—电动燃油泵；3—燃油滤清器；4—高压管路；5—压力调节器；
6—燃油喷射器；7—燃油分配管；8—回油管路

(b) 无回油管路
1—抽吸泵；2—带燃油滤清器的电动燃油泵；3—燃油压力调节器；
4—高压管路；5—燃油分配管；6—燃油喷射器

如图 3-13 (a) 所示为有回流管路的系统，燃油泵将燃油从燃油箱中抽出，并通过燃油滤清器进入高压管路，然后流至安装在发动机上的燃油导轨。导轨将燃油供应到喷油器，安装在导轨上的机械压力调节器使喷油器和进气歧管之间的压差保持恒定，而与绝对进气歧管压力（即发动机负载）无关。喷油后多余的燃油通过连接到压力调节器的回流管线流经导轨，流回燃油箱。发动机舱中加热的多余燃油会导致油箱中的燃油温度升高，使燃油容易蒸发。为满足环保法规，蒸气通过罐式通风系统进行输送，以便在碳罐中进行中间存储，直到它们可以通过进气歧管返回以在发动机中燃烧（蒸发排放控制系统）。

如图 3-13 (b) 所示，在无回油管路供油系统中，压力调节器 3 位于油箱中或其附近。因此，不再需要从发动机到燃料箱的回流管路。由于压力调节器安装位置没有参考进气歧管压力，因此此处的相对喷射压力不取决于发动机负载。在计算发动机 ECU 中的喷射持续时间时要考虑到这一点。仅将要喷射的燃油量输送到导轨。由电动燃油泵 2 输送的多余流量直接返回到燃油箱，而没有经过发动机室的回路线。以这种方式，与具有燃料回流的系统相比，燃料箱中的燃料加热以及由此造成的蒸发排放显著降低。由于这些优点，目前主要使用的是无回油管路系统。

（1）汽油泵

汽油泵可以分为容积泵和流量泵两大类：容积泵可以采用滚柱式电动泵、内齿轮泵或螺杆泵；流量泵有圆周叶片泵。流量型泵已成为 500 kPa 以下汽油应用的公认解决方案。

- 滚柱式电动泵。

滚柱式汽油泵的泵油原理如图 3-14 所示，泵转子与泵套内腔不同心，泵转子在电动机的带动下转动时，转子槽内的滚柱在离心力的作用下向外侧移动至与泵套壁接触后形成油腔。泵转子转动过程中，左侧油腔会逐渐增大，将汽油箱汽油吸入；右侧油腔则逐渐减小，将汽油压出至供油管路。汽油泵中安全阀的作用是防止供油管路中的油压过高，而单向阀的作用是在汽油泵停止工作时，使汽油管路中保持一定的油压，以便发动机下次起动时能及时供油而易于起动。

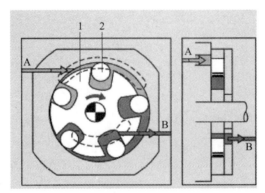

图 3-14　滚柱式电动泵结构原理
1—开槽转子；2—滚柱

容积泵在系统压力较高（450 kPa 及以上）时具有优势，并具有良好的低压特性，即在工作电压范围内具有相对"平坦"的输送速率特性。缺点是具有压力脉动，会引起噪声。在电子汽油喷射系统中，容积泵在很大程度上已被传统电动燃油泵的流量型泵所取代。但由于具有较大的压力要求和黏度范围，其在直喷汽油机和柴油机的直喷系统获得了新的应用。

- 圆周叶片泵。

圆周叶片泵属于流量型泵，由泵体、永磁式直流电动机和壳体三部分组成，如图 3-15 所示。另外还装有安全阀和单向阀。工作原理：油泵电动机通电时，电动机驱动圆周叶片泵叶片旋转，由于离心力的作用，叶轮周围小槽内的叶片贴紧泵壳，将燃油从进油室带往出油室。由于进油室的燃油不断减少，形成一定的真空度，将燃油从进油口吸入；而出油室燃油不断增多，燃油压力升高，当达到一定值时，顶开出油阀出油口输出。出油阀在油泵不工作时阻止燃油流回油箱，保持油路中有一定的压力，便于下次起动。

因为流量型泵中的压力不断增加，所以几乎没有脉动。具有低噪声水平，不需要消声器，所以易于小型化。与容积泵相比，设计和结构非常简单。单级泵可产生高达 500 kPa 的系统压力，泵的效率可达 22%。

（2）喷油器

喷油器的功用是：根据 ECU 的控制信号向进气歧管内喷射定量的一定压力的雾化燃油。

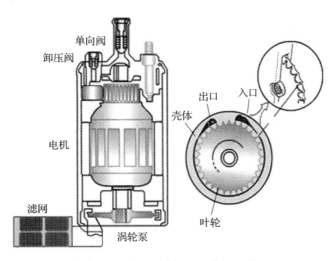

图3-15 圆周叶片泵的结构组成

它由发动机管理系统 ECU 中的驱动电路驱动。电磁喷油器（图 3-16）由以下组件组成：带有电气接口 4 和液压端口 1 的阀壳 3，电磁线圈 9，带电磁阀衔铁和阀球 11 的移动阀针 10，带喷孔板 13 的阀座 12，气门弹簧 8。

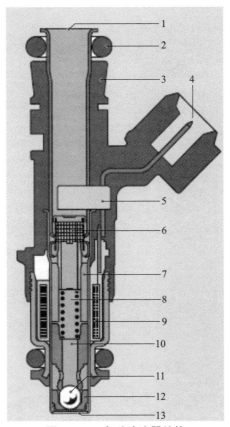

图3-16 电磁喷油器结构

1—液压端口；2—O 形密封圈；3—阀壳；4—电气接口；5—塑料夹具；6—滤网；7—内极；
8—气门弹簧；9—电磁线圈；10—带电枢的阀针；11—阀球；12—阀座；13—喷孔板

为了确保无故障运行，喷油器与燃油接触的部分均使用了不锈钢。燃油入口处的过滤器滤网 6 保护喷油器免受污染。目前使用的喷射器，燃料供应是沿轴向方向，即从顶部到底部（"顶部进给"）。燃油管通过夹具固定在液压端口上，液压端口 1 上的 O 形密封圈 2 在燃油导轨处密封喷油器，喷油器电连接至发动机 ECU。

电磁喷油器的工作过程：当电磁线圈断电时，弹簧和燃油压力施加的力将阀针和阀球压向锥形阀座，将燃料供应系统与进气歧管隔离；当电磁线圈通电时，产生电磁场，吸引阀针电枢电磁线圈，阀球提起阀座，并注入燃料；当励磁电流关闭时，阀针由于弹簧力而再次关闭。

喷射孔板上有许多孔，燃料通过喷射孔板雾化。这些喷射孔从板上冲压出来，并确保喷射的燃油量保持恒定。喷孔板要求对燃油沉积不敏感，燃油的喷射方式由节流孔的数量及其配置决定。喷油器通过锥形/球形密封原理有效地密封了阀座。喷射器插入进气歧管为其提供的开口中。下部密封环在喷油器和进气歧管之间提供密封。

博世公司的 Motronic 发动机 ECU 中的输出模块通过一个开关信号来驱动喷油器（图 3-17（a））。电磁线圈中的电流上升（图 3-17（b）），并使阀针（图 3-17（c））抬起。经过时间 t_{pk}（开启时间）之后，达到最大阀门升程。阀球从阀座上抬起后，便立即喷射燃油，在一个喷射脉冲期间喷射的燃料总量如图 3-17（d）所示。当没有驱动时，电流停止。质量惯性使阀门关闭，但速度较慢。经过时间 t_{dr}（退出时间）后，阀门再次完全关闭。

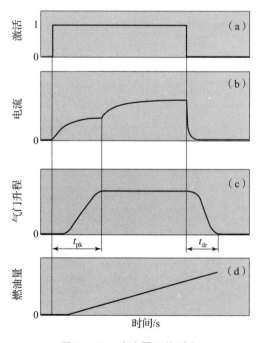

图 3-17 喷油器工作过程

当阀门完全打开时，喷射的燃油量与时间成正比。而在阀门打开和关闭阶段，喷油量和时间是非线性的，因此必须在整个喷油器激活期间补偿在阀门吸油和卸油阶段的非线性。阀针从阀座上抬起的速度还取决于电池电压，电池电压的持续时间延长（图 3-18）纠正了这些影响。

冷起动喷油器装于进气总管的中央部位，其作用是改善发动机的低温起动性能。冷起动喷油器只在发动机低温起动时才投入工作，它也是一种电磁式喷油器，其喷油量取决于喷油时间，而其喷射时间可由起动喷油器定时开关控制，也可由 ECU 控制。冷车起动时，电磁线圈通电，在电磁力吸引下，阀克服弹簧力而上移，阀打开，燃油喷出。喷油柱有较大的喷射锥角（70°以上），而且在喷油嘴处形成旋转运动，改善了燃油的雾化性能。起动后，电磁线圈供电线路切断，冷起动喷油器停止工作。

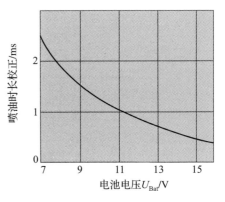

图 3-18　喷射时长的校正

（3）汽油压力调节器

汽油压力调节器的作用是使喷油器的喷油压力稳定，以确保 ECU 通过控制喷油器的喷油时间即可准确控制空燃比。汽油压力调节器有相对压力调节和绝对压力调节两种形式。

相对压力调节器用在有回油管路的燃油供给系统中，喷油器喷射的燃料量取决于喷射时间以及导轨中的燃料压力与进气歧管进气压力之间的压力差。其结构原理如图 3-19 所示，膜片的弹簧侧通过真空管与进气歧管相通，使得进气歧管压力作用于弹簧侧的膜片。当进气歧管的压力变化时，作用于弹簧侧膜片的真空吸力也改变了，使调节器调定的汽油绝对压力随之改变。

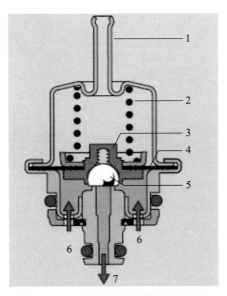

图 3-19　汽油压力调节器结构原理

1—进气歧管连接处；2—弹簧；3—支座；4—膜片；5—阀；6—进油口；7—回油口

在无回油燃油系统上，压力调节器是安装在燃油箱中的箱内单元的一部分。采用绝对压力调节器，燃油轨压力相对于环境压力保持恒定。这意味着燃油轨压力和歧管压力之间的压力差不是恒定的，当进气管的压力发生变化时，喷油器的喷油压力与进气管的压力差就会随之改变，从而导致喷油量发生变化。因此，在计算喷射持续时间时必须考虑这种影响，进行相应的补偿。

四、缸内直喷系统

汽油直喷发动机在燃烧室内产生空气/燃料混合物。在进气冲程期间，仅空气经过进气门进入气缸，燃油通过特殊的燃油喷射器直接喷入燃烧室。对高功率汽油发动机的需求，以及对降低燃油消耗的要求，促使汽油"直喷"重新得到应用。汽油直喷并不是一个全新的概念，早在1937年，机械汽油直接喷射技术就曾在飞机发动机上应用。1951年，出现了第一款采用批量生产的机械汽油直喷发动机的乘用车"Gutbrod"。1954年，"梅赛德斯300 SL"采用了四冲程直喷发动机。当时，设计和制造直喷发动机是一项非常复杂的工作。此外，这项技术对所用材料要求也极高。同时，汽油直喷发动机的使用寿命也是问题。上述这些原因造成汽油直喷技术需要很长时间才能实现突破。

汽油直喷系统的特点是在高压下将燃料直接喷入燃烧室，如在柴油发动机中一样，空气/燃料混合物的形成发生在燃烧室内部。汽油缸内直喷系统由低压油路、高压油路、进气系统和排气系统组成，如图3-20所示。

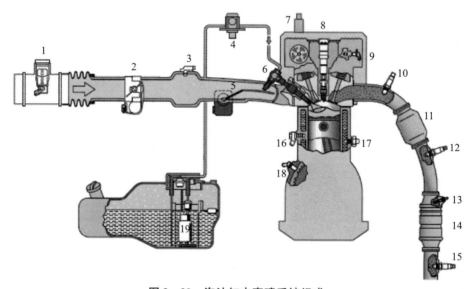

图 3 - 20 汽油缸内直喷系统组成

1—热膜式空气质量流量仪；2—节气门；3—进气歧管；4—高压燃油泵；5—进油流量控制阀；
6—带高压喷油器的燃油分配管；7—凸轮轴调节器；8—带火花塞的点火线圈；9—凸轮轴
位置传感器；10—氧传感器；11—初级催化转化器；12—氧传感器；13—排气温度传感器；
14—氮氧化物蓄能式催化转化器；15—氧传感器；16—爆震传感器；17—发动机温度传感器；
18—转速传感器；19—带电动燃油泵的燃油供给模块

（1）低压油路

低压油路位于系统的油箱一侧，位于油箱内的电动燃油泵产生3~5 bar[①]的预供压力，将燃油输送到高压泵。

（2）高压油路

高压油路由高压泵、燃油分配器/共轨、压力传感器、压力控制阀和高压喷油器组成。

---

① 1 bar = 0.1 MPa。

高压泵根据发动机工作点（要求的扭矩和发动机转速）产生需要的系统压力，高压燃油流入并存储在燃油导轨中。

燃油压力由高压传感器测量，并通过压力控制阀进行调节，范围为 50~200 bar。

高压喷油器安装在燃油导轨上，也称为"共轨"。喷油器由发动机 ECU 驱动，并将燃油喷入气缸燃烧室。

(3) 进气系统

通过控制电子节气门的开度控制进气量，通过空气流量传感器测量进气量，通过进气管压力传感器测量进气管压力。

(4) 排气系统

由于缸内直喷发动机可以工作在理论空燃比，也可以进行稀薄燃烧，因此三效催化器的前后各安装一个宽频氧传感器。根据前级氧传感器信号调整喷油量进行空燃比的闭环控制，通过后级氧传感器信号判断三效催化器是否失效，由于稀燃时产生大量的 NO_x，普通的三效催化转化器对 NO_x 的转换效率较低，因此要采用 NO_x 吸藏型催化转化器。

汽油缸内直喷技术采用了两种不同的燃烧模式，即均质燃烧模式和分层燃烧模式。均质燃烧模式是指在进气行程后期向燃烧室内喷入燃油，在进气行程与压缩行程中完成与空气的充分混合，并在点火时刻使缸内形成较为均匀的混合气，确保稳定点火。分层燃烧模式是指在压缩行程喷入燃油，随着压缩行程的进行，燃油与空气混合，直至点火时刻，从火花塞处至缸壁，燃油浓度由浓到稀，保证有效点火，火焰传播也正常，从而提高燃油经济性。因为可以进一步提高汽油机热效率与降低汽油机排放，所以这套由柴油发动机衍生而来的技术目前已被大量使用。

第三节　汽油机电控点火系统

一、概述

1. 点火系统基本要求

汽油发动机压缩终了的可燃混合气是由点火系统产生电火花点燃的，为保证在发动机各种工况和使用条件下都能适时、可靠地点火，点火系统应满足如下三个基本要求。

(1) 足够高的次级电压

用于点燃混合气的火花塞电极伸入发动机气缸燃烧室内，通过电极之间气体的电离作用产生电弧放电（跳火）。要使电极之间的气体电离而产生电火花，就必须有足够高的电压。使火花塞电极跳火所需的电压称为击穿电压（U_j）或点火电压。U_j 的高低与发动机工况及火花塞的状况等许多因素有关：

- 发动机工况。

气缸内的混合气压力高、温度低时，气体的密度相对较大，气体电离所需的电场力大，所需的击穿电压也就高。在不同工况下其压缩终了的混合气压力和温度是不同的，因此发动机的转速和负荷改变时，火花塞的击穿电压是变化的。

- 火花塞电极的温度和极性。

当火花塞电极的温度超过混合气温度时，击穿电压可降低 30%~50%。这是因为在电极温度高时，包围在电极周围的气体密度相对较小。由于火花塞中心电极的温度相对较高，因此火花塞的中心电极为负极时，火花塞电极的击穿电压可降低20%左右。

- 火花塞的间隙和形式。

火花塞电极的间隙增大，在同样电压下的电场就减弱，要使电极间隙间的气体电离所需的电压就得增大。火花塞电极较细或电极表面有沟棱时，在同样的电压下其电场的最强处要大于较粗、表面平的电极，因此所需的击穿电压可降低。

（2）足够高的点火能量

足够高的次级电压只是保证火花塞可靠跳火，但要使混合气可靠点燃，还必须具有足够的点火能量。发动机正常工作时，由于混合气压缩终了的温度已接近自燃温度，因此所需的点火能量很小，但是在发动机起动、怠速及急加速时，由于混合气的温度较低或混合气过浓、过稀等，需要有较高的点火能量才能保证混合气可靠燃烧。点火能量不足时，会使发动机起动困难、点燃率下降，发动机的动力性下降、油耗和排污增加，甚至于发动机不能工作。

（3）合适的点火时间

最适当的点火时间应能使混合气的燃烧最高压力出现在上止点后的10°～15°，使混合气的燃烧功率达到最大，就必须在压缩终了前的某个适当时刻点火。从点火时刻起到活塞到达压缩上止点，这段时间内曲轴转过的角度称为点火提前角。

影响点火提前角的两个主要因素是：发动机转速和负荷。节气门开度一定时，随着发动机转速升高，单位时间内曲轴转过的角度增大。如果混合气燃烧速度不变，应该适当增大点火提前角。当转速达到一定值时，温度和压力增加，燃烧速度加快，点火提前角增大的幅度减慢。转速一定时，负荷增加，单位时间内吸入的混合气数量增加，压缩终了时温度和压力增高，同时残余废气所占比例减少，燃烧速度加快，点火提前角应减小。影响点火提前角的其他因素还包括：混合气的浓度、进气压力、发动机的温度、压缩比、汽油辛烷值、火花塞的数量等。

2. 发展历程

一百多年来，伴随着汽车工业的发展，汽油发动机的点火技术也逐渐提高。1886年第一辆以四冲程内燃机为动力的汽车使用的是磁电机点火系统。1907年在汽车上首次使用了蓄电池点火装置，这种用蓄电池和发电机来提供电能的点火系统采用了点火线圈，通过断电器触点来控制点火线圈初级电流的通断，使次级产生高压。最初的蓄电池点火系统无点火提前角自动调节装置，一直到了1931年才首次使用了能根据发动机负荷和转速自动调节点火提前角的真空、离心点火提前调节装置。此后，这种触点式点火装置逐步得到完善，在汽车上得到了广泛的应用，并被称为"传统点火系统"。

传统的触点式点火系统依靠断电器触点的开闭来通断点火线圈初级电流，使点火线圈次级产生高压，这就不可避免地存在如下不足：①触点的工作可靠性低；②最高次级电压不稳定；③点火能量低；④火花塞积碳比较敏感；⑤电磁干扰问题。随着人们对汽车发动机动力性、经济性及排放控制要求的日益提高，传统点火系统触点本身所固有的缺陷也越来越显现出来。20世纪60年代初期，出现了一种晶体管辅助点火系统，这种点火系统增加了一个电子放大器，使得点火性能得到了较大的提高。由于晶体管辅助点火系统还保留了触点，不能完全消除由触点本身所造成的一些缺点，因而，很快就被无触点的电子点火系统所取代。

如图3-21所示，普通电子点火系统由信号发生器产生触发或控制点火的信号，经过点火器内部的放大等电路，最后控制大功率三极管的导通与截止，从而控制点火线圈初级电流的通断。当初级电流被切断时，次级绕组中产生高压，通过配电器送达各缸的火花塞上，点燃可燃混合气。

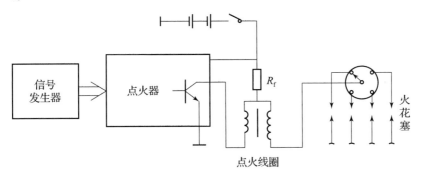

图3-21 普通电子点火系统工作原理图

普通电子点火系统和传统触点式点火系统中的点火提前角调节依然采用机械式调节装置，包括离心式点火提前角调节装置和真空式点火提前角调节装置。离心式点火提前角调节装置，在发动机转速变化时，利用离心力自动使信号发生器提前产生点火信号来调节点火提前角。真空式点火提前角调节装置，在发动机负荷变化时，自动调节点火提前角。

机械式点火提前角调节装置不能实现各种工况下的最佳点火提前角。之后发展的电子点火控制系统可以将随负载和速度变化的点火提前角存储在ECU的程序中，并且可以考虑其他参数，如发动机温度，用于确定各种工况下的最佳点火提前角。表3-2给出了点火系统的发展历程，目前只有无分电器的电子点火系统仍在使用。

表3-2 点火系统发展历程

感应点火方式	控制点火线圈电流	点火正时调节	电压分配形式
传统触点点火	机械	机械	机械
晶体管点火	电子	机械	机械
常规电子点火	电子	电子	机械
无分电器电子点火	电子	电子	电子

目前点火系统也在持续变化和发展过程中，但蓄电池点火背后的基本概念没有实质性变化。大多数修改集中在用于调节点火正时的机制上。这些都反映在系统组件的更改中。最终，原始的电池点火剩下的唯一组件是线圈和火花塞。最终在20世纪90年代末，点火功能的控制被集成到发动机管理系统中。因此，目前具有独立点火控制单元的点火系统已经不存在了。

二、系统特点

对于采用机械式点火提前角调节装置的电子点火系统，其点火提前角调节特性如图3-22所示。

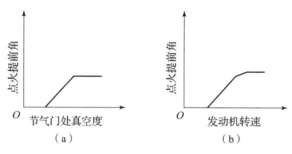

图 3-22 机械式点火提前角调节特性
(a) 真空式点火提前角调节器工作特性；(b) 离心式点火提前角调节器工作特性

上述这种机械式调节方式有如下不足：

- 点火提前角调节精度低。

理论和实践证明，发动机的最佳点火时间应能够使发动机的燃烧临近爆震（但不产生爆震），因此，发动机的最佳点火提前角随发动机转速和负荷的变化是一个不规则的曲面，而真空、离心点火提前角调节器的线性调节如图 3-23 所示，不可能在发动机转速、负荷变化的范围内将点火提前角都调整到最佳的值。

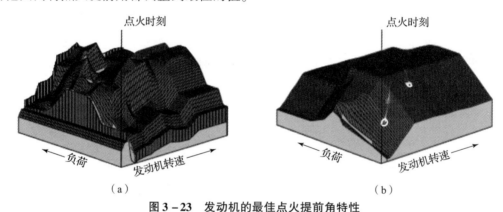

图 3-23 发动机的最佳点火提前角特性
(a) 电子点火的点火提前；(b) 常规线圈点火的提前点火响应

以某一负荷下的转速变化对点火提前角的调整要求为例，点火正时所调整的初始点火提前角以发动机转速范围内不产生爆震为前提，这样只能使发动机在某些工况下接近于最佳点火，而在其他工况下实际上是点火过迟。由于真空、离心点火提前角调节装置使发动机在许多工况下偏离最佳点火时刻，使得发动机的功率不能充分发挥，油耗和排污较高。

- 对温度等其他影响燃烧的因素不能起调节作用。

发动机工作时，发动机的温度、进气压力及进气温度、混合气浓度等因素均会对燃烧速度产生影响，这些因素起变化时，点火提前角也需要作出适当的调整。此外，发动机在起动、怠速工况时，也应与正常工作时有不同的点火提前角。但是，真空、离心点火提前角调节装置只在发动机转速和负荷改变时起调节作用，对上述情况均不可能作出适当的反应，从而使得发动机在许多情况下都处于点火提前角不适当的工作状态。

电子控制点火系统基于单片机的电子控制器根据各有关传感器的电信号确定最佳的点火时间并进行实时调整，这种点火提前角控制方式具有如下优点：

- 可实现最佳点火时间控制。

电子控制点火系统可根据发动机转速与负荷的变化实现非线性控制，使发动机在各种工况下都能处于最佳的点火状态。

- 可针对各种影响因素修正点火时间。

电子控制点火系统的控制器可根据发动机温度、进气压力、混合气浓度等传感器的信号，及时对点火提前角进行修正，使发动机在各种情况下都能处于最佳点火工作状态。

- 可与其他电子控制系统实现协调控制。

电子点火控制系统可与发动机怠速控制系统、汽油喷射控制系统、自动变速器控制系统等其他电子控制系统进行信息交流，点火控制系统可根据其他电子控制系统的相关信号，迅速改变点火提前角，以使发动机的运转和汽车的运行更加平稳。

采用电子高压配电方式的无分电器点火控制系统还具有如下优点。

- 点火能量损失小。

传统的高压配电方式工作时，配电器分火头与旁电极之间的跳火和具有较高电阻的高压导线均会损失部分点火能量，电子高压配电避免了这部分能量损失，从而增加了有效的点火能量。

- 点火系统的故障率较低。

配电器在高压下工作，分电器盖、分火头及高压导线等的漏电、烧损是电子点火装置较为多见的故障。采用电子高压配电则避免或减少了这些故障可能，从而增强了点火系统的工作可靠性。

- 点火能量与次级电压更加稳定。

由于增加了点火线圈（或初级绕组）的数量，每个点火线圈初级绕组的可通电时间增加了 2~6 倍，因此，确保了发动机在高转速下点火线圈初级绕组有充足的通电时间，从而使发动机在高速时仍有足够大的点火能量和次级电压。

三、控制策略

电子点火控制系统的控制变量包括点火提前角和通电时间。首先用试验方法确定发动机各特定工况和各种状态下的最佳点火时间，以 MAP 的形式存入 ECU 存储器中。同时还储存有试验确定的各种修正系数和控制程序，用于发动机温度变化、起动工况、爆震情况下的点火提前角修正控制。

ECU 根据相关传感器和点火开关输入的信号识别发动机的工况与状态，通过分析处理确定当前工况与状态下的最佳点火提前角，并与当前实际的点火提前角进行比较，根据比较结果对点火提前角进行调整，以实现最佳点火提前角控制。而最佳点火提前角具体是通过控制点火脉冲实现的，点火脉冲根据发动机转速和曲轴位置传感器确定。

如表 3-3 所示，点火提前角控制包括：初始点火提前角、基本点火提前角和修正点火提前角。

1. 起动时点火提前角控制

（1）起动初始点火提前角控制

在起动期间，发动机的转速很低（一般发动机起动转速在 500 r/min 以下），此时的发动机负荷信号（进气管压力信号或进气流量信号）不稳定，因此通常将点火提前角固定在初始点火提前角。

表 3-3 点火提前角控制内容

起动时点火提前角控制	初始点火提前角控制	
	非初始点火提前角控制	
起动后点火提前角控制	基本点火提前角	怠速运行基本点火提前角控制
		正常运行基本点火提前角控制
	修正点火提前角	暖机修正量控制
		稳定怠速修正量控制
		空燃比反馈修正量控制
		过热修正量控制
		爆震修正量控制
		最大提前和推迟控制
		其他点火修正控制

（2）起动非初始点火提前角控制

为提高起动性能，一些发动机起动时的点火时间并非是初始点火提前角，而是由电子点火控制系统根据发动机的温度和起动转速对起动点火提前角进行不同的控制。

正常起动转速情况：在正常起动转速情况下（≥100 r/min），主要考虑的是温度对发动机燃烧的影响。在温度低于 0 ℃ 时，从点火到迅速燃烧需较长的时间，故需适当增大点火提前角。低温起动点火提前角调整特性如图 3-24 所示。

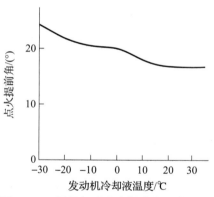

图 3-24 低温起动点火提前角调整特性

低起动转速情况：在低起动转速情况下（<100 r/min），保持原有的点火提前角，可能会出现在活塞上止点前混合气就已迅速燃烧起来的情况，导致起动困难或造成反转。为避免此种情况，ECU 根据起动转速的降低来减小点火提前角。

电子点火控制系统根据点火开关信号、发动机转速与曲轴位置传感器信号及冷却液温度传感器信号对点火提前角进行控制，使发动机在低温或低起动转速的情况下能顺利起动。

2. 起动后点火提前角控制

当发动机起动后，点火开关提供的起动信号消失，ECU 随即转入起动后点火提前角控制，并对点火定时信号进行控制。

(1) 基本点火提前角控制

电子控制器根据发动机的负荷（进气管压力或进气流量）信号和发动机转速信号从 ROM 存储器中查出并通过插值法计算得到基本点火提前角，怠速工况与正常运行工况下的基本点火提前角控制有所不同。

怠速时基本点火提前角控制：与怠速基本点火提前角控制有关的信号是节气门位置信号、发动机转速信号和空调开关信号，点火提前角的控制特性如图 3-25 所示。

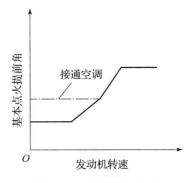

图 3-25　怠速基本点火提前角控制特性

正常运转时的基本点火提前角控制：发动机处于正常运转状态（怠速触点断开）时，ECU 根据进气管压力传感器或进气流量传感器和发动机转速传感器的信号，通过查找、计算后得到基本点火提前角值。与正常运转基本点火提前角控制有关的信号是节气门位置信号、发动机转速信号、进气流量或进气管压力信号。

(2) 修正点火提前角控制

当发动机温度不在正常工作温度范围，或发动机处在其他需要对点火提前角进行适当调整的状态时，电子控制器就立刻进行点火提前角修正控制。

- 暖机修正。

在发动机冷机起动后，其温度还很低，因此需适当增大点火提前角，以改善燃油的消耗，加快暖机过程和增强其驱动性能。

ECU 根据冷却液温度信号、进气压力信号或进气流量信号、节气门位置信号进行暖机点火提前角修正。暖机修正点火提前角随发动机的温度上升而减小，修正特性如图 3-26 所示。

- 怠速稳定修正。

发动机在怠速运行期间，当发动机的怠速因负荷变化而出现波动时，通过适当地修正点火提前角使发动机的转速稳定。当发动机的转速低于所设定的目标转速时，ECU 根据其与目标转速的差值大小适当地增大点火提前角；当发动机的转速高于设定的目标转速时，则适当地减小点火提前角。ECU 根据发动机转速信号、节气门位置信号、车速信号、空调开关信号等作出怠速稳定点火提前角修正，修正特性如图 3-27 所示。

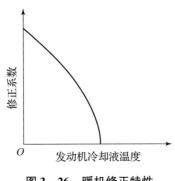

图 3-26　暖机修正特性

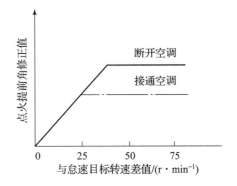

图 3-27　怠速稳定修正特性

- 空燃比反馈修正。

装有氧传感器的发动机，当电子控制器根据氧传感器的反馈信号空燃比进行修正时，随着喷油量的增加或减少，发动机的转速会在一定的范围内波动。为提高发动机怠速的稳定性，控制器在控制喷油量减少的同时，适当地增大点火提前角，如图3-28所示。ECU根据氧传感器反馈信号、节气门位置信号、发动机冷却液温度信号、车速信号作出空燃比反馈点火提前角修正。

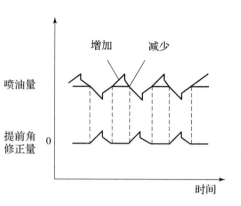

图3-28 空燃比反馈修正特性

- 过热点火提前角修正。

当发动机的温度过高时，为使发动机能保持正常工作需要对点火提前角作出适当的修正，如图3-29所示分两种情况。在发动机正常运行工况时，如果发动机温度过高则易产生爆震。为避免这种情况发生，应适当减小点火提前角。在发动机怠速运行工况时，如果发动机温度过高则应适当增大点火提前角，以避免发动机长时间过热。ECU根据发动机冷却液温度信号、节气门位置信号作出过热点火提前角修正。

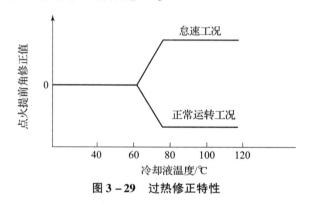

图3-29 过热修正特性

- 爆震修正。

当发动机产生爆震时，对基本点火提前角进行适当的修正（减小点火提前角），以迅速消除爆震。发动机爆震修正控制过程在后面作更详细的介绍。

- 最大提前和推迟控制。

如果根据发动机实际工况和状态计算得到的实际点火提前角过大或过小，会导致发动机工作不正常。因此，发动机ECU设定了一个实际点火提前角的数值范围，以控制发动机工作时其点火提前角不会超出正常工作的极限值。

3. 点火线圈通电时间控制

点火系统在蓄电池电压变化时，点火线圈初级电流的上升速率也会相应变化，这导致了点火线圈初级通路结束时所通过的初级电流随蓄电池电压的变化而改变，如图3-30所示。点火线圈通电时间控制的作用就是在蓄电池电压高时，减少通电时间，以限制点火线圈形成过大的初级电流，避免点火线圈温度过高而损坏；在蓄电池电压低时，则增加点火线圈初级通电时间，以保证能形成足够大的初级电流。

在 ROM 存储器中，存有蓄电池电压与相应的通电时间的有关标准参数。工作时，ECU 根据蓄电池电压值从 ROM 中寻得相应的通电时间（图 3-31），并控制点火线圈初级的通路时间，使点火线圈初级电流在蓄电池电压变化较大的范围内能保持稳定。

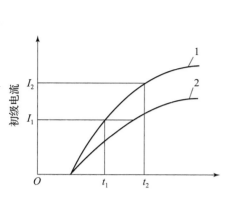

图 3-30　点火线圈初级电流与蓄电池电压特性

1—蓄电池电压高的初级电流曲线；
2—蓄电池电压低的初级电流曲线

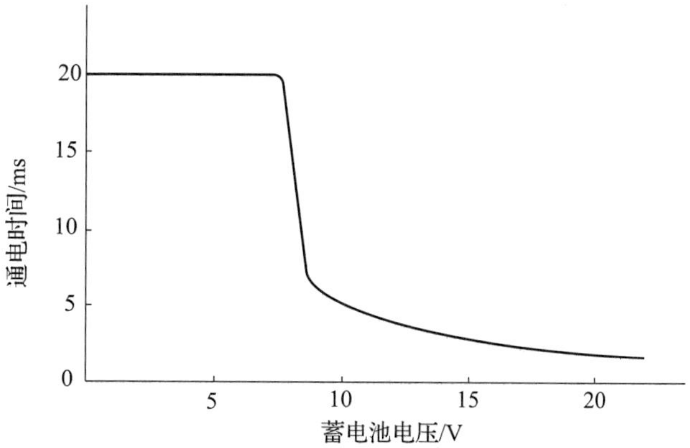

图 3-31　点火线圈初级通路时间与蓄电池电压特性

4. 发动机爆震推迟点火控制

（1）爆震控制的作用

ECU 控制点火提前角从总体上看是一种非线性控制，但是由于通过实验确定的最佳点火提前角值只是具有代表性的特定工况，数量极为有限。特定工况以外的其他工况下的点火提前角值则是由插值法计算得到，如图 3-32 所示。在特定工况点中间的小区内，点火提前角还是一种线性控制。如果实验确定的特定工况的点火提前角太靠近爆震区，其他工况通过插值计算得到的点火提前角就有可能过大（进入爆震区）而使发动机产生爆震。

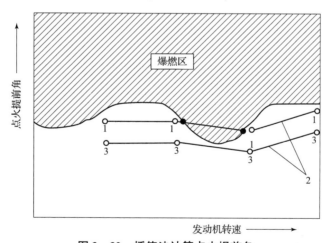

图 3-32　插值法计算点火提前角

1—特定工况点火提前角；2—插值法计算的点火提前角线；3—开环控制避免产生爆震的特定工况点火提前角

对开环点火提前角控制系统来说，为避免发动机产生爆震，由试验确定的特定工况下的点火提前角值就得离爆震区远一些。这样一来就会使发动机在许多工况下的点火提前角都偏小于最佳值,使得发动机的功率不能充分发挥。

如果有爆震推迟点火提前角控制,由试验确定的特定工况下的点火提前角值就可以尽量地靠近爆震极限点。当非特殊工况计算得到的点火提前角进入了爆震区而使发动机产生爆震时,爆震推迟点火提前角控制起作用,可及时消除爆震。因此,点火提前角控制更接近于最佳值,发动机的功率得以更充分地发挥。对于涡轮增压式发动机,采用爆震推迟点火提前角控制更具实际意义。

（2）爆震的判别

由于爆震传感器输出的电压信号中,包含有非爆震振动所产生的其他频率成分,因此,需要用识别电路来鉴别爆震信号。不同类型的爆震传感器,其爆震信号的识别电路也有所不同。典型的爆震判别电路如图3-33所示。来自爆震传感器的信号中含有各种不同的频率,首先须经滤波电路将爆震信号与其他振动信号分离,只允许特定频率范围的爆震信号通过滤波电路,再将此信号的最大值与爆震强度基准值进行比较。如大于基准值,则将爆震信号电压输入电控单元,表示已发生爆震。

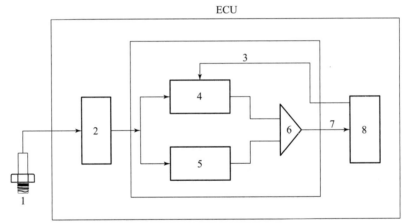

图3-33 爆震识别电路

1—爆震传感器；2—滤波电路；3—爆震判断区间信号；4—峰值检测；5—比较基准产生电路；6—爆震判定比较器；7—爆震信号输出；8—微处理器

在发动机强烈振动时,为了只检测爆震信号,防止发生错误的爆震判断,爆震信号的输入并非随时进行。只限于判断发动机点火后爆震可能发生时的振动,在这个范围内爆震传感器的信号才被输入比较电路。判断范围如图3-34（a）所示。

爆震强度以超过基准值的次数来衡量,超过次数越多,则爆震强度越大;反之,则爆震强度越小。电控单元对爆震强度的判断如图3-34（b）所示。电控单元根据爆震强度的大小确定点火提前角调整的幅度。当爆震消失后,恢复正常的点火提前角。

若用发生爆震的循环次数与实际工作循环的次数之比值（爆震率）来衡量爆震强度,可以定量地把爆震分为四个等级:爆震率在5%以下时为微爆震;5%~10%为轻爆震;10%~25%为中爆震;25%以上为重爆震。当发动机出现1%~5%的轻微爆震时,其动力性、经济性接近最佳值。闭环控制方式即按轻微爆震来确定最佳点火提前角。一定时间内无爆震时,就逐步增大点火提前角,直至发生轻微爆震;爆震率大于5%时,又将点火提前角减小,直至爆震消除。

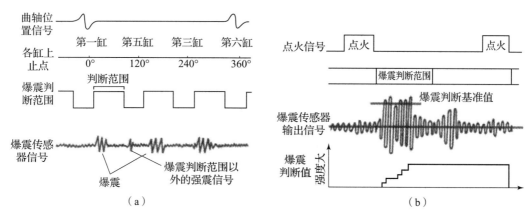

图 3-34 爆震判断示意图
(a) 爆震范围；(b) 爆震强度

四、高压配电原理

1. 高压配电电路

目前无分电器点火系统的高压配电方式已经取代了机械配电方式，可以分为同时点火和单独点火两类。主要有二极管分配同时点火方式、点火线圈分配同时点火方式和单独点火方式。由于同时点火方式仅适用于偶数气缸的发动机，同时有两个气缸点火，一个气缸处于压缩冲程时，另一个气缸处于排气冲程。因为在排气冲程中，要防止剩余的废气或新鲜的进气被火花点燃，因此该系统限制了改变点火正时的范围，目前同时点火系统使用较少。

单独点火是每个气缸分配有一个点火驱动器级和一个点火线圈，发动机 ECU 以指定的点火顺序驱动点火驱动器级。由于没有分配器损耗，因此这些点火线圈设计得非常小，可以直接安装在火花塞上。具有单火花点火线圈的无分配器电压分配可用于任何数量的气缸，点火正时调节范围没有限制。在这种情况下，正在向活塞上止点点火的气缸的火花塞就是点火的火花塞。但是这种类型的配电方式必须通过凸轮轴传感器与凸轮轴同步。

点火线圈分配单独点火方式的电路原理如图 3-35 所示。单独点火方式无分电器点火系统每个气缸的火花塞均配有一个点火线圈，通常将点火线圈直接安装在火花塞的上方，因此可省去高压导线。气缸识别电路根据 ECU 的点火信号和气缸识别信号输出点火控制脉冲，按点火顺序轮流触发 VT_1、VT_2、VT_3、VT_4 导通和截止，控制各个点火线圈轮流产生高压，并将高压直接输送给与之连接的火花塞。

2. 点火信号的产生

电子点火控制系统点火信号是基于发动机转速传感器和曲轴位置传感器产生的。如图 3-36 所示：G_1、G_2 是曲轴位置信号。G_1 信号用于确定第 6 缸压缩行程上止点，G_2 则是第 1 缸上止点的信号。Ne 是转速信号，同时用于确定初始点火定时。以 G_1 或 G_2 信号后的第一个 Ne 信号为第 6 缸或第 1 缸点火信号，之后每 4 个 Ne 信号波形确定为一个点火信号（由 ECU 计数确定），并产生点火定时信号 IGt。

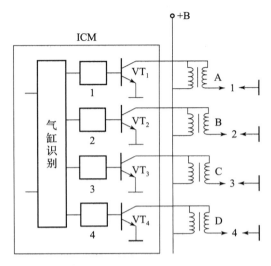

图 3-35 单独点火电路

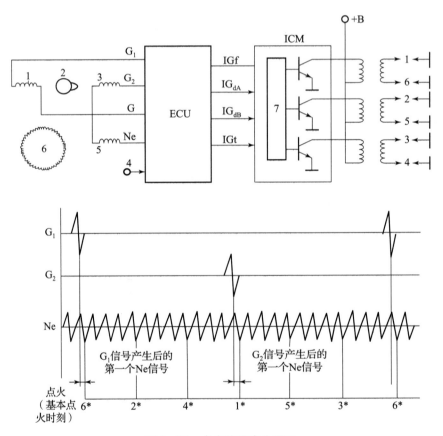

图 3-36 点火信号产生原理

ECU 根据曲轴位置传感器的 G_1、G_2 信号产生气缸识别信号 IG_{dA}、IG_{dB}（图 3-37），并向 ICM 输出。ICM 内的气缸识别电路具有表 3-4 所示的逻辑功能，在每一个点火定时波形下降沿，气缸识别电路根据 IG_{dA} 和 IG_{dB} 的高、低电平情况，触发相应的开关晶体管截止，使该晶体管所连接的点火线圈初级绕组断电，次级产生高压而使相应的两缸火花塞点火。

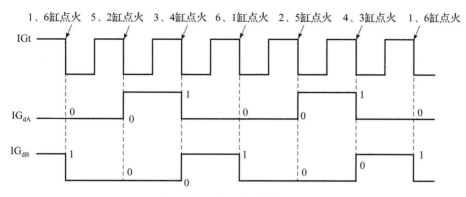

图 3-37　气缸识别信号波形

表 3-4　气缸识别逻辑功能

点火的气缸 气缸识别信号	1、6	2、5	3、4
IG_{dA}	0	0	1
IG_{dB}	1	0	0

第四节　汽油机排放控制系统

一、概述

汽油发动机尾气中包括大约 13% 的水（H_2O）、71% 的氮气（N_2）、14% 的二氧化碳（CO_2）。同时在燃烧期间，空气-燃料混合物产生许多副产物。在发动机正常工作温度，燃烧空燃比为 1 的混合气时，这些副产物在发动机未处理的排放物中（燃烧后但处理前的废气）所占的比例约为 1%。其中对人类危害最大的是：一氧化碳（CO）、碳氢化合物（HC）、氮氧化物（NO_x）。

CO 是烃类燃料在空气不足的情况下，由于不完全燃烧而产生的有害物。CO 被人体吸收后，容易与血红蛋白结合，阻碍血红蛋白带氧，会造成人体内缺氧而使人感到头痛、恶心，严重时还导致人因窒息而死。

HC 是石油产品的基本组成部分，其与氧的化合（燃烧）所释放的热量是发动机运转所需的能量。但排入大气中的 HC 则是一种污染物。发动机排气中高含量的 HC 是燃料未经燃烧或燃烧不完全的产物。此外，燃油箱汽油蒸发、曲轴箱气体直接排放等，也是 HC 对大气造成污染的来源。HC 气体在阳光下与氮氧化物 NO_x 作用，进行光化学反应，形成含有臭氧（O_3）、丙烯醛、甲醛、硝酸盐、酮及过氧化酰等物质的光化学烟雾。这种"烟雾"具有较强的氧化力和特殊的气味，对人眼、咽喉等有刺激作用，并容易使橡胶开裂和植物受损等。在诸多的碳氢化合物中，苯比芘还是一种致癌物。

NO_x 是在温度很高的情况下氮与氧化合的产物,对大气造成污染的主要是一氧化氮(NO)和二氧化氮(NO_2)。氮氧化物是一种有毒并带有恶臭的气体,会引起人眼结膜、口腔、咽喉黏膜肿胀和充血,并可能导致支气管炎、肺炎等病。

汽车对大气的污染主要源自发动机排出的废气,三种有害排放物中,全部 CO、NO_x 和约占 60% 的 HC 都是由发动机排气管排出的。此外,曲轴箱气体和燃油箱燃油蒸发的 HC 排放各约占汽车 HC 总排放的 20%。对汽车排放的控制,就是通过改善燃烧、降低燃烧温度、阻断曲轴箱气体和燃油蒸发排放、净化排气管废气等手段,使汽车对大气的污染减小到最低的限度,以缓解汽车保有量增加对环境所带来的负面影响,满足人类对环境质量不断提高的要求。

汽车排放控制可以分为机内净化、机外净化和污染源封闭循环净化。其中,机内净化是从进气系统入手,通过改善混合气的质量,使燃烧产生的有害成分降低。这一类的排放控制装置有:进气温度自动控制装置、废气再循环控制装置、混合比加浓式减速废气净化装置、进气歧管真空度控制阀等。

机外净化对发动机排出的废气进行再净化处理,将废气中所含的 CO、HC 和 NO_x 等有害气体转化为无害的水(H_2O)、二氧化碳(CO_2)和氮(N_2)等气体。这一类的排放控制装置有:热反应器、氧化催化剂转化器、三元催化转化器、二次空气供给装置等。目前广泛使用的发动机废气净化装置是三元催化转化装置。在发动机处于正常工作温度的情况下,催化转化器可以将这些污染物以超过 99% 的速率转化为无害物质。

对曲轴箱气体及燃油箱燃油蒸发等 HC 排放源实施封闭化处理,以阻断向空气排放 HC。这类控制装置有:曲轴箱强制通风装置、活性炭罐等。

本节主要介绍废气再循环控制系统和燃油蒸发排放控制系统。

二、废气再循环系统

1. 系统功能

在高温下(高于 1 370 ℃),氮与氧气化合生成 NO_x。在其他条件相同的情况下,发动机的燃烧温度越高,燃烧后产生的 NO_x 就越多。废气再循环(Exhaust Gas Recirculation,EGR)就是将发动机排出的部分废气引入进气管(图 3-38),与新鲜混合气混合后进入气缸。因为废气中的 CO_2、H_2O 和 NO_x 不参与燃烧,但可以降低燃烧温度,所以可以有效降低 NO_x 的排放。使用 EGR 时,气缸总充气量增加,而新鲜空气的充气量保持恒定。这意味着如果要达到给定的扭矩,节气门必须减少发动机的节流,因此可以降低燃油消耗量。

2. 控制方法

增加废气再循环量,发动机的燃烧温度可进一步降低,抑制 NO_x 产生的作用就更有效。但废气再循环量过多,会导致混合气的着火性变差,造成发动机的油耗上升,动力性下降,HC 排放量上升。因此,必须控制废气引入量,而在发动机起动、怠速和低负荷等工况下,发动机的燃烧温度较低,NO_x 不会超量,为确保发动机可靠运行,就不能在新鲜混合气中掺入废气。

引入的废气量通常根据 EGR 率来表示:

$$EGR 率 = EGR 气体量/(吸入的空气量 + EGR 气体量) \times 100\%$$

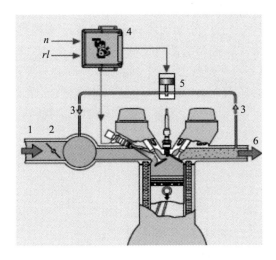

图 3-38 废气再循环结构原理

1—新鲜空气进气口；2—节流阀；3—再循环废气；4—发动机 ECU；5—EGR 阀；6—废气；
n—发动机转速；rl—相对充气

废气再循环控制装置通过控制 EGR 率在保证发动机运转性能良好的同时，达到最佳的 NO_x 净化效果。

ECU 根据各传感器的信号判断发动机的工况与状态，以确定是否需要废气再循环或再循环流量的大小。如图 3-38 所示，根据发动机的工作点，发动机 ECU 4 触发 EGR 阀 5 并确定其打开的横截面。一部分废气 6 通过该开口的横截面转移，并与进入的新鲜空气混合。由此确定气缸充气量的废气量，以实现最佳的 EGR 率控制。

三、燃油蒸发排放控制系统

燃油箱中的汽油蒸发，汽油蒸气的压力达到设定值时，就会从油箱盖的排气阀排出，造成对大气的 HC 污染。燃油箱用通气管与活性炭罐连接，其作用就是将汽油箱中的汽油蒸气收集于罐中，并在发动机工作时，通过流经的空气将汽油蒸气送入进气管参与燃烧（图 3-39），以免汽油箱中的汽油蒸气直接排放到大气中而造成空气污染。

汽车燃油蒸发控制系统主要由活性炭罐、炭罐控制阀、空气滤清器、接头管路及支架等组成，如图 3-39 所示。活性炭罐是燃油蒸发系统中贮存燃油蒸气的部件，活性炭罐的下部与大气相通，上部有接头通过管路与燃油箱相连，用于收集油箱中的燃油蒸气。内部装有对汽油蒸气吸附和脱附能力很强的活性炭粒，它具有极强的吸附作用。燃油箱内的燃油蒸气（HC），经油箱管道进入活性炭罐后，蒸气中的燃油分子被吸附在活性炭颗粒表面，对汽油蒸气起吸附作用，活性炭罐有 1 个出口，由软管与发动机进气歧管相连。软管的中部设 1 个活性炭罐电磁阀（常闭阀），以控制管路的通断，炭罐与控制阀的配合，可以实现油气的脱附，从而也可以将其吸附的汽油分子再回收利用。

在博世公司的电喷系统中，炭罐控制阀又称炭罐清洁阀。只要发动机运行，进气管中总会产生真空，从大气吸进新鲜空气，这股空气经过炭罐流经炭罐控制阀进入进气管，同时吸收了储存在炭罐中的燃油蒸气，并把它们带到发动机中以供燃烧。炭罐控制阀的作用便是在进气管中按一定比例配送燃油蒸气，以保证发动机的燃烧工况需求。炭罐控制阀的作用受电喷系统控制单元 ECU 控制，为了让混合气体的调节过程不受来自油箱的气流干扰，炭罐控制阀在油气调节过程中关闭。在接通清洁气流时，系统选择瞬时的工况最合适的清洁气流充量，由 ECU 发出信号以一定角度打开清洁阀。清洁气流吸收一定的气态"燃油负荷"，即吸收一定比例的燃油蒸气，负荷的大小由整车开发中的电喷系统标定参数确定。与此同时，控制系统减少喷油持续时间，以补偿清洁气流中的预期燃油消耗量。

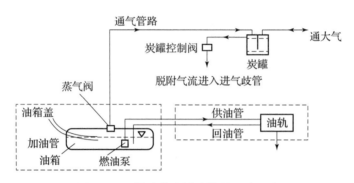

图 3-39　燃油蒸发排放控制系统组成

四、加油排放控制系统

燃油蒸发排放控制系统可以在车辆停止、运行过程中进行燃油蒸气的回收利用，但在汽车加油过程中，油箱中的 HC 蒸气可以进入大气。车载加油蒸气回收装置，可以将 HC 蒸气回收。国 Ⅵ 标准中要求采用车载加油油气回收（On - board Refueling Vapor Recovery, ORVR）系统控制排放。此系统最先由美国实施，由于加油过程中油箱总成压力增大或密封性等问题，收集从油箱中挥发出来的燃油蒸气。未装有 ORVR 系统的车辆，需要根据新标准要求重新调整燃油系统，使得加油枪在高速加油时，各零部件能够相互配合，尽可能迅速将燃油蒸气储存在炭罐中。车载加油蒸气回收装置的型式多种多样，以下面这个系统为例进行说明，如图 3-40 所示。

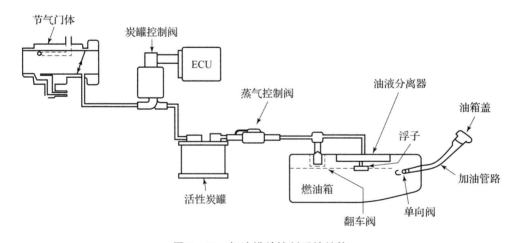

图 3-40　加油排放控制系统结构

该装置使用锥形的过滤管,在过滤管的最下端有1个单向阀、1个油液分离器和1个蒸气控制阀。当给燃油箱加油时,来自加油口的燃油从加油管流下打开单向阀,燃油能够进入燃油箱。由于燃油滤清器是锥形的,在燃油流过时能够产生真空度。这个真空度将蒸发到大气中的汽油蒸气吸回到燃油箱顶部,燃油蒸气流过蒸气控制阀、油液分离器,最后流入储存燃油蒸气的活性炭罐。在这个过程中同时给燃油箱通风换气。在燃油箱加油过程中,蒸气控制阀的浮子同时上升。当燃油箱充满后,浮子接近通向活性炭罐的通道。因为此时燃油箱不再通风,燃油箱内压力开始升高,关闭加油口,随着燃油不再流入加油管,单向阀关闭,防止由于突然的振荡引起燃油倒流入加油管。

第五节　其他控制技术

发动机控制除了前面介绍的电控燃油喷射系统、电子点火控制系统、排放控制系统外,有些发动机还具有其他一些功能。尤其是随着排放和油耗法规越来越严格,更多的先进控制系统将应用于发动机控制中。目前一些其他控制系统有怠速控制系统、气门升程与配气相位可变控制、断缸控制、进气压力波增压控制、废气涡轮增压控制等。

一、怠速控制系统

发动机怠速是指发动机在无负荷情况下的最低稳定转速。发动机在怠速工况下工作时,只需克服其内部各运动件之间的摩擦阻力,而对外无输出功率。但发动机怠速的高低,不但对燃油消耗有严重的影响,而且对发动机的排放污染、暖机时间和使用寿命等也有一定程度的影响。因此,使发动机在各种工况下能自动调节其怠速具有十分重要的意义。

发动机怠速控制系统的功能包括:

(1) 稳定怠速控制

怠速控制系统以设定的发动机转速为怠速控制目标,当发动机的转速偏离目标转速时,电子控制器便输出怠速调整信号,通过怠速控制执行器将发动机怠速调整到设定的目标范围之内。设定的目标转速是发动机各种状态下能保持稳定运转的最理想怠速,因此电子怠速稳定控制可使发动机在各种状态下都在最佳的稳定怠速下运转。

(2) 快速暖机控制

在冷机起动后,怠速控制系统可以使发动机在较高的怠速下稳定运行,并可加速发动机的暖机过程。

(3) 高怠速控制

在怠速工况下,当发动机负荷增加时,为保持发动机的稳定运转或使发动机向外能输出一定的功率,电子控制器输出控制信号,通过执行器将发动机调整至设定的高怠速下稳定运转。

(4) 其他控制

当发动机起动时,电子怠速控制系统使怠速辅助空气通道自动开启至最大,以使发动机起动容易。在活性炭罐控制阀、废气再循环控制阀等工作时,调整怠速控制阀以稳定怠速。因发动机部件磨损、老化等而使发动机的怠速偏离正常范围时,电子怠速控制系统能自动将怠速修正到正常值。

二、气门升程与配气相位可变控制

普通发动机的气门开闭由凸轮驱动,进排气门的早开角、晚关角固定不变,这实际上只能使发动机在某一转速下处于最佳的配气相位,而在发动机转速很低或很高时,其配气相位就会处于不理想的状态。气门升程与配气相位可变控制就是:发动机电子控制系统 ECU 根据发动机转速传感器的信号,并参考发动机负荷、发动机温度及车速等传感器的信号,作出对配气相位及气门行程是否需要调整的判断,当需要调整时,ECU 输出控制信号,控制执行机构动作,使配气相位及气门行程得到相应的改变。

目前在一些汽车发动机上已使用的气门升程与配气相位可变控制系统有多种结构形式,根据配气相位及气门行程调整机构的不同,可分为机械式、液压式、机液混合式和电动式等。

三、断缸控制

一些发动机气缸数较多且输出功率很大的汽车,往往有较高的功率储备。在城市市区或在城外公路上行驶时,发动机在许多情况下是在部分负荷下运转,其工作效率很低。断缸控制就是:发动机电子控制系统根据发动机空气流量传感器(或进气管压力传感器)的信号判断发动机的负荷情况,当发动机在低负荷时,输出停止喷油和断火控制信号而使一个气缸或几个气缸停止燃烧做功,使工作气缸的效率得以提高,从而提高了整个发动机的工作效率,降低了发动机的燃油消耗。

四、进气压力波增压控制

利用进气流的压力波来提高进气压力,是现代电控发动机用以提高发动机动力性的技术措施之一。

(1) 进气压力波的产生

在进气门突然关闭时,高速进气流由于惯性仍在流动,使得进气门附近的气体被压缩而压力上升。气流惯性过后,被压缩的气体开始膨胀,向着进气相反的方向流动,进气门处的气压下降。当膨胀的气体波传到进气管口处时,又会被反射回来。于是,在进气管内形成了脉动的压力波。

(2) 进气压力波的应用

如果在进气门刚要打开时,进气压力波恰好到达进气门附近,进气门打开时,进气压力波可促使进气量的增加。进气压力波的波长与进气管的长度有关,进气管较长时,压力波长较长,可使中低速时有进气增压的效果;进气管较短时,压力波长较短,可使高速时有进气增压效果。发动机进气管长度是不可变的,在设计进气管长度时,一般是按最大转矩所对应的转速区域能有进气增压效果来考虑的。

(3) 进气压力波增压控制

如图 3-41 所示,为使发动机在中低速和高速时都有进气增压效果,进气压力波增压控制装置在进气管的中部设置了一个容量较大的空气室,并由进气增压控制阀的开闭控制其与进气管的通断。进气增压控制阀关闭时,进气流压力波传递长度为空气滤清器至进气门,压力波波长增加;进气增压控制阀打开时,进气流压力波只在空气室口至进气门之间传播,压力波波长缩短。

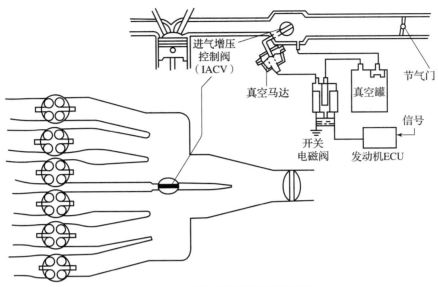

图 3-41 进气增压控制系统组成

五、废气涡轮增压控制

在所有可能的用于内燃机增压的方法中，排气涡轮增压是使用最广泛的。即使在排气量较小的发动机上，废气增压也会导致高扭矩和功率输出以及高水平的发动机效率。过去，为了提高功率输出采用了废气涡轮增压，而如今废气涡轮增压却主要用于在非常低的发动机转速下增加最大扭矩。在保持相当的发动机功率的同时，可以减少发动机排量并降低燃油消耗，这尤其适用于带有汽油直喷的涡轮增压发动机。

如图3-42所示，发动机ECU根据发动机加速、进气量、温度等信号确定增压压力目标值，并与进气管压力传感器所监测的实际增压压力值进行比较。当目标值与实际值有差别时，ECU输出控制信号（占空比脉冲信号），废气门由增压控制阀10操纵。该阀通过控制管路气动连接到脉冲阀13。脉冲阀被来自发动机ECU的电信号触发时改变增压压力。该电信号是当前增压压力的函数，增压压力传感器提供有关该信号的信息。如果增压压力过低，则触发脉冲阀，从而使控制管路中的压力偏低。然后，增压控制阀关闭废气旁通阀，用于驱动涡轮的排气质量流量比例增加。如果增压压力过大，则触发脉冲阀，以便在控制管路中建立更高的压力。然后，增压控制阀打开废气门，用于驱动涡轮的排气质量流量的比例减小。

爆震传感器反馈发动机的爆震情况，以实现废气涡轮增压的闭环控制。由于增压发动机的排气温度较高，不可能单纯以点火提前角来控制爆震，也不能只用降低增压来防止爆震，因为这样将使发动机的动力性下降。因此，采用减小点火提前角与降低增压压力相结合的办法。具体控制方法是：当发动机产生爆震时，ECU立刻推迟点火时间，同时降低增压压力，当点火提前角改变已经生效时，增压压力就可缓慢下降。随着增压压力的降低，点火提前角则又恢复至正常值。

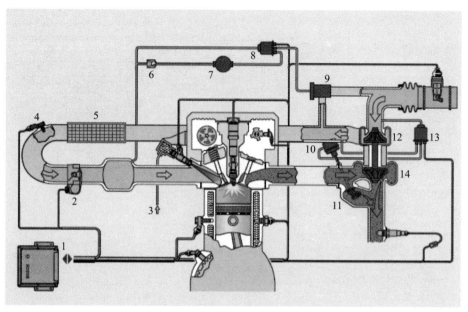

图 3-42　废气涡轮增压系统组成

1—发动机 ECU；2—节流阀装置；3—燃油供给系统；4—进气压力、温度传感器；5—中冷器；6—止回阀；7—真空容器；8，13—电磁阀（脉冲阀）；9—换气阀（卸气阀）；10—增压控制阀；11—废气门（旁通阀）；12—涡轮增压器；14—排气式涡轮机

第四章
电子控制自动变速器

第一节 概述

变速器通过传动系统改变传动比来解决发动机输出转速和转矩与车辆驱动轮所需转速和转矩之间存在的矛盾。车辆行驶性能的好坏,不仅取决于发动机,而且在很大程度上还依赖于传动系统以及传动系统与发动机系统的匹配。变速器的两个重要标志是经济性和方便性。经济性就是传动系本身的功率损失要小,即效率要高;方便性则是指挡位的变换容易实现,方便驾驶员操作。

变速器的发展过程经历了挡位固定的减速器,到有多个挡位可变换的齿轮变速器,直到现在应用电子控制系统实现换挡的自动变速器。由于具备更好的驾驶性能、良好的行驶性能及提高行车安全性等优点,自动变速技术始终是人们追求的目标。随着技术的不断进步,自动变速器的制造和控制也越来越完善,成本也在降低,从而在汽车上应用越来越广泛。

一、自动变速装置的分类

车辆自动变速技术的理论和设计已比较成熟,常用的自动变速传动装置大致包含液体传动、机械传动和电力传动三类。

1. 液体传动

液体传动是以液体作为工作介质的传动,其基本原理是利用工作装置实现部件与工作液体之间相互作用,引起机械能和液体能相互转换,以此传递动力。这其中有液力传动和液压传动。它们都具有传力柔和、吸收振动的特点。

(1) 液力传动

液力传动的基本形式为液力偶合器和液力变矩器,是通过液体动量矩的变化来改变转矩的一种传动元件,其利用的是液体的动能。液力偶合器目前在汽车上已不用于传递全功率,而只用于驱动重型汽车发动机风扇以进行调速。液力变矩器具有无级连续变速和改变转矩的能力,对外负载有良好的自动调节和适应性。它使车辆起步平稳,加速均匀,其减振作用降低了发动机和传动系统的动载和扭振,延长了发动机和传动系统的使用寿命,提高了乘坐舒适性、行驶安全性、通过性以及车辆的平均速度。

然而,液力变矩器存在着效率不够高、变矩范围有限的问题。使得单个液力变矩器并没有很大的实用价值,而需要串联或并联一个定轴式或者旋转轴式机械变速器,以扩大其变速和变矩范围,同时在效率方面得到一定的提高。

液力变矩器与旋转轴式或定轴式齿轮变速器组合，就成为动力换挡变速器。若在动力换挡变速器的基础上，再加以自动变速控制系统，则得到液力自动变速器（Automatic Transmission，AT）。从20世纪50年代起，装备液力自动变速器的汽车开始增多，但液力自动变速器的总效率低于机械变速器，使得装备这种自动变速器的汽车存在燃油经济性较差这一问题，发展受到限制。

（2）液压传动

液压传动与液力传动的主要区别是：液压传动依靠液体压力能的变化来传递和变换能量，主要是利用工作腔容积的变化来工作。其基本元件是液压泵和液压马达。液压泵将发动机动力变为工作油压，经由控制元件输入液压马达，在工作油压作用下驱动车轮。系统油压的大小取决于负载，车辆的速度取决于系统流量。液压传动具有在大范围内连续进行正、倒驶工况平稳无级变速的特点，性能接近理想特性；还具有吸振和减小冲击的能力；系统总布置也很方便，因此，在推土机、装载机上得到应用。但由于液压传动的效率显著低于机械传动，元件的制造成本高，故常与行星齿轮并联构成液压 – 机械无级传动系统。液压传动只传递总功率的一部分，使总效率得到较大提高，从而可用在低速重载汽车和军用车辆上。普通量产汽车应用的实例不多。

2. 机械传动

（1）有级式机械传动

有级式机械自动变速器，目前常用的有两种：由普通齿轮式机械变速器、自动离合器和电子控制系统组成的机械自动变速器（Automated Mechanical Transmission，AMT）；由双离合器、齿轮式机械变速器和电子控制系统组成的双离合器自动变速器（Dual Clutch Transmission，DCT）。

① 机械自动变速器（AMT）。

在固定轴式机械变速器和干式离合器的基础上增加选换挡执行机构、离合器操纵机构及电控系统等，通过电控单元自动控制选挡、换挡和离合器的结合和分离，来实现自动换挡的自动变速器。由于原有的机械传动机构不变，AMT具有传动效率高、结构紧凑、成本低等优点，其最大的缺点是换挡过程中动力容易中断，换挡平顺性较差。

② 双离合器自动变速器（DCT）。

双离合器自动变速器有两套离合器用于动力换挡和起步。每套离合器与变速器的一根输入轴相连，具有两路动力传递：一路用于偶数挡齿轮的传动；另一路用于奇数挡齿轮的传动。两套装置互相嵌套在一起。变速器一根轴处于工作状态时另一根轴空转。换挡时先在无负载的一套装置上预选挡位，要实现换挡则将原来传递动力的离合器分离，而将另一套离合器接合，从而把动力传递给该套装置。该技术可以保证变速箱在换挡时消除汽车动力中断现象，换挡平顺性能优于AMT而综合效率又比AT高。

（2）无级式机械传动

无级变速器（Continuously Variable Transmission，CVT）是一种可连续改变传动比的自动换挡变速器。它具有节油、操纵方便、行驶舒适等特点。CVT与一般齿轮式自动变速器的最大区别是省去了结构较为复杂的齿轮组变速传动，通过连续不分级地改变变速器输入轮和输出轮的相对半径来实现无级调速。

大批量生产的 CVT 目前均采用钢带传动，其摩擦传动方式与齿轮传动相比效率低、易打滑，对于传递大转矩的场合 CVT 还是难以胜任。

3. 电力传动

电力传动取消了机械传动中的传统机构，代之以电流传输至电动机，从而驱动汽车。电力传动除具有起动及变速平稳、可无级变速的优点外，还可按汽车行驶功率要求，以最经济的转速运行；能将电动机转换为发电机状态实现制动。

以动力蓄电池、燃料电池作为能源的电动汽车也部分采用了电力传动系统，这种汽车不使用石油燃料，使用过程中无污染，能量转换效率高，是未来汽车发展的一个方向。

二、自动变速器的优缺点

1. 自动变速器的优点

(1) 整车具有更好的驾驶性能

汽车驾驶性能的好坏，除与汽车本身的结构有关外，还取决于正确的控制和操纵。自动变速器能通过系统的设计，使整车动力和传动系统自动去完成这些使用要求，以获得最佳的燃油经济性和动力性。使得驾驶性能与驾驶员的技术水平关系不大，因而特别适合于非职业驾驶。

(2) 良好的行驶性能

自动变速器的挡位变换不但快而且平稳，提高了汽车的乘坐舒适性。通过液体传动和程序控制换挡，可以消除或降低动力传动系统中的冲击和动载。这对在地形复杂、路面恶劣条件下作业的工程车辆、军用车辆尤其重要。试验结果表明，在坏路段行驶时，自动变速的车辆传动轴上，最大动载转矩的峰值只有手动变速器的 20%~40%，原地起步时最大动载转矩的峰值只有手动变速器的 50%~70%，且能大幅度延长发动机和传动系统零部件的寿命。

(3) 提高行车安全性

在车辆行驶过程中，驾驶员必须根据道路、交通条件的变化，对车辆的行驶方向和速度进行改变和调节。以城市大客车为例，平均每分钟换挡 3~5 次，而每次换挡有 4~6 个手脚协同动作。正是这种连续不断的频繁操作，使驾驶员的注意力被分散，而且易产生疲劳，导致交通事故率增加；或者是减少换挡，以操纵油门大小代替变速，即以牺牲燃油经济性来减轻疲劳强度。自动变速的车辆，取消了离合器踏板和变速操纵杆，只要控制油门踏板和制动踏板，就能很好地控制车速，从而降低了驾驶员的劳动强度，使行车事故率降低，平均车速提高。

2. 自动变速器的缺点

从目前的情况来看，自动变速器还存在着两方面的缺点：

(1) 结构较复杂

与手动变速器相比，自动变速器结构较复杂，零件加工难度大，生产成本较高。由于结构复杂，修理也比较麻烦，从而增加了维修费用。

(2) 效率不够高

与手动变速器相比，自动变速器在城市工况或综合工况条件下整车油耗偏高。随着自动变速技术的进步，通过与发动机的匹配优化、闭锁控制、增加挡位数、智能换挡控制等措施，自动变速器的油耗可以逐步接近甚至低于手动变速器的油耗。

第二节　电子控制自动变速器结构及工作原理

电子控制自动变速器无论是何种结构，最终都要满足汽车对传动系统提出的功能要求，即

1) 能使汽车从静止起步，能使汽车倒退行驶；
2) 实现动力流调节，转换动力源的输出扭矩和转速（即改变传动比）；
3) 实现高效率、持续无中断的能量（功率、扭矩）传递；
4) 操纵简单，安全可靠。

不同类型的电子控制自动变速器，在设计上所走的技术路线不同导致结构差异很大，但其追求的最终目标都是实现上述功能。"从静止起步"功能可通过机械、机电或液压方式来实现；"改变传动比"功能可利用齿轮传动、液力传动或机械无级传动实现；"操纵简单"则可以通过电子控制系统控制各种执行机构自动实现挡位变换。

一、液力自动变速器（AT）

AT 结构复杂，不同型号变速器的局部结构又各有不同，但无论是哪一种，都由液力变矩器、行星齿轮变速机构、换挡执行机构、液压控制系统和电子控制系统 5 个部分组成，如图 4-1 所示。

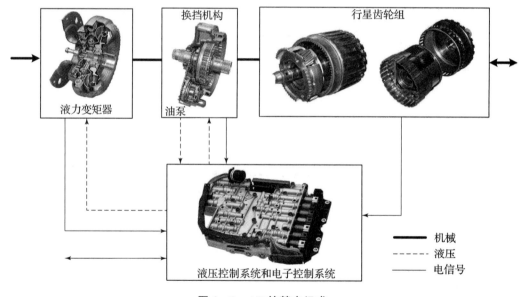

图 4-1　AT 的基本组成

1. AT 的基本结构

（1）液力变矩器（带锁止离合器）

液力变矩器是 AT 的核心组成部分之一，其作用是利用液体循环流动过程中动能的变化传递动力。装配液力变矩器的汽车具有十分良好的静态起步性能，同时其变矩特性也提高了车辆的加速性能和换挡性能，其液力驱动的方式能有效隔离发动机的振动，减小了动载荷，

延长了传动系的使用寿命。效率偏低是液力变矩器的最大缺点。为了提高传动效率,目前 AT 上使用的液力变矩器都配置了锁止离合器,在完全锁止状态下液力变矩器的泵轮和涡轮之间没有转速差,相当于机械传动,如图 4-2 所示。

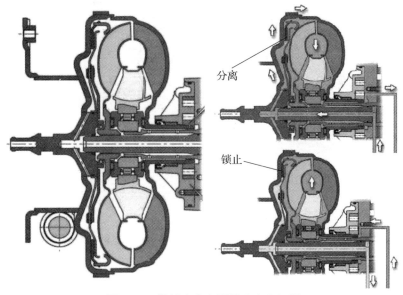

图 4-2 带锁止离合器的液力变矩器

(2) 行星齿轮组

液力变矩器虽能在一定范围内自动地、无级地改变转矩比和转速比,但存在传动效率低的缺点,且变矩范围最多只能达 2~3 倍,难以满足汽车使用要求。为了扩大变矩范围,AT 一般采用行星齿轮与液力变矩器串联的方式,通过液压系统控制太阳轮、齿圈和行星架之间的运动关系来实现可变传动比,同时也可得到倒挡和空挡。

(3) 换挡执行机构

行星齿轮组中的所有齿轮都处于常啮合状态,其挡位变换必须通过以不同方式对行星齿轮机构的基本元件进行约束(即固定或连接某些基本元件)来实现。能对这些基本元件实施约束的机构,就是换挡执行机构。

行星齿轮组的换挡执行机构主要由离合器、制动器和单向离合器这三种执行元件组成(图 4-3)。离合器和制动器是以液压作用在液压缸(活塞)上对摩擦片产生压力来控制行星齿轮机构元件的旋转,而离合器和制动器的液压回路又由 ECU 通过比例电磁阀或开关电磁阀来控制。单向离合器则是以机械方式对行星齿轮机构的元件进行锁止,一般不需要控制。

(4) 液压控制系统和电子控制系统

为了增加可靠性并缩小零部件体积,AT 把液压控制系统和电子控制系统集成为一体。液压控制系统的主要任务是调节、增加和分配液压和体积流量,包括产生离合器和制动器压紧力、为变矩器供压、产生润滑压力等。

液压控制系统的外壳由铝压铸件制成,上面设计有能保证 AT 正常工作的复杂油道、精细加工的滑阀,并集成各种电动液压执行器(主要是电磁阀)和传感器,如图 4-4 所示。

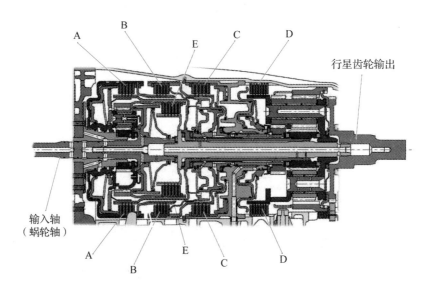

图4-3 采埃孚公司6挡自动变速器（6HP-26）的换挡执行机构
图中A，B，E为离合器；C，D为制动器

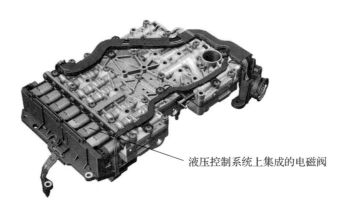

图4-4 液压控制系统上的电磁阀

2. AT的基本工作原理

行星齿轮机构与换挡执行机构结合，构成了具有不同挡位的行星齿轮变速器，即在输入转速、转矩相同的条件下，可以通过行星齿轮变速器的挡位变换，得到不同的输出转速和转矩。单排行星齿轮机构通过选取主动件和从动件，并固定不同的基本元件，可以得到两个前进挡和一个倒挡。使用两个以上的行星排进行组合，选取不同的基本元件作为输入或输出，以及采用执行元件不同的工作方式，可得到不同类型的行星齿轮变速器。图4-5为ZF公司6挡自动变速器（6HP-26）的传动系统简图。6HP-26自动变速器采用了莱佩莱捷（Lepelletier）行星齿轮组，即两个行星排的前面是一个单级行星齿轮机构，内齿圈被固定；后面为拉威挪（Ravigneaux）行星齿轮机构，由一个单级行星齿轮机构和一个双级行星齿轮机构复合而成，内齿圈为动力输出端。6HP-26自动变速器只使用了5个换挡执行机构（即3个多片式离合器A、B、E和2个多片式制动器C、D）就实现了6个前进挡和1个倒车挡，行星齿轮系中没有使用单向离合器，结构大为简化。

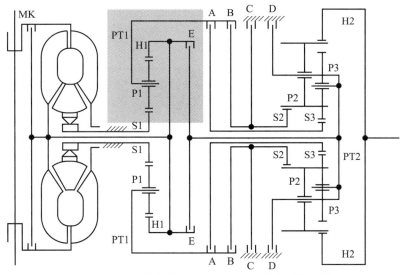

图 4-5 自动变速器（6HP-26）传动系统简图

A—高挡离合器；B—1~4 挡离合器；E—3，5 挡及倒挡离合器；
C—2，6 挡制动器；D—1 挡及倒挡制动器；MK—变矩器锁止离合器

各挡位与换挡执行机构的关系如表 4-1 所示。

表 4-1 各挡位与换挡执行机构的关系

挡位	执行机构	A	B	E	C	D
前进挡	1		O			O
	2		O		O	
	3		O	O		
	4	O	O			
	5	O		O		
	6	O			O	
倒挡	R			O		O

注：O 表示起作用。

根据行星齿轮和执行机构的运动关系，可以得到不同挡位下行星各构件的运动状态，如表 4-2 所示。

表 4-2 不同挡位下行星排各构件的运动状态

挡位	构件	前排太阳轮 S1	前排行星架 PT1	前排内齿圈 H1	后排大太阳轮 S2	后排行星架 PT2	后排小太阳轮 S3	后排内齿圈 H2
1		固定	同向减速	驱动	空转	固定	与 PT1 等速	同向减速

续表

构件 挡位	前排太阳轮 S1	前排行星架 PTI	前排内齿圈 H1	后排大太阳轮 S2	后排行星架 PT2	后排小太阳轮 S3	后排内齿圈 H2
2	固定	同向减速	驱动	固定	驱动	与PT1等速	同向减速
3	固定	同向减速	驱动	与PT1等速	驱动	与PT1等速	同向减速
4	固定	同向减速	驱动	空转	与H1等速	与PT1等速	同向减速
5	固定	同向减速	驱动	与PT1等速	与H1等速	空转	同向增速
6	固定	空转	空转	固定	驱动	空转	同向增速
R	固定	同向减速	空转	与PT1等速	固定	空转	反向减速

二、机械式自动变速器（AMT）

AMT 是在传统手动变速器和干式离合器的基础上直接通过实现离合器接合分离、选换挡的自动化而产生的一种自动变速器。

1. AMT 的结构及工作原理

AMT 主要由电控离合器操纵机构、电控选换挡机构、带同步器的齿轮式变速器及电子控制单元组成，其基本原理如图 4-6 所示。驾驶员的驾驶意图通过换挡操作手柄、方向盘上的换挡拨片、加速制动踏板等装置传递给 AMT 的电子控制单元（也称为 TCU），TCU 同时通过传感器及车身 CAN 总线监测汽车的各工作参数，并根据相对应的控制策略（比如最佳换挡规律、离合器最佳接合规律、发动机扭矩调节规律等）对离合器接合分离状态及选换挡执行器进行控制，以实现挡位和车辆行驶状态的最佳匹配，从而让驾驶员获得良好的驾驶性能。

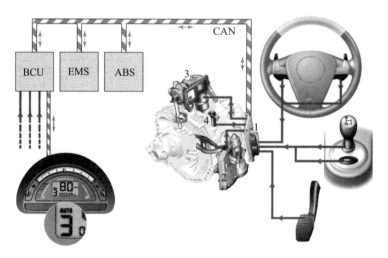

图 4-6 AMT 原理框图

1—电子控制单元（TCU）；2—离合器操纵机构；3—选换挡机构；4—转速传感器

AMT 的两大核心执行机构是电控离合器操纵机构和电控选换挡执行机构，其性能的优劣直接关系到 AMT 的成败。在 AMT 的发展过程中，围绕着这两种执行机构出现过各种解决方案，根据执行机构所使用的动力源不同，其总体上可以分为三种类型：电控气动式、电控液压式和电动式。气动式一般采用气缸作为作动元件，液压式使用液压缸或活塞作为作动元件，而电动式则以小型电机作为执行器，再通过机械减速机构把电动机的旋转运动转换为直线运动。图 4 – 7 为 Opel（欧宝）公司的 Easytronic AMT 总成，分别装配了电控液压式和电动式执行机构。

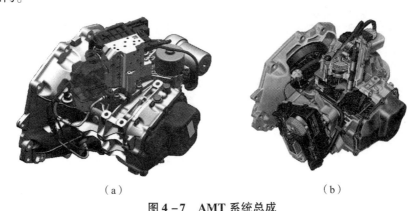

（a） （b）

图 4 – 7 AMT 系统总成

(a) 配置液压式执行机构；(b) 配置电动式执行机构

（1）电控离合器操纵机构

电控气动式离合器操纵机构主要用于重型商用车。在乘用车上，由于与传统手动变速器配套使用的干式离合器的分离机构常采用拉索或液压缸，为了简化结构，乘用车用 AMT 常使用电控液压式或电动式操纵机构。图 4 – 8 为一种使用直流有刷永磁电动机作为作动元件的电动式离合器操纵机构。电动机 4 的输出轴驱动蜗杆 2，经过蜗轮 3 减速后驱动与蜗轮连接在一起的导杆 8，导杆前端的活塞 5 把液压油经过出油管 7 送入离合器从动缸，实现离合器分离。6 为回油管，同储液腔相连。

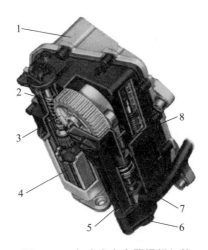

图 4 – 8 电动式离合器操纵机构

1—TCU；2—蜗杆；3—蜗轮；4—直流有刷电动机；5—活塞；6—回油管；7—出油管；8—导杆

（2）电控选换挡执行机构

根据手动变速器挡位的布置关系，驾驶员要完成目标挡位，其操作过程分解为选挡（左右移动）和换挡（上下移动）两个动作。相应地，AMT 上使用的电控选换挡机构也必须能精准、快速、可靠地执行选换挡动作。在乘用车 AMT 上，电控液压方式的选换挡机构应用最多，图 4-9 为两种在车辆上得到批量应用的液压选换挡机构。

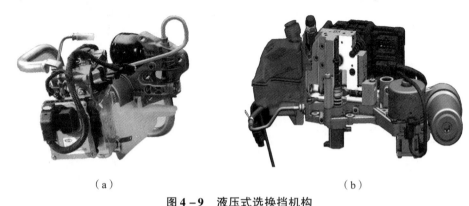

(a) (b)

图 4-9 液压式选换挡机构

(a) Marelli 公司的 Quickshift；(b) Opel 公司的 Easytronic

为了降低换挡过程中的动力中断，以最快的速度完成选换挡操作，有 AMT 使用换挡鼓代替传统的拨叉机构，按照挡位顺序将所有拨叉的运动轨迹直接在换挡鼓上开出沟槽，当换挡鼓转动时，所有的拨叉就能够同时沿着沟槽移动，加快换挡过程。

2. AMT 面临的挑战

与液力自动变速器相比，机械式自动变速器在控制上难度较大，主要体现在以下几个方面：

1）需切断动力换挡，但又没有液力变矩器在起步、换挡过程中起缓冲和减振的作用，换挡时的动力中断容易引起驾驶员抱怨；

2）固定轴式变速器采用拨叉换挡比用液压制动器和离合器换挡冲击大；

3）单、双片干式离合器与湿式多片离合器相比，不允许长时间打滑，否则会烧坏摩擦片，因此对起步、换挡过程的控制要求更高；

4）液力变矩器具有自动适应性，装配 AT 的车辆很容易实现坡道起步和爬行（也称为蠕动）功能。装配 AMT 的车辆要靠较复杂的控制才能实现平路上平滑起步，坡道上起步则需要车辆上其他系统配合进行坡道辅助起步控制。

AMT 静止起步、换挡过程中的动力中断和冲击等问题易造成乘用车的驾驶性变差，制约了 AMT 在乘用车上的发展。但 AMT 高效率、低成本及操作方便等显著优点使其在商用车上取得了广阔的发展空间。

三、双离合器自动变速器（DCT）

DCT 发明于 1940 年，但因技术的限制，未能投入批量生产。直到 20 世纪 90 年代末期，随着技术的进步 DCT 才逐渐成熟并大批量应用。DCT 的优点在于换挡速度快，从而让车辆获得更高的加速度。同时传动效率高，装备 DCT 的汽车耗油量比装备其他自动变速器的低，甚至比装备手动变速器的同种车型还要低。

1. DCT 的结构

DCT 主要由双离合器、空芯轴及其内部的芯轴、两个平行的齿轮组、控制器和油泵组成。其中双离合器、空芯轴、芯轴和齿轮组为核心机械部件。图 4-10 所示为一款包含 6 个前进挡和 1 个倒挡的 DCT。

发动机飞轮的输出端即变速器的输入端,与双离合器壳体连接,壳体内装有内外两个离合器,二者被互相嵌套在一起。外离合器 C1 与心轴连接,内离合器 C2 与空心轴连接。1 挡、3 挡、5 挡和倒挡齿轮与心轴构成齿轮组 1,2 挡、4 挡和 6 挡齿轮构成齿轮组 2,两个齿轮组的轴输出端同时与主减速齿轮啮合。

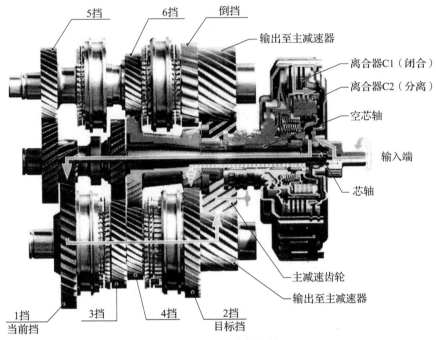

图 4-10　DCT 齿轮结构图

图 4-11 为湿式双离合器的结构剖视图,壳体为主动部分,内、外离合器的接合与分离由相应的活塞在液压作用力下完成,因为是湿式多片离合器,其控制性能好,寿命也较长。

2. DCT 的工作原理

根据以上 DCT 的结构,可得到如图 4-12 所示的 DCT 原理简图。DCT 可以理解为两个独立的双轴变速器并列工作,即看成是两个分变速器。发动机输出端通过两个湿式离合器与各自的分变速器实现转矩传递。这就是 DCT 也被称为双离合器式变速器的原因。

该变速器的奇数挡 1、3、5 挡及倒挡、离合器 C1 和空芯轴组成分变速器 1,偶数挡 2、4、6 挡及离合器 C2 和空芯轴组成分变速器 2。发动机转矩通过闭合的离合器 C1 或 C2 传递至相应的分变速器,再由该挡输出至主减速器驱动车轮。

由于奇数挡和偶数挡被安置在不同的分变速器中,当某挡齿轮啮合时,与其相邻的上下两挡齿轮处于自由状态,此时由变速器控制逻辑判断下一挡位,提前将处于自由状态的目标挡齿轮啮合,待车辆达到最佳换挡点时,当前挡离合器分离,同时目标挡离合器接合,从而实现不中断转矩传输的换挡。

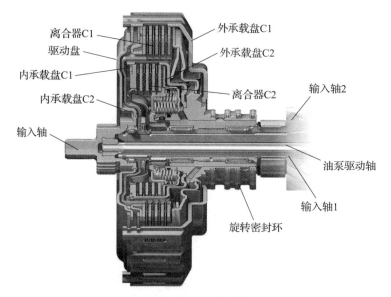

图 4-11 湿式双离合器结构剖视图

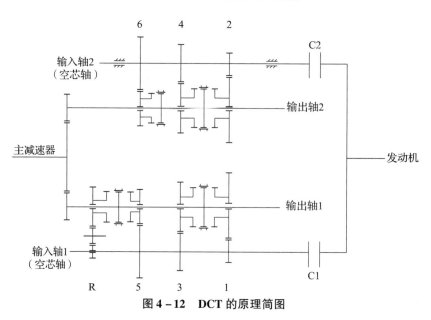

图 4-12 DCT 的原理简图

借助双离合器结构,整个换挡过程非常迅速,换挡时间甚至可以达到 0.1 s,这是手动变速器和传统自动变速器不可能达到的换挡速度。该技术可以保证在变速器换挡时消除汽车动力中断现象。

3. 离合器及换挡执行机构

DCT 的离合器和换挡执行机构通常使用电控液压方式。图 4-13 为离合器操控器的结构示意图,离合器 C1 操控器的位置是使离合器 C1 处于接合的位置(活塞杆伸出),而离合器 C2 操控器的位置是使离合器 C2 处于分离的位置(活塞杆缩回)。每个离合器操控器中包括一个离合器驱动油缸和一个离合器操控活塞。离合器操控活塞控制离合器分离杠杆,操控活塞上带有一个永久磁铁,便于离合器动态传感器监测活塞的位置。

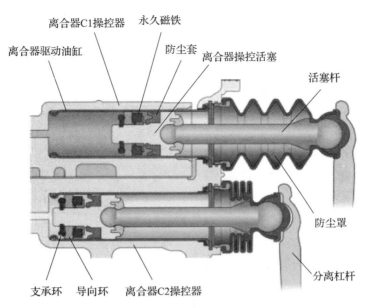

图 4-13 离合器操控器结构示意图

DCT 换挡执行机构由换挡油缸、换挡活塞、换挡器位移传感器等部件组成，换挡活塞头部与换挡拨叉相连（图 4-14）。当需要换挡时，电控液压系统将相应的电磁阀打开，液压力作用到换挡活塞上，换挡器推动换挡拨叉，同时移动活动套，活动套上装着同步器轮毂，使该挡啮合。通过永久磁铁和位移传感器，TCU 实时监测换挡拨叉的位置。

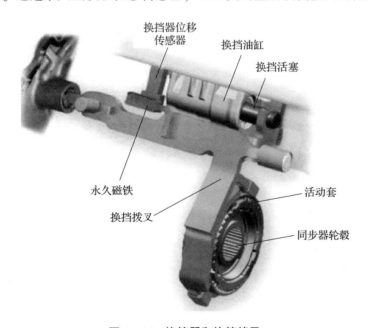

图 4-14 换挡器和换挡拨叉

离合器驱动油缸及换挡执行机构的压力均由 TCU 通过对液压系统中的不同电磁阀进行控制实现，DCT 的液压系统与 AT 类似。

四、无级变速器（CVT）

CVT 与前述齿轮式自动变速器的最大区别，是省去了结构较为复杂的齿轮组变速传动，只用两组带轮进行变速传动。图 4-15 为典型的金属带式 CVT 传动机构，它主要包括主动带轮组、从动带轮组、金属带和液压泵等基本部件。主动工作轮和从动工作轮均由固定及可动两部分组成，形成 V 形槽，与金属片构成的金属带啮合。当主、从动轮可动部分作轴向移动时，相应改变主动轮与从动轮上传动带的接触半径，从而改变传动比。工作轮的可动部分的轴向移动通过液压控制系统进行连续的调节，实现无级变速。CVT 结构比传统变速器简单，体积更小，它既没有手动变速器的众多齿轮副，也没有自动变速器复杂的行星齿轮组，而主要靠主、从动轮和传动带来实现速比的无级变化，传动带一般使用橡胶带、金属带和金属链等。

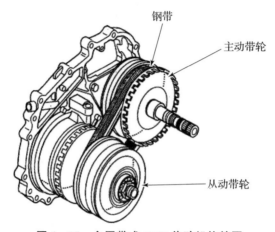

图 4-15 金属带式 CVT 传动机构简图

金属带式 CVT 由主、从动工作轮及金属传动带、液压油泵、起步装置、中间减速机构和倒挡机构、控制系统等主要部件组成。

（1）主、从动工作轮

主、从动工作轮由固定和可动的两部分组成，形成 V 形槽，其工作面大多为直线锥面体，与金属传送带啮合，如图 4-16 所示。当主、从动工作轮可动部分做轴向移动时，改变了与传送带的接触半径，从而可改变传动比。可动锥轮的轴向移动是根据汽车行驶要求，通过液压控制系统进行连续调节和液压力作用，在钢球-滑道结构内做轴向移动，实现无级变速传动。

在金属带式 CVT 的液压系统中，从动缸的作用是控制金属带的张紧力，以保证来自发动机的动力高效、可靠地传递。主动缸控制可动主动锥轮的位置沿轴向移动，在主动轮组上金属带沿 V 形槽移动，由于金属带的长度不变，在从动轮组上金属带沿 V 形槽向相反的方向变化。金属带在主动轮组和从动轮组上的回转半径发生变化，实现速比的连续变化。

汽车开始起步时，主动轮的工作半径较小，从动轮的工作半径较大，变速器可以获得较大的传动比，从而保证驱动轮能有足够的驱动力来使汽车获得较高的加速度。随着车速的增加，主动轮的工作半径逐渐增大，从动轮的工作半径相应减小，CVT 的传动比下降，使得汽车能够以更高的速度行驶。

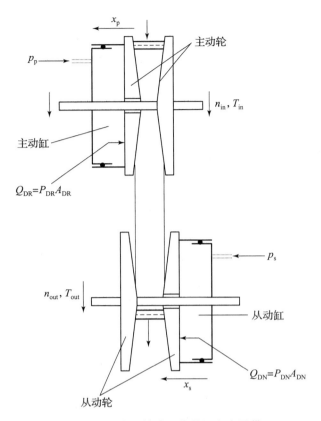

图 4-16 主、从动工作轮组和金属带

(2) 金属传动带

在金属带式无级变速器传动中,两个工作轮间动力传递不是靠金属传动带的拉力,而是靠推力来实现的,传动方式如图 4-17 所示。

金属传动带由多个金属片和两组金属环组成,如图 4-18 所示。每个金属片的厚度为 1.4 mm。在两侧工作轮挤压力作用下传递动力。每组金属环由数条厚度为 0.18 mm 的薄环带叠合而成,在动力传递过程中,主要被用来把金属片约束在一起,并正确地引导金属片运动。

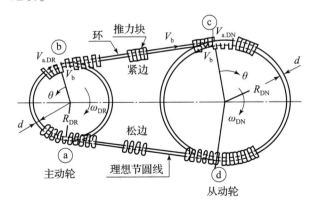

图 4-17 金属带传递转矩的方式

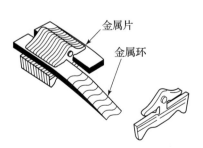

图 4-18 金属传送带的结构

(3) 液压油泵

液压油泵为 CVT 系统提供控制、冷却和润滑的液压油源。常用的液压油泵有两种形式，即齿轮泵和叶片泵。为了提高液压油泵的工作效率，在最近开发的 CVT 传动器中也采用滚子式叶片泵。

(4) 起步装置

CVT 的主、从动轮与金属带的配合只能完成传动比的改变，不能解决汽车的起步问题。CVT 与液力变矩器系统合理匹配，可使汽车有足够大的驱动力平顺起步，但成本和油耗偏高。目前较多的是以湿式多片离合器作为起步装置。

(5) 中间减速机构和倒挡机构

由于 CVT 变速机构可提供的传动比范围为 0.445 ~ 2.6，不能完全满足整车要求，因而设有中间减速机构，CVT 也需要另外设立倒挡机构。大多数 CVT 采用一个单级行星排作为中间减速机构和倒挡机构。

图 4 – 19 为采埃孚公司 CFT23 型 CVT 的传动系统简图。由图可以看出，该 CVT 由带锁止离合器的液力变矩器、油泵、双级行星排、主动和从动带轮、金属传动带及主减速器组成。

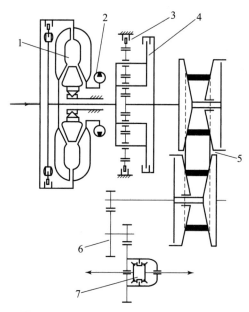

图 4 – 19　CFT23 型 CVT 传动系统简图

1—液力变矩器；2—油泵；3—倒挡制动器；4—前进挡离合器；5，7—差速器；6—主减速器

双级行星排有 2 个操纵元件：与齿圈相连的倒挡制动器 R，连接行星架与太阳轮的前进离合器 V。来自蜗轮轴的动力由行星架输入，太阳轮输出，驱动主动带轮。通过操纵元件，可实现空挡、前进挡和倒挡。

五、自动变速器结构对比

AT、AMT、DCT 和 CVT 这四种自动变速器的结构对比如表 4 – 3 所示。

表 4-3　常用电子控制自动变速器结构特点

功能	实现			
	AT	AMT	DCT	CVT
静止起步	液力变矩器	干式离合器	湿式离合器或干式离合器	液力变矩器或湿式离合器
改变传动比	液力变矩器行星齿轮	圆柱齿轮	圆柱齿轮	主从动带轮行星齿轮
操纵	电磁阀控制的摩擦式离合器、制动器	电机、电磁阀控制的液压机构或气动机构	电磁阀控制的液压机构	电磁阀控制的液压机构
各种执行机构的能量源	发动机驱动液压泵	车载电源驱动电动泵，或蓄电池驱动电动机，或发动机驱动气泵	车载电源驱动电动泵，或发动机驱动液压泵	发动机驱动液压泵

通过对比可以发现，在经过机械、液压系统各种机构的转换后，对自动变速器的控制最终都将转化为对电液阀或电机这类电气元件的控制。

第三节　自动变速器控制系统

一、控制系统组成

电子控制自动变速器通过传感器，将发动机的转速、节气门开度、车速、发动机温度、油液温度等参数转变成电信号并输入变速器电子控制系统，电子控制系统根据设定的换挡程序向换挡执行器（比例电磁阀、开关电磁阀、电动机等）发出控制信号，操纵离合装置和换挡装置（液压、电动或气动）实现自动换挡。

1. 控制系统结构

一个 AT 的控制系统典型结构如图 4-20 所示。控制系统的核心是变速箱电子控制单元（TCU），TCU 的硬件一般包括微处理器、存储器、输入信号处理电路、输出驱动电路、电源电路、通信接口电路和用于故障诊断与处理的安全电路。TCU 的微处理器以 16 位、32 位为主，目前多采用 32 位，随着软件功能的不断丰富及安全性要求的不断提高，采用双处理器进行冗余设计的 TCU 也越来越普及。

需要采集的传感器信号有蓄电池电压、点火信号、转速信号（包括输入轴和输出轴以及行星齿轮轮系的转速）、挡位信号（包括换挡手柄位置及实际挡位反馈等）、主油压压力和温度信号等。AT 控制系统的执行机构主要是各类电磁阀，一般主油压阀多采用比例电磁阀，而离合器阀、制动器阀和锁止阀则使用高速开关电磁阀。根据车辆安全使用和维修服务的要求，显示和诊断接口也是必需的。

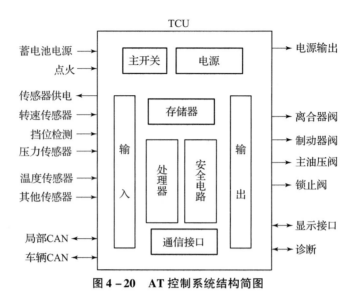

图 4-20 AT 控制系统结构简图

得益于车辆总线技术的发展，TCU 的通信接口通过 CAN 总线与车辆上发动机、ABS、ESP 等电子控制单元交互数据，AT 在换挡过程中通过与其他系统配合可以提高换挡品质，获得更佳的综合性能。

2. 控制软件结构

自动变速器的控制软件采用模块化方式进行设计，其基础模块如图 4-21 所示。驾驶命令模块负责获取和反馈驾驶人的驾驶意愿；换挡策略模块决定目标挡位，在决策过程中如果发现驾驶人输入错误命令，目标挡位也会被修正；换挡过程模块负责对目标挡位的实施过程进行控制；最后输出控制信号控制相应的执行器驱动模块完成换挡动作。为了保证软件能可靠运行，快速响应控制指令，整个应用层软件一般运行在适合车载嵌入式系统的实时操作系统上。

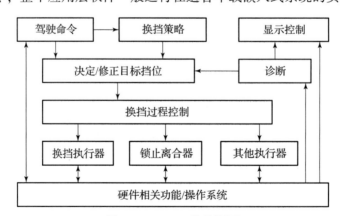

图 4-21 TCU 软件框图

二、控制系统功能

自动变速器的控制系统必须解决"做什么"和"怎么做"这两个基本问题。"做什么"就是实现换挡策略，即控制系统要根据程序设定的换挡规律来决定变速器当前的目标挡位；"怎么做"就是控制系统要保证变速器能按期望的过程实现该目标挡位。因此，换挡策略和换挡过程动态控制这两项功能就成为自动变速器的核心功能。为了尽可能高地提升自动变速器的传动效率，对于安装了液力变矩器的 AT 和 CVT 来说，对锁止离合器的闭锁控制也是一项重要任务。车辆从静止到起步，对于使用干式或湿式离合器的 AMT、DCT 及 CVT，都需要进行起步和爬行控制。除此之外，作为车用电子系统，误操作保护、跛行、故障诊断等功能也是必需的。

1. 换挡策略

换挡策略实际上要解决的问题是决定在什么条件下换挡，换到哪个挡。要依据驾驶状态和行驶工况选择最佳换挡点和挡位，同时还必须满足驾驶人的预期，这是一项十分困难的任务，需要设计复杂的控制算法来支撑。

2. 换挡过程控制

控制系统根据车速、油门、道路情况、载荷等参数自动地对换挡过程进行控制。高品质的换挡表现是换挡过程平滑、快捷、无噪声，对换挡部件造成的磨损程度低于允许值。在换挡过程中驾驶人还可能随时改变驾驶意图，带来的后果就是变速器的输入和输出扭矩在短时间内发生变化。驾驶人改变驾驶意图的情况非常多样，可能发生在任何换挡类型的任意阶段。这都增加了换挡过程的控制难度。

3. 锁止离合器闭锁控制

为了提高效率，装配了液力变矩器的自动变速器，必须在恰当的时机选择合理的方式对锁止离合器进行控制。

4. 起步和爬行控制

起步的过程可以定义为松开制动踏板后车辆从零速上升到发动机怠速下离合器不滑摩时所对应的车速，即最低稳定无滑摩车速。配置有液力变矩器的 AT 和 CVT 其起步和爬行不需要做特殊处理。DCT 和无液力变矩器的 CVT 尤其是 AMT，都需要进行起步和爬行控制。根据上坡、下坡和前进、倒退，车辆在坡道上的起步可以分为四种。其中前进和倒退方向的上坡起步是控制难度较大的两种情况。

5. 误操作保护功能

出现非常规会影响到系统寿命和安全性的操作时，拒绝执行并报警的功能。误操作状况包括：

1）不合理的升、降挡；
2）车辆在高速行进或不满足条件的过程中，前进挡与倒挡之间直接切换；
3）其他情况的误操作。

6. 故障诊断保护与跛行回家

必须保证在任何条件下变速器不能导致车辆失去动力，因此自动变速器需要设计复杂的故障诊断策略，当系统出现故障时，根据故障的状况采取合理的保护动作，同时还要保证在故障条件下自动变速器能提供一定的功能（即跛行）。

三、控制策略

1. 换挡策略

（1）双参数换挡策略

双参数换挡策略就是根据车速和节气门开度两个主要参数来确定挡位。也有的使用车速、节气门开度和车辆加速度三个参数来确定挡位，称为三参数换挡策略。双参数换挡策略稳定可靠、实现简单，是目前应用最成熟的一种换挡策略。实现方法是以坐标横轴为车速、纵轴为节气门开度，通过固定在 TCU 内部存储器中的一个可标定的二维表格来表示各工作区设定挡位，各个区域的分界线就是换挡曲线，如图 4 – 22 所示。

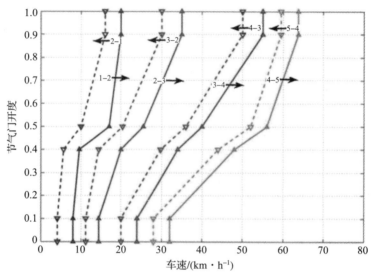

图 4 – 22 双参数换挡策略换挡曲线

为避免在同一位置因为节气门开度或车速的小幅波动导致反复换挡，升挡线和降挡线不是重叠的。车辆实际运行中，车速一般不会急剧变化，而节气门开度可能变化很大且频繁，为了防止驾驶员频繁松、踩加速踏板时来回换挡，除了升挡降挡采用不同的换挡线之外，必要时还可以用计时器限制两次换挡之间的最小时间间隔。

(2) 最佳动力性和最佳经济性换挡策略

最佳动力性换挡策略是指基于发动机的外特性曲线充分利用发动机的牵引性能，使汽车的动力性和加速性达到最优。针对自动变速器适配的发动机，取同一油门开度下相邻两挡的牵引力曲线的交点即为最佳动力性换挡点，如不存在交点，则取低挡下发动机转速最高时的工况点为换挡点，根据对应油门开度和车速得到动力性换挡曲线。

最佳经济性换挡策略是最基本的换挡策略，即保证车辆功能正常使用的前提下尽可能多地使发动机工作在燃油经济性最好的区域。根据车速和对应挡位下发动机的瞬时油耗，可得到相邻两挡的油耗曲线，其交点就是最佳经济性换挡点，根据对应油门开度和车速得到经济性换挡曲线。

最佳动力性换挡和最佳经济性换挡存在着矛盾，实际使用时往往需要对两种换挡曲线进行综合处理，既不牺牲经济性又能满足动力性要求，这也往往是最困难的部分，需要进行大量的试验和匹配标定工作才能完成。

(3) 驾驶状态和行驶工况识别

前面已经提到，通过车载网络 TCU 可以实时从发动机、ESP 等系统获得描述瞬间行驶状态以及驾驶人操作习惯的数据。通过对这些数据的分析和处理，TCU 可以对驾驶人的驾驶意图、车辆的行驶工况进行识别。车辆行驶状况的识别包括坡道行驶、弯道行驶、驱动防滑控制行驶、冬季行车等。

以弯道行驶来举例，进入弯道时常需要降低车速和降低发动机输出扭矩，如果按双参数换挡进行决策，结果就会导致挡位降低；当驶出弯道后，驾驶员要恢复车速，又导致挡位升高，这样频繁地升挡和降挡必然造成乘员的不适。车辆在弯道行驶时要避免频繁换挡，通常需要进行弯道识别。弯道识别可以通过方向盘转角传感器或车轮不打滑时左右两侧车轮的轮速差来实现，也可以通过车辆上安装的侧向加速度及车速传感器信号结合车辆参数进行判断。

坡道行驶过程中的升挡和降挡处理不当，很容易带来换挡冲击。对坡道的识别可以利用车辆的驱动力和行驶阻力关系，通过在软件中设置观测器观测车辆行驶速度及其变化来实现。识别算法同时还要综合考虑载荷、轮胎滚动阻力、惯性质量、空气动力学特性对行驶速度的影响。

当车辆在低摩擦路面（比如冰雪、积水或路面表面有沙砾）上行驶时，如果突然降挡很容易导致车轮滑移。当车辆突然行驶到低摩擦路面上时，变速器应选择维持高挡位或提前换到高挡位来减小驱动车轮上的力矩，提高行驶安全性。对低摩擦路面的识别则需要 ESP 系统来配合实现。

2. 换挡过程控制

（1）发动机输出扭矩干预

换挡过程中对发动机的输出扭矩进行干预可以提升换挡舒适性、延长离合器寿命、减少换挡冲击。一般条件下，为了保证换挡平顺性，在有动力升挡和有动力降挡过程中，TCU会在速度同步阶段请求发动机降扭矩，并在无动力降挡过程中，请求发动机升扭矩。在换挡过程中的降扭矩请求还需要嵌套一定时间的发动机限扭矩控制，以规避换挡过程中驾驶人突然加速踏板变化导致换挡冲击。扭矩干预的过程如图 4 – 23 所示。

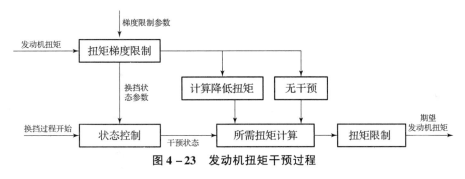

图 4 – 23　发动机扭矩干预过程

（2）换挡离合器扭矩跟踪控制

所谓离合器扭矩跟踪控制，就是对自动变速器中的换挡电控离合器所能传递的最大扭矩进行限制，让离合器能传递的扭矩不是一直保持最大值，而是把扭矩控制在始终比发动机扭矩略大一点。

图 4 – 24 为离合器扭矩跟踪控制过程示意，当不进行离合器扭矩跟踪控制时，如果某一时刻控制系统触发了换挡操作，则离合器必须从"完全闭合"状态运动到"完全分离"状态，离合器分离的时间会变长，导致换挡过程延长、离合器磨损等问题。进行离合器扭矩跟踪控制后，当触发换挡意愿时，离合器几乎已经分离，剩余的分离将极快完成，从而加快了换挡过程，降低了离合器的磨损程度。

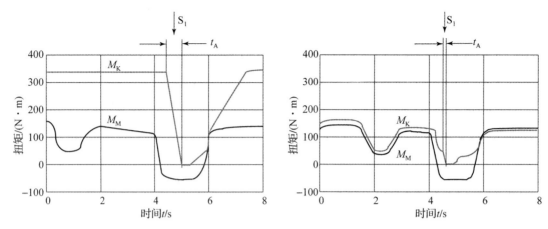

图 4-24 离合器扭矩跟踪控制过程示意

(3) 重叠换挡控制

在 DCT 中，两个离合器可以进行重叠换挡控制。在换挡期间，正在传递力的离合器保持一段时间，直到相应的准备换挡离合器随着控制压力的下降接收到合适的扭矩为止。TCU 通过在升挡时短时间降低发动机扭矩或在降挡时增加发动机扭矩来支持这一换挡过程。重叠换挡控制过程中的离合器压力变化及传递的扭矩变化过程如图 4-25 和图 4-26 所示。

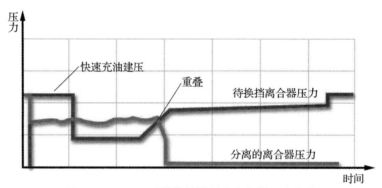

图 4-25 DCT 重叠换挡控制中离合器压力曲线

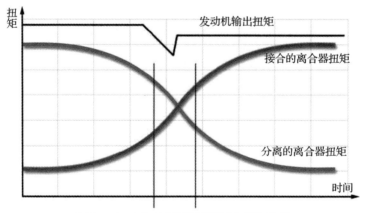

图 4-26 DCT 重叠换挡控制中扭矩曲线

（4）液压系统主油压控制

除了采用电动式执行机构的 AMT 之外，其他所有采用电控液压执行机构改变传动比的自动变速器都需要对液压系统的主油压进行控制。主油路压力控制的方法为：根据外部环境信息和内部控制算法，将主油路压力调整到合理的范围，使得任何情况下都能保证油路冷却润滑，同时通过控制接合或分离离合器的油压，使换挡元件传递合适的扭矩。根据压力调节阀的开关特性，对压力控制模型进行补偿。

3. 液力变矩器锁止离合器的闭锁控制

锁止离合器共有三种状态，分别是打开、滑摩和闭锁。其基本策略是：在低速和中高速低扭矩区间打开液力变矩器，以适应城市工况的复杂驾驶条件，充分发挥液力变矩器的变矩特性和适应性。在滑行等倒拖工况实施液力变矩器滑摩控制，提高发动机转速使其更多地落在断油区间以提高燃油经济性，同时动态滑摩控制有利于应对驾驶人突然施加踏板扭矩，避免冲击。而在中高速中高扭等稳定驾驶区域，可以控制液力变矩器完全锁止以充分节油，并提供更加刚性可控的驾驶体验。AT 的液力变矩器锁止离合器闭锁控制的区间如图 4 - 27 所示，而在装配液力变矩器的 CVT 上，锁止离合器闭锁的区间要比 AT 大很多。

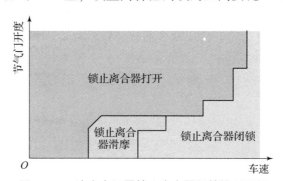

图 4 - 27　液力变矩器锁止离合器闭锁控制区间

第五章
主(被)动安全系统

第一节 概述

安全性是汽车各项性能的首要前提。汽车安全分为被动安全和主动安全。汽车的被动安全包括安全气囊、安全带、安全座椅、安全车身等在碰撞事故发生后减轻人身损伤的安全装置。随着汽车电控技术的发展,主动安全的重要性日益被重视。主动安全系统的目的是避免汽车碰撞事故的发生,与被动安全相比重在预防。目前大部分主动安全系统都与汽车的制动系统有关,包括制动防抱死系统(ABS)、牵引力控制系统(TCS)和电子稳定性控制(ESC)系统等。如图5-1所示,未来主动安全系统的发展趋势必将超过被动安全。

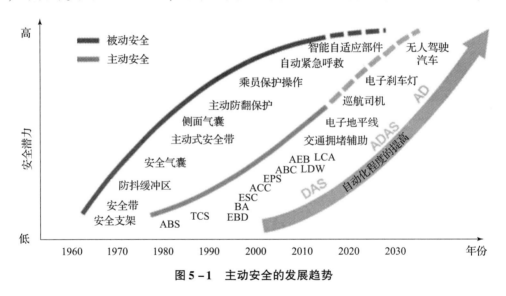

图 5-1 主动安全的发展趋势

最早也是最成功的汽车主动安全系统是ABS,它的出现明显减少了交通事故的伤亡人数。早在20世纪40年代末ABS就在波音飞机上应用,随后成为飞机上的标准件。1971年德国博世(BOSCH)公司首次推出电子ABS,并从开始的集成电路控制发展成微处理器控制。TCS则将主动安全由ABS的制动控制扩展到加速控制,不仅能提高极端工况下的安全性能,还能提高汽车的动力性能。1985年瑞典的沃尔沃公司在世界上首次将TCS技术应用于一款 Volvo 760 Turbo 量产车上,并将该防滑装置称为电子牵引力控制(Electronic Traction Control, ETC)。1995年在奔驰汽车上首先量产的ESC系统是在ABS/TCS上的功能延伸,不仅将汽车安全从纵向一个自由度覆盖到纵向、横向和横摆三个自由度，并且在 ESC 系统内已经集成 ABS/TCS 功能，因此称得上汽车主动安全系统的更高级形态。ESC 系统最早由 BOSCH 公司发明，将其命名为 ESP 并申请了专利。此后其他公司提出了类似功能的汽车电子稳定性系统并各自命名，如日产的 VDC、丰田的 VSC、本田的 VSA、宝马的 DSC 等。目前国际上乘用车 ESC 市场主要被四家一级供应商垄断，包括德国的 BOSCH、Continental，美国的 TRW（已被德国采埃孚收购）和日本的 ADVICS，市场份额达 90% 以上。2014 年年底，美国、欧盟等都已实现所有符合规定的在售车型标配 ESC 系统。

本章随后三节中的 ABS、TCS 和 ESC 系统主要针对乘用车的液压制动系统进行介绍。但是，ABS 和 ESC 系统同样适用于商用车的气压制动系统。虽然基于相同的理论基础，但是气压 ABS 和 ESC 系统在结构组成和控制策略上与液压 ABS 和 ESC 系统存在差异。例如，气压 ABS 的减压过程相对简单，只需将高压空气通过减压阀排入大气，不需要回油电机将高压油泵回蓄能器内；此外液压 ABS 在减压时制动踏板存在压力脉动，而气压 ABS 的制动踏板类似电子踏板，不会有顶脚的感觉。知名的气压 ABS/ESC 系统供应商包括德国的 WABCO 和 KNORR 公司等。在本章最后一节，将介绍一种与制动系统无关但很重要的被动安全系统——安全气囊。

第二节　制动防抱死系统（ABS）

一、理论基础

ABS 的作用在于车辆紧急制动时，自动地调节轮边制动力的大小，使车轮处于边滚边滑、滑移率为 10%~20% 的理想状态，以保证车轮与地面有良好的附着力。ABS 必须确保车辆在各种制动工况下，均能使车轮处获得尽可能大的纵向制动力和侧向力，从而具有最优的制动距离和车辆稳定性。

1. 车轮动力学

以左前轮为例，图 5-2 给出了四分之一车辆制动动力学模型，制动动力学方程如下：

$$I_f \dot{\omega}_{lf} = F_{xlf} \cdot r - T_{blf} \quad (5-1)$$

$$\frac{m}{4} \cdot \dot{v} = -F_{xlf} \quad (5-2)$$

$$F_{zlf} = \frac{m \cdot g}{4} \quad (5-3)$$

$$F_{xlf} = F_{zlf} \cdot \mu_{lf} \quad (5-4)$$

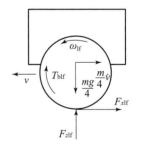

图 5-2　四分之一车辆制动动力学模型

在图 5-2 和式（5-1）~式（5-4）中，F_{xlf} 为地面制动力（轮胎纵向力），N；T_{blf} 为制动器制动力矩，N·m；I_f 为车轮转动惯量，kg·m²；ω_{lf} 为车轮角速度，rad/s；r 为车轮半径，m；F_{zlf} 为地面法向反作用力，N；m 为车辆质量，kg；μ_{lf} 为车轮-路面附着系数。

制动器制动力矩由制动器结构参数如制动器的型式、结构尺寸及制动器摩擦副的摩擦系数、制动踏板力、制动器的热状态等所决定。使汽车减速停车的外力是地面作用于汽车轮胎上的地面制动力。地面制动力取决于两对摩擦副的摩擦力：一为制动器内制动盘/制动鼓与制动钳/制动蹄之间的摩擦力，另一为轮胎与地面间的摩擦力。

2. 车轮滑移率

汽车被施以制动时，车身速度由于轮胎与路面间摩擦力的作用而减小，车轮角速度由于制动器的摩擦力矩和地面制动力产生的力矩共同作用而减小，车轮与车身产生速度差，制动车轮产生滑移现象，用滑移率 s 来表示车轮滑移的程度：

$$s = \frac{v - \omega r}{v} \times 100\% \tag{5-5}$$

式中，s 为滑移率；v 为车体速度，m/s。汽车制动时，轮胎所受的纵向力 F_z、侧向力 F_y 与制动滑移率 s 之间存在着密切的关系，纵向附着系数 μ_b 及侧向附着系数 μ_s 与滑移率 s 之间的关系曲线如图 5-3 所示。当车轮自由滚动时（$s=0$），纵向附着系数为零而侧向附着系数最大，而后随着滑移率增大，纵向附着系数急剧增大。一般情况下，在 $s=10\% \sim 20\%$ 时纵向附着系数达到最大值，此时最大纵向附着系数叫作峰值附着系数。滑移率再增加时纵向附着系数有所下降，车轮出现不稳定状态。$s=100\%$ 时，纵向附着系数的值称为滑动附着系数。侧向附着系数随着滑移率的增大一直下降，$s=100\%$ 时，侧向附着系数较小，在低附着路面上，侧向附着系数降到很低。

根据附着系数与滑移率的关系可得到如下结论：

1）滑移率 $s=100\%$ 时，纵向滑动附着力一般没有峰值附着力大，侧向附着能力较小。在附着状况不好的路面上制动时，往往会失去方向稳定性与转向操纵性。

2）在滑移率 $s=10\% \sim 20\%$ 的范围内（这一具体范围值与路面状态、轮胎结构、轮胎侧偏状况等有关），可以同时得到较大的纵向和侧向附着力，是安全制动的理想工作区域。汽车 ABS 调节的理想目标就是把车轮滑移率始终维持在侧向附着系数较大、纵向附着系数最大的滑移率值领域，从而使得：①有效地利用轮胎与路面间的附着条件，提高制动效能，有限度地缩短制动距离。②制动过程中保持转向能力，防止侧滑发生，保证制动时方向稳定性。③避免轮胎的抱死拖滑，减少胎面磨损，提高轮胎使用寿命。

汽车的轮胎-路面模型对于汽车制动过程的理论分析非常重要，普通轮胎在潮湿路面、雪路面及结冰路面上制动时，水、雪、冰等起到润滑作用，轮胎的附着系数显著降低（图 5-4）。道路状况除了与路面覆盖物有关外，由于轮胎侧偏角的存在，轮胎附着系数-滑移率曲线的形状会发生改变，此外，载荷对轮胎附着系数-滑移率曲线也有一定影响。

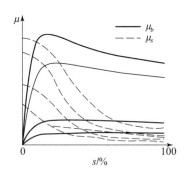

图 5-3 附着系数-滑移率曲线

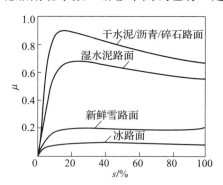

图 5-4 不同路面下的纵向附着系数曲线

二、系统组成

ABS 主要由轮速传感器、电子控制器（ECU）和压力调节器（HCU）三部分组成，各组成部分在车上的布置如图 5-5 所示。其中压力调节器和 ECU 集成为一个整体，ABS 的压力调节器内部结构包括 1 个直流电机、8 个开关电磁阀（4 个常开电磁阀和 4 个常闭电磁阀）、2 个柱塞泵和蓄能器等。每个车轮对应一组常开阀和常闭阀，而电机在需要减压时带动柱塞泵工作。

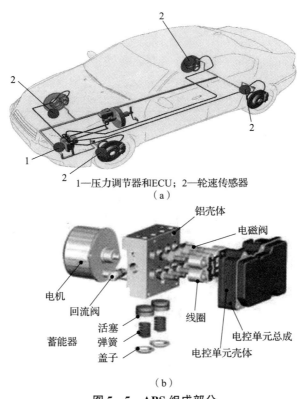

1—压力调节器和ECU；2—轮速传感器
（a）

（b）

图 5-5　ABS 组成部分

（a）车上布置；（b）内部结构

典型的轿车用四通道 ABS 示意如图 5-6 所示。ABS 的工作原理是：ECU 根据通过轮速传感器采集的轮速信号，计算、分析判断当前车轮和车辆的运动状态，当发现车轮具有抱死的趋势时，发出控制信号到 ABS 压力调节器对制动管路压力进行调节。

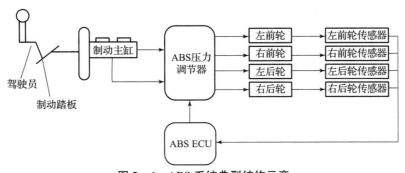

图 5-6　ABS 系统典型结构示意

带有 ABS 的车辆液压制动系统简图如图 5-7 所示，主要由制动踏板、真空助力器、制动主缸、储液室、压力调节器、制动管路、制动器等组成。该图为单轮 ABS 模型，其中的核心是压力调节器，由一对进油、出油电磁阀，一个电机和一个柱塞泵，一个低压储油器，一个高压储油器，单向阀和制动管路组成。由 ABS 工作原理知，在汽车制动防抱控制过程中，按一定的逻辑对制动管路压力进行增压、保压、减压控制，使得车轮滑移率维持在最佳滑移率附近。在增压过程中，常开进油电磁阀 12 打开，常闭出油电磁阀 13 关闭，高压制动液经过制动管路 15 进入制动轮缸产生制动力矩，使车轮角速度减小，滑移率增大。在保压过程中，常开进油电磁阀 12 关闭，常闭出油电磁阀 13 也关闭，轮缸进油和出油通路隔断，制动轮缸压力和车轮制动力矩得以保持。当制动轮缸减压时，常开进油电磁阀 12 关闭，常闭出油电磁阀 13 打开，轮缸进油通路隔断，出油通路接通，制动力矩减小，同时直流电机 5 开启，带动柱塞泵 6 工作，将轮缸的压力油泵入高压储能器 10 和制动主缸，使之迅速减压，同时使进油管路压力增高，为下一控制循环的增压提供较高的压力油，以实现制动轮缸的迅速增压。

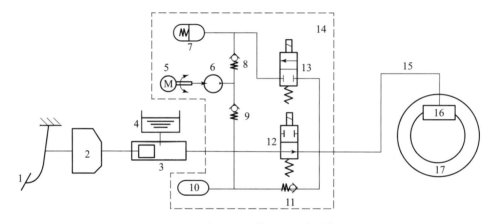

图 5-7 液压 ABS 简图（单个车轮）

1—制动踏板；2—真空助力器；3—制动主缸；4—储液室；5—电机；6—柱塞泵；
7—低压储液室；8，9，11—单向阀；10—储能器；12—进油电磁阀；
13—出油电磁阀；14—压力调节器；15—制动管路；16—制动器；17—车轮

ABS 控制器硬件电路框图如图 5-8 所示，具体分为输入信号调理模块、单片机最小系统部分和输出驱动模块三部分。输入信号部分主要负责轮速传感器的信号转换和滤波处理，以及制动踏板开关信号的采集。同时通过 CAN 通信将 ABS 控制器与车载动力 CAN 总线进行信息收发，如可将故障信息或车速信号实时上传到车载网络，并收取 CAN 线上其他控制器的有用信息。MCU 最小系统包括电源模块、晶振复位等，并且 ABS 控制器一般采取双 MCU 结构，即主控 MCU 加上辅助 MCU 保证硬件上的冗余。输出驱动模块主要包括回油电机驱动电路、8 个电磁阀驱动电路和故障指示灯驱动电路。电磁阀和电机的驱动模块应具有防止短路、过载、过压、开路、断路和过温等完备的保护功能。

车轮轮速测量的方法主要有：频率法、周期法和多倍周期法。频率法根据一段时间内采集的脉冲个数计算轮速。轮速越高采集到的脉冲数量越多，轮速计算越准确，相反在轮速较低时采集到的脉冲信号个数非常少，甚至采集不到脉冲信号。故频率法在高速时的响应非常

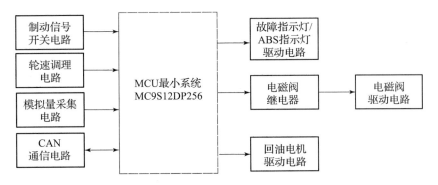

图 5-8 ABS 控制器硬件电路

好,低速时测量误差大。周期法通过时标填充的方式采集连续两个有效频率脉冲的时间间隔,测量较低轮速的误差小、精度高,合理配置计数时钟的频率可以保证在较高轮速下仍能准确地测量车轮轮速。多倍周期法综合频率法和周期法,对测量周期进行倍乘,可以扩宽轮速测量范围、提高测量精度。提高高速测量精度的同时,拉长了低速测量的时间间隔,降低了低频轮速测量的实时性。轮速采集过程中,如果连续 5 个控制周期未检测到有效信号,则认为此时的轮速为 0。在完成连续两次有效的信号识别后,计算相应车轮的轮速,轮速的计算公式如下:

$$v_w = \frac{2\pi R}{n \cdot \Delta T} \tag{5-6}$$

式中,R 为车轮半径,m;n 为齿圈齿数;ΔT 为连续两次有效采样的时间间隔,s;v_w 为轮速,m/s。

ABS 控制器软件总体框图如图 5-9 所示,主要由系统初始化模块、系统自检模块、主控制模块、数据和信号采集(包括轮速、车速、制动管路压力、雷达数据信号、节气门开度)模块、数据处理模块、路面识别模块、参考车速计算模块、车辆运动状态识别模块、控制决策模块、执行机构动作模块、故障诊断和实时监测模块、通信模块几大部分组成,各模块由主控制模块按任务管理机制实时进行统一调度,分配运行时间,各个模块之间有相互通信,进行数据和信号的交换。

在 ABS 软件中,无论是参考车速的确定、道路状况的识别,还是逻辑门限值的选取,都不是孤立进行的,路面状况的有效识别,有利于参考车速的准确估计,当然,参考车速的准确估计同样也有助于路面识别;同理,合理的逻辑门限值的选取,会促进路面的有效识别和参考车速的准确估计。若逻辑门限选取不合理,会致使车轮失去控制而抱死,此时车轮转速持续为零,不能为路面识别和确定参考车速提供任何有用信息,这样就增加了系统路面识别和参考车速确定的难度。在实际调试过程中,可以以调整逻辑门限值为主线,以路面识别和参考车速确定为辅。具体的 ABS 控制器软件开发流程如图 5-10 所示。

作为主动安全系统,ABS 自身的安全性十分重要。ECU 中软件需要不停地对轮速传感器、电磁阀和制动开关进行监控。同时,在每次上电启动后 ABS 都要对所有的电磁阀及柱塞泵、电机进行短暂的自动检测。如发现故障,ABS 将立刻关闭,ABS 故障指示灯亮起,故障原因也将记载在单片机的储存区,使用故障诊断仪即可读取其故障原因。值得一提的是,即使 ABS 关掉后,汽车的传统制动系统仍然照常工作,不受丝毫影响。

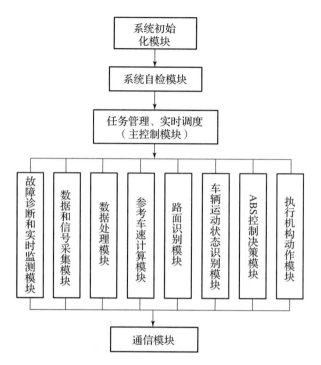

图 5-9 ABS 控制器软件总体框图

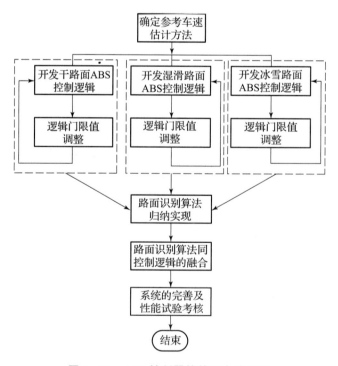

图 5-10 ABS 控制器软件开发流程图

三、控制策略

ABS 控制方法是 ABS 控制器的核心部分，目前提出的控制方法有：逻辑门限值控制方法，最优化控制方法，滑模变结构控制方法，模糊控制方法等。由于可靠性和成本等，目前工程上大量采用的是简单易行的逻辑门限值控制方法。逻辑门限值控制方法的优点是：控制方法不涉及系统具体的数学模型，对于非线性系统的控制应用较为简单。缺点是控制系统的各种门限值都是经反复试验得出的经验数值，无充分的理论根据，对系统的稳定性等品质无法评价。

逻辑门限值法以车轮角加/减速度为主控制门限，以车轮滑移率为辅助控制门限。这是因为仅仅采用一种控制门限会存在局限性。如果单以车轮的角加/减速度为门限值，车辆在不同的路况行驶过程中紧急制动，车轮达到设定的角速度门限值时，车轮的实际滑移率差别很大，这会使得一些路面的制动控制达不到好的效果；如果单以滑移率为门限值进行控制，由于路况的不同，最佳滑移率的变化范围较大，仅以某一固定的滑移率作为门限值，就不能在各种路况下都获得最佳的制动效果。

ABS 典型的路面条件一般分为四种，即高附着系数路面、低附着系数路面、对开路面以及路面附着系数突变的对接路面。不同路面条件，制动防抱控制逻辑不同。图 5 – 11 所示为采用相位控制逻辑进行干路面实车试验得到的曲线结果，当车辆在高附着系数路面紧急制动时，防抱调节第一循环大致可以分为六个阶段。

在制动初始阶段，由于制动器制动力矩和地面制动力矩几乎同步增长，车轮减速度变化很小，几乎是匀减速度，如图 5 – 11 第一相位所示。除非驾驶员操作行为改变（如短暂急踩后，马上急松制动踏板）或路面状况突然改变（如在急踩下制动踏板的短暂过程，路面附着系数突变），在常规制动工况下，不管在何种附着路面和何种道路走向上，车轮减速度的变化规律均是如此。随着车轮滑移率的增加，当其接近最佳滑移率附近范围时，制动器制动力矩仍然在增长，而地面制动力增长开始变缓。由车轮动力学知，此时车轮减速度绝对值较大，车轮很快会进入不稳定区域，因此车轮减速度达到设定的控制门限值 $-a_1$ 时，须减小制动压力。但为了防止此时车轮滑移率过小，对车轮的参考滑移率与设定的滑移率下门限值 s_1 进行比较，若车轮滑移率小于 s_1，说明车轮的滑移率偏小，则保持制动压力直到车轮滑移率大于门限值 s_1，否则直接进入制动压力减小阶段，增压—保压阶段即为防抱控制第 1 相位。防抱控制第 2 相位为压力减小阶段。由于 ABS 机械 – 液压系统滞后等因素的影响，制动器制动力矩不会马上减小，而是维持一段时间，因此车轮速度和车轮减速度还会继续降低一段时间后才开始回升，当车轮减速度重新大于 $-a_1$ 时，进入制动压力保持阶段（第 3 相位）。为了充分发挥地面制动力，当车轮加速度超过设定的高加速度门限值 a_3 时，增加制动压力直至车轮加速度再次低于加速度门限值 a_3（第 4 相位），然后重新回到制动压力保持阶段（第 5 相位）；当车轮加速度低于设定的低加速度门限值 a_2 时，为了使车轮在较长的时间内处于稳定区域，进入阶梯增压阶段（第 6 相位），车轮滑移率增加，再次进入稳定区域的滑移率增长阶段，直至车轮减速度达到控制门限值 $-a_1$，进入下一个 ABS 控制循环。车轮上滑移率门限值 s_2 的设置是用于突然过渡到低附着路面情况下，防止车轮失去控制而抱死。

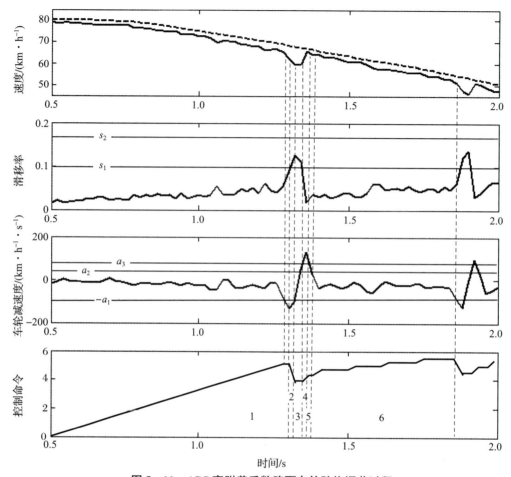

图 5-11 ABS 高附着系数路面车轮防抱调节过程

1—增压和短暂保压相位；2—减压相位；3—保压相位；4—增压相位；5—保压相位；
6—阶梯增压相位；s_1—车轮下滑移率门限值；s_2—车轮上滑移率门限值；
$-a_1$—车轮减速度门限值；a_2—车轮下加速度门限值；a_3—车轮上加速度门限值

图 5-12 为低附着系数路面防抱控制过程的分析，第一个防抱控制循环大致可以分为五个阶段。其制动防抱压力调节过程的第 1 相位和第 2 相位与在高附着系数路面上控制过程的第 1 相位和第 2 相位相同。由于低附着系数路面制动压力平均水平较低，而高附着系数路面较高，因此，高附着系数路面具有辅助压力增长阶段——第 4 相位，而低附着系数路面增加了辅助压力减小（阶梯减压）阶段——第 3 相位，以适应低附着路面的需要。当车轮加速度超过设定的加速度门限值 a_2 时，进入制动压力保持阶段（第 4 相位），以充分发挥地面制动力，同高附着系数路面控制逻辑一样，当车轮加速度重新低于设定的加速度门限值 a_2 时，此时车轮滑移率较小，进入阶梯增压阶段（第 5 相位），此外，从图中还可以看出，与高附着系数路面不同，车轮加速度无法达到所设定的高加速度门限值 a_3。

门限值的标定也是 ABS 控制算法中的重要一环。车轮减速度门限值 $-a_1$ 是防抱控制循环中非常关键的参数之一，影响因素比较多，如轴荷、车轮转动惯量、制动压力上升速率、制动系统的滞后时间、路面状况以及制动速度等。归根结底，在实际应用中发现，所有因素

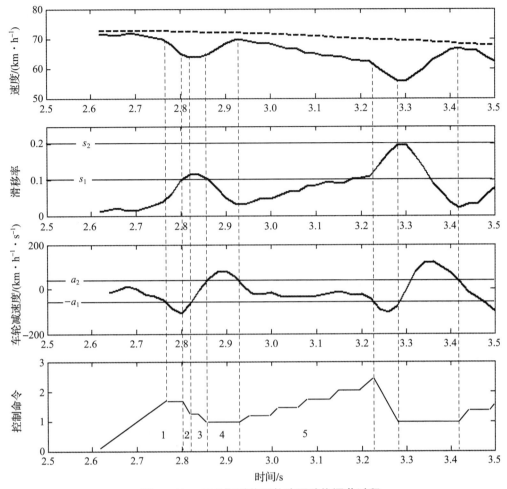

图 5-12 ABS 低附着系数路面防抱调节过程

最终影响的是车轮滑移率的变化率，即当车轮减速度达到所设定的门限值时，若车轮滑移率变化较快，不及时进行制动压力调节车轮滑移率会迅速增长进入不稳定区域，进而车轮抱死。要想将车轮滑移率维持在最佳滑移率位置附近，则在此范围内的车轮滑移率变化率应维持在一定的范围之内；且无论在干路面还是冰雪路面，在压力调节阶段滑移率的变化范围差别不大。

对于车轮加速度门限值 a_2 和 a_3 的选取，涉及轮速回升阶段的控制。加速度门限值选取得太大，轮速回升过度，车轮滑移率较小，地面制动力利用率低；加速度门限值选取得太小，轮速回升不够，不能保证车轮的滑移率较长时间内维持在最佳滑移率范围内，且易导致车轮趋于抱死。因此，加速度门限值的选取对于轮速回升阶段的控制是非常关键的。合理的加速度门限值和减速度门限值有着密切的关系，减速度门限值取得越大，则轮速回升的幅度越大，从而车轮所能达到的加速度越大；相反，减速度门限值越小，则轮速回升程度越小，车轮所能达到的加速度越小。

滑移率上门限值选取太大，则车轮易进入不稳定制动区域，车轮很快会失去控制而抱死。滑移率上门限值选取较大时，车轮滑移率变化波动较大，车辆侧向稳定性能差，地面附着利用率降低。反之，滑移率上门限值选取太小，则车轮滑移率值始终处于较小水平，虽然此时车轮处于稳定区域，车辆侧向稳定性能较好，但由于路面纵向附着系数较小，制动距离明显增加。滑移率下门限值的选取对控制系统性能会产生同样的影响。

四、关键技术

1. 路面识别

在不同路面附着下车轮对应的最佳滑移率范围不同，从而导致 ABS 控制策略和控制目标有所不同，因此，路面识别是 ABS 非常关键的一个环节。

路面识别通常采用两种方法，一种是通过外加光学传感器，对采自特定路面的数字图像进行分析处理并从中抽取路面特征的方法。但是由于光学传感器对工作环境的要求较为苛刻，受外部影响的因素也较多，而且会增加 ABS 系统的成本，因此限制了该方法的实际应用。另一种方法是利用车辆动力学参数间接识别路面附着状况。通过轮速变化规律估计车身减速度，从而匹配相应的路面类型，因此无须附加轮速传感器之外的任何设备，从而降低了系统的复杂程度和成本，目前是 ABS 路面识别中的一种有效方法。

通过对比高附着路面、中附着路面、低附着路面等三种典型路面工况，试验发现控制器对车轮进行保压控制时，同种路面上车身减速度几乎为常量；同种路面上车轮减速度几乎为常量；车轮速度的斜率和车身速度的斜率几乎相等。因此，ABS 路面识别的关键在于对车轮进行保压时刻的选择。

在紧急制动过程中车轮抱死，车轮纵向滑移率会由 0 增大至 100%，此过程中地面制动力矩从零增大至峰值地面制动力矩，而后地面制动力矩略有减小，与峰值地面制动力矩对应的车轮滑移率即为最佳滑移率，与峰值地面制动力矩对应的制动力系数即为峰值附着系数，此时的制动力系数变化率为零，此时的车轮减速度的导数值（车轮减速度变化率）就是保压时刻。同时为了不使车轮在保压过程中抱死，应该适当将保压时刻提前，但是过于提前会导致可利用地面制动力矩偏小而影响制动效果。因此，保压时刻的选择既要做到在任何路面上不能抱死，又要保证较大的制动力矩。

2. 车速估计

ABS 由于成本、布置和信号通信等，不安装车身速度传感器，因此，对于 ABS 控制十分重要的车身速度信号和车轮滑移率无法直接测得，而需要根据轮速信号估计得到。参考车速估计的准确度直接影响到 ABS 控制效果的优劣，目前主要的车速估计方法有以下几种：

1) 最大轮速法

汽车在行驶过程中施加制动时，由于车轮滑移率的存在，车轮速度小于车身速度，但四个车轮轮速的最大值最接近于实际车身速度，故将其作为车身速度的估计值。

该方法的优点是无须路面识别，且不考虑驾驶员的操作行为。缺点是所确定的参考车速由于受到轮速调节的影响，与实际车速偏差较大，导致滑移率计算误差较大；另外，在弯道行驶工况下进行制动时，内外侧车轮的速度同车身速度差别较大，利用此方法确定的参考车速偏差较大，低速时更加显著。

2) 斜率法

随着路面附着状况不同，紧急汽车制动时的平均车身减速度也不同，但在同一路面上进行紧急制动时，车身速度几乎均匀变化。通过确定初始制动速度以及车身减速度值来确定每一时刻的参考车速。

汽车在直线行驶过程中施加紧急制动,制动过程可以分为两个阶段:第一阶段为制动踏板空行程消除和制动管路压力初始建立阶段,在此阶段制动器制动力矩较小,地面制动力也较小,导致车身和车轮角减速度较小。第二阶段制动器制动力矩和地面制动力都较大,导致车身速度快速下降,但在此阶段由于地面制动力稳定,车身减速度变化较小。因此在两阶段分界点处,车轮减速度发生突变,此时的车轮速度较接近车身速度,而后车身速度几乎按直线规律减小,故可将此时的车轮速度作为初始制动速度。

该方法的优点是车身参考车速算法简单,不受弯道制动的影响。缺点是需要对路面状况进行准确识别,以确定车身的减速度值,此算法受驾驶员对制动踏板操作的影响较大,车身减速度值不易准确确定,此外在对接路面上应用该算法计算参考车速将会产生误差。

3)综合法

综合法是用最大轮速法和斜率法分别实时计算车身参考速度,选取两者的较大者作为最终的参考车速。最大轮速法和斜率法的算法都比较简单,在某些情况下,计算的结果都是很好的,但是最大的缺点就是很不稳定,适应各种制动工况和驾驶员操作行为的能力较差,所以不能单独地运用于实际控制中。但是如果能把两种方法结合起来,综合利用各自的优点,在常见路面上可以达到较好的效果。

综合法的思想是在运算过程中,综合处理最大轮速法和斜率法所计算的结果。如果当前的最大轮速大于由斜率法求得的参考车速,就把当前的最大轮速作为当前的参考车速,否则就以斜率法计算的结果作为参考车速。因为在 ABS 调节过程中四个车轮同时趋于抱死的几率不是很大,即使四个车轮同时趋于抱死,采用斜率法计算的车身参考速度也不会随着轮速的波动而改变。而且在制动过程中,斜率法的初始速度可以随着车轮速度的变化而不断调整,不会出现初始条件选择错误而造成后面误差的累积。该方法具有斜率法和最大轮速法的优点,不用设定制动初始速度,具有很好的稳定性和精度。但仍存在着需要路面识别,确定车身减速度的缺点,对附着系数突变路面和驾驶员操作行为的自适应能力较差。

4)自适应斜率法

自适应斜率法是根据制动防抱死过程特征估计参考车速的一种自适应算法。在计算过程中,实时调整斜率法的初始点以及修正车身参考减速度,并选取斜率法计算的车身参考速度和轮速的大者作为实时的参考车速。在 ABS 控制循环中的轮速回升阶段的相对最大轮速点处,对斜率法估计车身参考速度的初始点和车身参考减速度进行调整和修正。利用自适应参考斜率法解决了斜率法初始点选择困难和车身参考减速度适应性差的问题,在常遇路面、对开路面和对接路面上都可以得到较为准确的参考车速估计,具有较强的自适应性。但是,由于实际轮速信号受到噪声信号等随机因素的干扰,会导致车身参考减速度调整算法失效,从而使得在某时间段参考车速估计误差较大。

五、试验技术

ABS 试验可分为台架试验和道路试验。在台架实验中,需要考核 ABS 的抗外界电磁场干扰能力以及故障诊断报警能力。而在道路试验中,需要考核 ABS 的制动效率、方向稳定性、转向能力,以及对变化工况的适应能力、可靠性等。相对而言道路试验更为重要,需要针对性地细分工况。典型 ABS 工况包括:

1) 不同均匀路面条件下的紧急制动试验,如干路面、雨路面、冰路面、雪路面、土路面等;

2) 不同制动初始车速下的紧急制动试验,如低车速、中车速、高车速等;

3) 不同载荷的紧急制动试验,如空载(仅乘坐一个驾驶员)、半载、满载等;

4) 对接路面(例如,高附着系数路面突变到低附着系数路面,低附着突变到高附着对接路面等,且 $\mu_h/\mu_l > 2.5$)条件下的紧急制动试验;

5) 对开路面(一侧为高附着系数路面、一侧为低附着系数路面,且 $\mu_h/\mu_l > 2.5$)条件下的紧急制动试验。

ABS 试验中需要驾驶员以 600 N 以上的踏板力进行全力制动,踩下制动踏板速度要足够快。同时在整个制动过程中不应该有明显的方向盘修正,车辆必须保持直线行驶。制动初始时汽车应以准匀速行驶,自动变速箱 D 挡或手动变速箱 4 挡,车速大于 60 km/h 时离合器分离。新制动器需要完成磨合试验,初始温度在 80~120℃。轮胎花纹的深度和磨损形式直接影响制动距离,新轮胎必须至少在高附着路面行驶 150 km。此外,试验道路纵向坡度要小于 1%,横向坡度要小于 2%,风速不大于 2 m/s,每种工况至少需要 6 次有效试验。

表征汽车 ABS 性能的最主要的两个指标是制动效能和方向稳定性。主要量化评价指标可以选取制动距离、平均车身减速度、平均车轮滑移率、平均制动管路压力和侧偏距离(不允许驾驶员在制动过程中调整方向盘)等。在直线和均匀附着道路上,优先考虑制动距离、汽车稳定性和舒适性(噪声和制动踏板的波动)。而在弯道和对开路面上,优先保证方向稳定性和转向性(侧偏距离 <0.5 m),以及尽可能小的制动距离和舒适性。

下面给出了几种典型工况下 ABS 的实车测试结果曲线,如图 5-13~图 5-19 所示。

1) 干附着路面,初速度 70 km/h,不带 ABS。

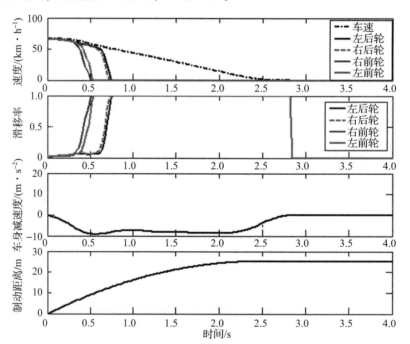

图 5-13 干附着路面,初速度 70 km/h,不带 ABS 的实车测试结果曲线

2) 雪路面,初速度 60 km/h,不带 ABS。

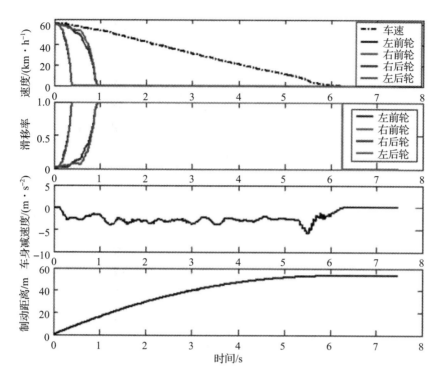

图 5-14 雪路面,初速度 60 km/h,不带 ABS 的实车测试结果曲线

3) 干附着路面,初速度 70 km/h,带 ABS。

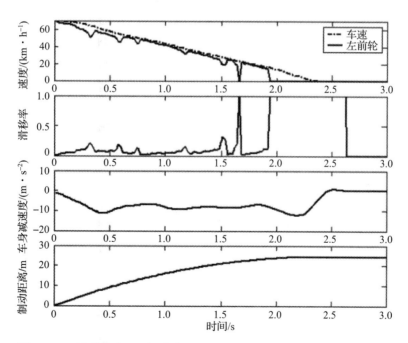

图 5-15 干附着路面,初速度 70 km/h,带 ABS 的实车测试结果曲线

4）湿滑路面，初速度 70 km/h，带 ABS。

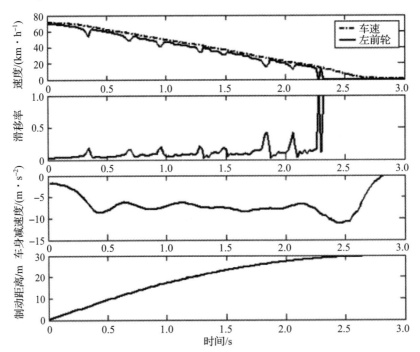

图 5-16　湿滑路面，初速度 70 km/h，带 ABS 的实车测试结果曲线

5）雪路面，初速度 70 km/h，带 ABS。

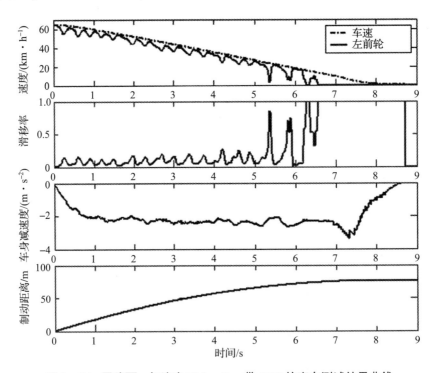

图 5-17　雪路面，初速度 70 km/h，带 ABS 的实车测试结果曲线

6) 对开路面（左低右高），初速度 50 km/h，带 ABS。

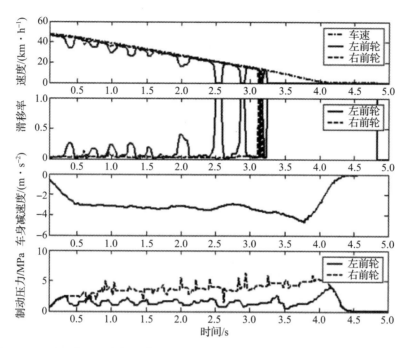

图 5-18 对开路面（左低右高），初速度 50 km/h，带 ABS 的实车测试结果曲线

7) 对接路面，初速度 70 km/h，带 ABS。

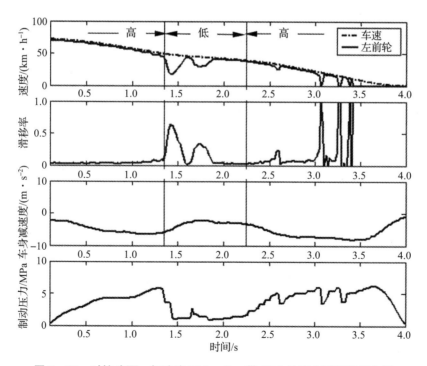

图 5-19 对接路面，初速度 70 km/h，带 ABS 的实车测试结果曲线

由以上试验结果我们可以看出：①不带 ABS 的轮速曲线会立即降为 0，相应滑移率达到 100%；而带 ABS 的曲线滑移率一般处在 10%~20% 的范围内，除非车速很低时退出 ABS 控制。②不同路面附着下，制动距离和车身减速度有明显区别。相对而言在低附着路面下 ABS 控制循环更多，控制次数更为频繁。③在对开路面上，两种附着路面对应的制动压力明显不同，低附着路面下的制动压力更小，平均车身减速度为 $0.4g$ 左右。④对接路面的控制难点在于如何抑制从高附着突变到低附着路面时的控制超调，此时需要快速识别路面突变并迅速减压，两种附着路面下对应的车身减速度和制动压力均有不同。

第三节　牵引力控制系统（TCS）

一、系统组成

牵引力控制系统（Traction Control System，TCS）是一种通过限制驱动轮的打滑，提高车辆起步和急加速过程中纵向力和侧向力的主动安全系统。汽车的运动状态主要取决于轮胎与路面之间的作用力，驱动轮的过度滑转会给车辆行驶带来很大的危害。车辆在冰雪等低附路面起步或急加速时，驱动轮的驱动力容易超过路面的附着极限，造成驱动轮的过度滑转。驱动轮的过度滑转不但会降低汽车的纵向加速性能，增大动力传动系统的负荷，加剧轮胎的磨损，同时也会增加驾驶员的负担和燃油消耗等问题。汽车在低附路面转向加速时，车轮的过度滑转会导致侧向力的急剧下降，前轮过度滑转，汽车失去转向能力；后轮过度滑转，后轴容易产生侧滑。后轴侧滑是不稳定的危险工况，汽车在低附路面转向加速时，离心力的作用会造成后轴更剧烈的侧滑，严重的会导致汽车甩尾、急转甚至翻车。

TCS 通过限制驱动轮的打滑，将滑转率控制在目标值附近，从而提高对路面附着的利用率，实现纵向加速性和侧向稳定性的改善。TCS 通过限制传递到驱动轮的驱动力矩或对驱动轮施加制动干预的方式，实现理想的驱动轮滑转率，从而保证车轮具有较高的纵向力和侧向力。当车速较高时（一般大于 40 km/h），由于车轮很难发生滑转，TCS 不会起作用。

在 TCS 控制方式中，发动机输出力矩控制的反应时间长，响应慢，但控制效果平滑，不易引起驱动轮轮速的突变，舒适性较好。制动压力干预响应快，对滑转驱动轮施加制动压力后，车轮滑转率迅速向目标值收敛。但是压力的干预也容易引起车轮轮速的大幅波动，舒适性变差。因此，在均一低附路面直线行驶时，通常为了实现对路面附着的充分利用，同时保证行驶的稳定性，采用发动机输出力矩控制，将驱动轮滑转率控制在目标值附近；而在对开路面直线行驶时，为充分利用路面附着，兼顾车辆加速过程中的稳定性，采用发动机输出力矩和制动干预联合控制。当出现驱动轮滑转，路面工况被识别为对开路面后，对低附着一侧的驱动轮施加制动干预，制动干预的目标是将低附侧和高附侧驱动轮的轮速差限制在目标值附近。同时，发动机力矩控制介入，将低附侧驱动轮的滑转率控制在目标滑转率附近，以充分利用路面的附着，并保证稳定性。

TCS 的先决条件是具有车载 CAN 总线和发动机电子管理系统 EMS。通常 TCS 控制器和 ABS 的 ECU 共用硬件，传感器也和 ABS 一样，只需要唯一的轮速传感器。但是两者的执行机构有较大区别。一方面，TCS 由于需要发动机驱动力矩干预，因此需要通过 CAN 总线与发动机 EMS 进行实时通信；另一方面，TCS 在制动干预时，不需要驾驶员踩下制动踏板，意味着其压力调节器需要有主动增压功能，因此 ABS 压力调节器无法适用。图 5 – 20 给出了适合 TCS 带有主动增压功能的压力调节器实物图和结构图。

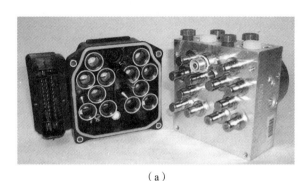

(a)

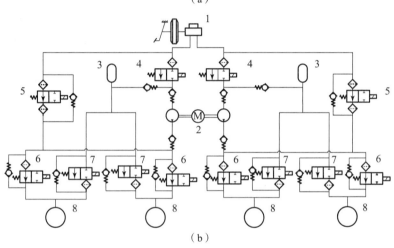

(b)

图 5 – 20　TCS 压力调节器

(a) 实物图；(b) 结构图

1—主缸；2—预压泵/回油泵；3—蓄能器；4—吸入阀；5—限压阀；
6—增压阀；7—减压阀；8—轮缸

如图 5 – 20 所示，带有主动建压功能的 TCS 压力调节器，由 2 个偏心柱塞泵、2 个低压蓄能器、2 个阻尼器及 12 个高速开关电磁阀组成。连同制动主缸、真空助力器、制动管路、制动轮缸和制动器一起构成了车辆的主动制动液压控制系统。当系统进入主动制动工作模式后，限压阀 5 立刻从常通状态转变为限压状态，吸入阀 4 打开，制动液在预压泵 2 的作用下由主缸 1 通过吸入阀 4 进入蓄能器 3，在减弱了油压脉动后通过增压阀 6 进入轮缸 8，推动轮缸 8 中的活塞，压紧摩擦片进行制动；当制动达到一定强度时，增压阀 6 和吸入阀 4 关闭，减压阀 7 打开，轮缸中的高压制动液通过减压阀 7 流回蓄能器 3，此时的蓄能器 3 成为下一次增压的油源；在新的增压过程中，制动液在回油泵 2 的作用下，从蓄能器 3 出发通过增压阀 6 再次进入轮缸。如此增减压循环，从而实现轮缸制动压力的精细调节。

二、控制策略

1. 理论基础

滑转率是 TCS 重要的控制指标，要将驱动轮的滑转率控制在合理范围内。驱动时车轮滑转率的定义式与制动时的滑移率稍有不同，如式（5-7）所示：

$$s = \frac{\omega r - v}{\omega r} \times 100\% \tag{5-7}$$

通常驱动时非驱动轮不打滑，因此车身速度 v 可用两个非驱动轮轮速的平均值代替。当车身未动（$v=0$）而驱动轮转动时，滑转率 $s=100\%$，驱动轮处于完全滑转状态，应该避免这种现象；当车速和驱动轮轮速相等时，滑转率为 0，此时驱动轮处于纯滚动状态，汽车正常行驶时车轮滑转率仅为 0.1%~0.3%。

此外，不同路面下车轮的滑转率-附着系数曲线和图 5-3 所示 ABS 的滑移率-附着系数曲线类似，但 TCS 理想的滑转率控制范围与 ABS 有所不同，通常可放宽至 10%~35%。这是因为制动工况下车轮滑移率一旦到达非稳定区（一般超过 20%），会非常迅速地收敛于车轮抱死点（滑移率 100%）。而在起步加速时，即使车轮滑转率超过其稳定区，也并不容易形成完全滑转，并且车速越高该趋势越明显。因此，适当放宽滑转率的目标值，在保证较好的纵向加速性与侧向稳定性的前提下，避免消耗过多的控制能量。

TCS 的目标滑转率并不是恒定值，它会随着车速及路面附着的变化而变化。但是在车辆起步加速初期，驱动轮轮速的较小波动会造成滑转率的明显提升，此时不宜将滑转率直接作为控制参数，否则随着发动机力矩和制动的干预，轮速会频繁波动。因此，可用目标轮速取代目标滑转率，图 5-21 给出了目标轮速随车速变化的曲线。

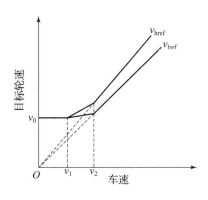

图 5-21 目标轮速曲线图

如图 5-21 所示，当车速处于 $(3, v_1)$ 的较低范围时，设置了一个恒定的目标轮速 v_0。v_0 的取值在避免完全打滑的前提下（滑转率 = 100%）由试验标定，并且允许低速时驱动轮产生适度的滑转。这是因为低速时车轮出现一定滑转并不会影响车辆的安全性，同时避免因为发动机输出力矩大幅受限而降低汽车起步加速性能。由于霍尔传感器采集的最小轮速为 3 km/h，当测量值低于 3 km/h 时，将此时轮速记为 0。

当车速大于 v_2 车辆完全起步后，考虑对开路面高附侧的驱动轮滑转率主要由发动机力矩控制，为了充分利用高附侧的路面附着提高加速性能，可将力矩控制目标滑转率设为 0.3。低附侧驱动轮更容易发生滑转，并且施加制动干预相对发动机力矩控制见效更为迅速明显，因此将制动干预的目标滑转率设为 0.2。图 5-21 中 v_{href}、v_{lref} 分别为目标滑转率 0.3 和 0.2 转换后的对应高、低附侧的目标轮速。将目标滑转率转换后，为了计算方便，车速位于 (v_1, v_2) 区间内的目标轮速按线性化处理。最终，驱动轮的目标轮速和车速的关系可用式（5-8）表示：

$$v_{\text{ref}} = \begin{cases} v_0 & v < v_1 \\ kv + b & v_1 \leqslant v < v_2 \\ v/(1-s) & v \geqslant v_2 \end{cases} \quad (5-8)$$

式中，待 v_1、v_2 确定后，根据 v_{href}、v_{lref} 和 v_0 即可求出 v_1 和 v_2 之间两条直线的斜率 k 和偏差 b 的值。

2. 总体控制结构

TCS 分层控制策略包括工况识别层、TCS 控制层和执行机构层三层结构，如图 5-22 所示。路面工况识别层根据传感器返回的轮速、发动机力矩等车辆状态参数，对均匀和对开路面进行判断。TCS 控制层包含发动机力矩控制器和上层压力控制器，发动机力矩控制器计算出期望的发动机输出力矩，并通过 CAN 总线发送给发动机 EMS；上层压力控制器用于对开路面条件下计算低附侧滑转驱动轮制动干预的期望压力，并发送给底层压力控制模块。发动机力矩控制器中的 PID 控制模块根据目标轮速与实际轮速的差值，计算出 PID 控制力矩；力矩经修正模块修正后，发送给发动机 EMS，实现对发动机输出力矩的控制。

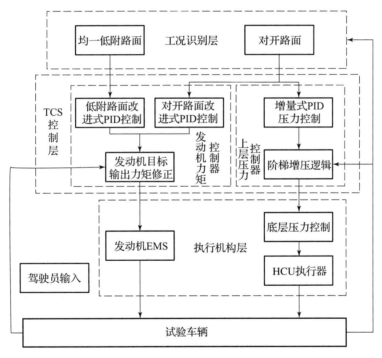

图 5-22　TCS 控制策略结构图

对开路面条件下，发动机输出力矩与制动干预联合控制。上层压力控制器的增量式 PID 压力控制模块根据轮速偏差值，计算出 PID 控制压力。实际主动制动过程中轮速存在较大的波动，增量式 PID 计算出的压力值将跟随轮速波动，若将该压力直接用于底层压力控制模块将引起 HCU 执行机构的频繁动作，频繁的动作不利于轮缸压力和轮速控制的稳定，同时会影响 HCU 执行器的寿命。为了减小轮缸压力和轮速的波动，提出阶梯增压逻辑对 PID 控制输出的压力值进行修正。经修正后的期望轮缸压力输出到底层压力控制模块，该模块通过控制电机和电磁阀的动作实现轮缸压力对期望压力的跟随。

3. 路面识别

针对不同的路面附着状况，TCS 需采取不同的控制策略。因此，在进入对应的控制模块之前，需要对车辆行驶的路面工况进行识别，分别提出首次滑转路面工况识别和进入 TCS 控制后的路面工况识别方法。TCS 路面识别的流程图如图 5-23 所示。

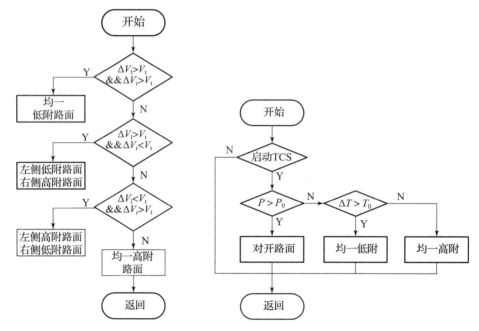

图 5-23　TCS 路面识别流程图
(a) 首次滑转路面识别；(b) 进入 TCS 控制后路面识别

首次滑转路面工况识别通过左侧前后轮速差和右侧前后轮速差来进行判断。图 5-23 (a) 中，ΔV_l 为左侧前后轮速差；ΔV_r 为右侧前后轮速差；V_t 为轮速偏差的阈值，该值通过试验标定。当左侧和右侧前后轮速偏差都大于阈值时，判断为均一低附路面；当只有一侧的前后轮速偏差大于阈值，另一侧的前后轮速偏差小于阈值时，判断为对开路面，且偏差大于阈值的一侧为低附着路面。

进入 TCS 控制后，仍有车轮处于低附着路面，但是低附着侧的前后轮轮速差可能不再满足判定条件。若仍按照首次滑转路面工况识别的逻辑，可能造成 TCS 控制器的误操作。针对这一情况，提出图 5-23 (b) 所示的路面工况识别程序。图中的 P 为轮缸压力，P_0 为压力阈值；ΔT 为驾驶员期望力矩与发动机实际输出力矩的偏差，T_0 为力矩偏差的阈值，T_0 和 P_0 通过试验标定。进入 TCS 控制后，由于只有在对开路面下，TCS 才会对滑转的驱动轮施加制动干预，此时如果检测到某一驱动轮的轮缸存有压力，认为车辆处于对开路面；如果驱动轮都未施加制动压力，再判断发动机力矩偏差是否超过阈值。当驱动轮过度滑转时，驾驶员期望力矩和发动机输出力矩都较大，TCS 控制介入后发动机输出力矩减小，小于驾驶员期望的力矩。当力矩偏差值大于阈值时，认为车辆处于均一低附着路面，否则认为路面为均一高附着路面。

4. 发动机力矩控制

TCS 的发动机力矩控制计算出最优输出力矩，并通过 CAN 通信发送给发动机 EMS 来实现。发动机力矩控制采用 PI 算法，离散化后的发动机驱动力矩计算式为：

$$T_e(k) = K_p e(k) + K_i \sum_{j=0}^{k} e(j) \quad (5-9)$$

式中，$e(k) = v_{ref} - v$，对开路面下 v 为低附侧驱动轮轮速，均一低附路面下 $v = (v_{lf} + v_{rf})/2$，为两驱动轮平均轮速，v_{lf}、v_{rf} 分别为左右驱动轮轮速，$e(k)$ 为第 k 时刻轮速偏差，km/h；v_{ref} 为对应路面条件下的力矩控制目标轮速，km/h。

对开路面下，发动机力矩控制在限制低附侧驱动轮滑转的同时，应充分利用高附侧的附着，提高汽车的加速能力。当汽车起步加速时尤其是坡道路面，低附侧的驱动轮过度滑转严重，需要通过减小发动机输出力矩和制动干预同时控制以限制驱动轮的滑转。当车辆起步后具有一定的车速时，虽然低附侧驱动轮滑转率仍比较大，但继续降低发动机输出力矩，会使得高附侧路面附着得不到充分利用。因此，在低速时直接限制发动机的输出力矩；车速较高时，由 PI 控制计算并输出适当的发动机力矩。

均一低附路面下，驱动轮出现过度滑转时，TCS 控制只有发动机力矩干预。为了减小因发动机响应滞后带来的减扭不及时和驱动轮较长时间的过度滑转，同时避免 PI 控制力矩计算存在的滞后，引入基础力矩。基础力矩是当前路面条件下，地面最大驱动力对应的发动机输出力矩。地面最大驱动力：

$$F_{tmax} = \mu_{lf} F_{zlf} + \mu_{rf} F_{zrf} \quad (5-10)$$

式中，μ_{lf}，μ_{rf} 分别为左右驱动轮侧的路面附着系数；F_{zlf}，F_{zrf} 分别为左右驱动轮的法向载荷，N。

发动机基础力矩为：

$$T_{fd} = \frac{F_{tmax} R}{i_g i_0 \eta_t} \quad (5-11)$$

式中，i_g，i_0 分别为变速器传动比和主传动比；η_t 为传动效率；R 为驱动轮有效半径，m。

以限制驱动轮过度滑转为原则，选择低附路面附着系数为 0.1，取高附路面附着系数为 0.6。将 PI 控制力矩与基础力矩的和作为修正后的发动机期望力矩，通过 CAN 总线发送给发动机 EMS。

5. 制动压力控制

根据驱动轮的滑转状态，上层压力控制器实时计算出轮缸期望制动压力，底层压力控制模块实现轮缸压力对期望值的跟随。期望制动压力值决定着滑转的驱动轮轮速能否被控制在目标值附近。期望压力的波动容易引起 HCU 执行器中的电机和电磁阀工作状态的频繁切换，造成对轮缸压力的冲击。需采用合理的算法对制动压力进行控制。轮缸中的压力是每个控制周期效果的累加，适合应用增量式 PID 实现，制动压力控制的增量式 PID 算法如式 (5-12) 所示。

$$\Delta P(k) = K_p \Delta e(k) + K_i e(k) + K_d [\Delta e(k) - \Delta e(k-1)] \quad (5-12)$$

式中，$e(k) = v - v_{bref}$，v 为低附侧驱动轮轮速，v_{bref} 为制动控制目标轮速，$e(k)$ 为第 k 时刻轮速偏差，km/h。

由于车轮滑转时，轮速波动大，只采用 PID 控制，期望压力值将跟随轮速的波动，稳定性差，不利于 TCS 控制。所以在 PID 控制的基础上引入阶梯增压逻辑，引入阶梯增压逻辑对增量式 PID 三个环节都起作用后的压力值进行修正。阶梯增压的思想是：当增量式 PID 计算的期望压力小于实测的轮缸压力时,表明此时轮速小于目标轮速值,增大发动机力矩的同时,应减小制动干预压力;当期望压力等于轮缸压力时,控制效果良好,不做特殊处理,轮缸保压;期望压力大于轮缸压力时,设置增压门限值,只有在期望压力与实际压力的偏差大于该门限值的条件下,才进行增压处理,增压量为增压门限值,否则做保压处理,期望压力值保持不变。阶梯增压的效果如图 5-24 所示。

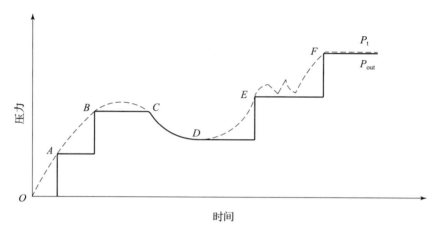

图 5-24 阶梯增压示意图

图 5-24 中 P_t 表示的虚线为增量式 PID 根据轮速差计算得到的期望压力,实线 P_{out} 为阶梯增压输出的期望压力值,假设轮缸压力实时精确地跟随阶梯增压输出压力,即轮缸压力 $P_a = P_{out}$,阶梯增压过程可描述为:

①OB 段起始 $P_{out} = 0$,P_t 随轮速偏差的增大而增大,到达 A 点时,期望压力与实际压力的偏差 $\Delta P = P_0$,P_0 为增压门限值,此时 $P_{out} = P_0$,AB 段重复 OA 段的增压逻辑,B 点 $P_{out} = 2P_0$。

②BC 段虽然满足 $P_t > P_{out}$,但由于 $\Delta P < P_0$,故 $P_{out} = 2P_0$。

③CD 段 P_t 下降,此时需要对轮缸进行减压,阶梯增压输出 P_t,即 $P_{out} = P_t$。

④DF 段与 OB 段类似,都连续执行了两次的阶梯增压。可以看到在 EF 段 P_t 出现了连续的小幅波动,但此时 P_{out} 保持恒定。

⑤点 F 以后 P_t 保持稳定,即轮缸进入保压状态,此时虽然 P_{out} 与 P_t 存在差异,合理选择 P_0 值,可以将误差限制在可控范围内。

通过以上分析可知,阶梯增压逻辑可以有效地减小期望压力的振荡,实现期望压力的平稳输出。选择合适的增压门限值避免轮缸压力频繁地进行阶梯增压,实现轮缸压力较长时间地处于保压阶段,减小 HCU 执行机构动作频率。实际应用中,轮缸压力对期望压力的跟随存在一定的滞后,微小的滞后可以使阶梯增压过程平稳,有效地缓和压力阶跃变化对轮速的冲击。

三、试验技术

TCS 实车试验平台如图 5-25 所示,主要包括试验车辆、制动压力传感器、TCS 控制器和数据采集系统。TCS 控制器将传感器采集到的车轮轮速信号和制动轮缸压力信号发送至

CAN 总线，数据采集系统从 CAN 总线读取传感器返回的轮速和压力信号、发动机 EMS 发送至 CAN 总线的信息。上位机实时监测并存储实车试验的结果数据，用于离线分析。

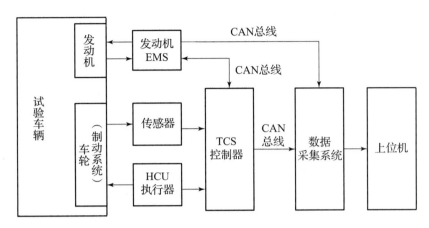

图 5-25　实车试验平台总体结构

TCS 的试验工况主要考虑均匀低附着/对开路面下的水平/上坡起步加速。下面给出了几种典型工况下有无 TCS 的实车测试结果曲线，如图 5-26~图 5-29 所示。

（1）水平低附着道路，无 TCS

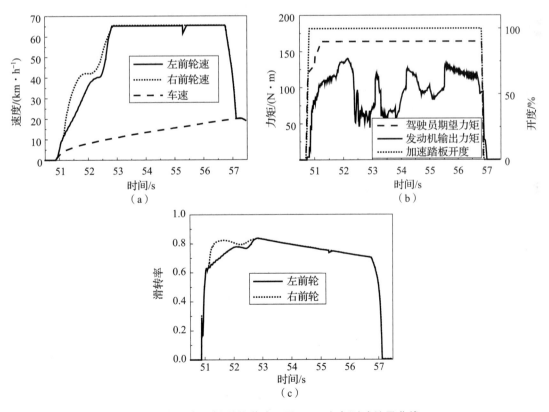

图 5-26　水平低附着道路，无 TCS 实车测试结果曲线

（2）水平低附着道路，有 TCS

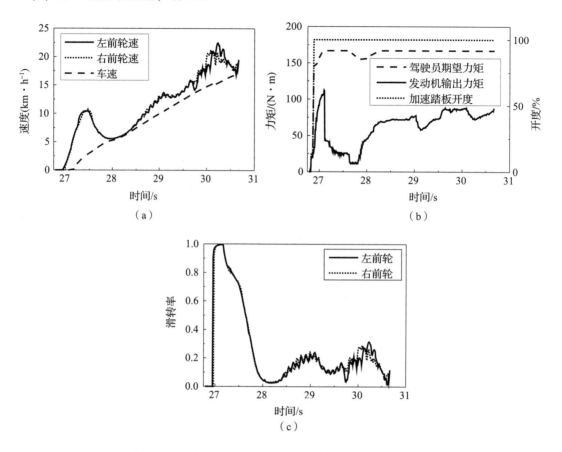

图 5-27　水平低附着道路，有 TCS 实车测试结果曲线

（3）水平对开道路，无 TCS

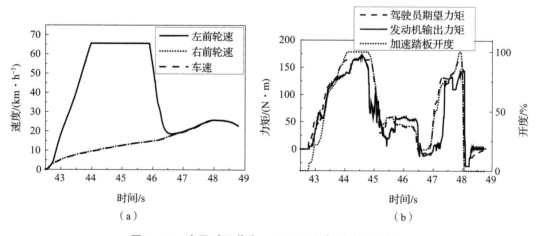

图 5-28　水平对开道路，无 TCS 实车测试结果曲线

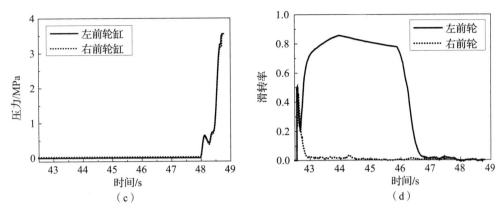

图 5-28 水平对开道路，无 TCS 实车测试结果曲线（续）

（4）水平对开道路，有 TCS

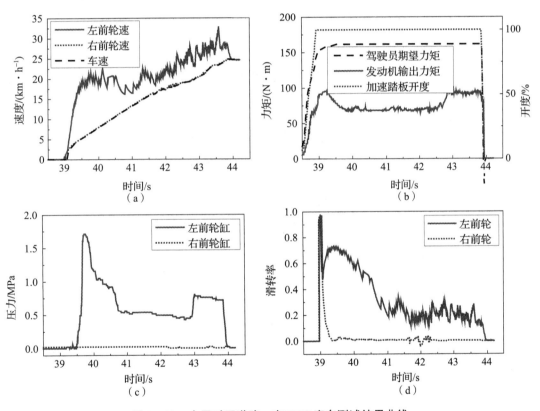

图 5-29 水平对开道路，有 TCS 实车测试结果曲线

上述实车试验结果表明，在水平对开路面，通过调节发动机输出力矩和对滑转的驱动轮施加制动压力，可以有效地限制低附侧驱动轮的滑转，利用高附侧的附着能力能提高汽车加速性能。此外，在行驶阻力更大的坡道起步时，TCS 的控制效果更加明显。无 TCS 的车辆起步困难，基本不具备加速能力；有 TCS 控制时可以正常起步并具备一定的加速能力。

第四节 电子稳定性控制（ESC）系统

一、理论基础

普通驾驶员打方向盘时，其汽车的侧向加速度一般小于 $0.2g$，制动减速度小于 $0.4g$，其汽车的质心侧偏角一般小于 $2°$，因此会在轮胎特性的线性区域驾驶汽车。一般对轮胎特性的非线性区域没有驾驶经验，当汽车突然进入轮胎特性的非线性区域时，普通驾驶员容易反应过度。

ESC 系统的控制目标是提高汽车在极限状况下的行驶稳定性。在极限状况下，轮胎和路面的水平作用力已达到了极限，不能再进一步增加。而配备 ESC 系统的汽车，针对不同路面情况下的驱动、制动、自由滑行，不管驾驶员怎样操作方向盘，无论是出现过多转向还是不足转向都要保持稳定。ESC 系统需要保持汽车行驶时其汽车的质心侧偏角在一个合理的值域范围，这一值域范围是车速、侧向加速度、路面附着系数、方向盘转角等参数的函数。同时当汽车的性能已返回到稳定状况后，ESC 系统应及时识别，避免不必要的干预。配备 ESC 系统的汽车要让驾驶员感到比驾驶没 ESC 系统的汽车更安全，不仅系统任何硬件及部件故障不能导致安全隐患，并且 ESC 系统的干预要具有合理性，不能让驾驶员抱怨 ESC 系统干预过早或过多。

在汽车发生不足转向或过多转向时，通过发动机干预或利用压力调节器对汽车左、右车轮施加不同的制动压力，产生附加横摆力矩使车辆保持稳定的方法称为直接横摆力矩控制（Direct Yaw-moment Control，DYC）。车轮制动力的增加会引起同一车轮侧向力的减小，制动力的增加、侧向力的减小分别会对汽车质心产生一个横摆力矩，最终两个横摆力矩的矢量和作用到车上产生附加横摆力矩。下面以左转转向过多时，对外前轮和外后轮施加制动力为例展开受力分析，如图 5-30 所示。对外前轮施加制动力时，制动力增加 ΔF_{x1}，产生横摆力矩 M_1；受轮胎附着椭圆限制，会引起侧向力的减少，相当于产生一个 F_{y1}，产生横摆力矩 M_2，M_1 与 M_2 方向相同，都纠正了汽车的过多转向。对外后轮施加制动力时，制动力增加 ΔF_{x2}，产生横摆力矩 M_3，侧向力降低，相当于产生一个 F_{y2}，产生横摆力矩 M_4，M_3 与 M_4 方向相反，M_4 减小了 M_3 对汽车过多转向的纠正作用。

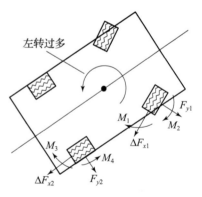

图 5-30 制动外前轮和外后轮受力分析（左转转向过多）

从图 5-31 所示的轮胎摩擦圆可以看出，在轮胎侧向力接近极限时，纵向力可用范围要比侧向力大，因此应该优先采用轮胎纵向力控制。此外，轮胎纵向力是由车轮施加制动/驱动力矩而产生的，纵向力的大小与汽车运动状态无关。而轮胎侧向力由转向调节，受汽车载荷、汽车侧向运动和轮胎纵向力等多个因素的影响。因此，通过轮胎纵向力控制的 DYC 比通过轮胎侧向力控制的主动转向在控制上更为精确。

DYC 是 ESC 系统的主要控制方式，包括发动机干预和差动制动。通常发动机干预使得车速降低，汽车前后轴的动态载荷发生变化，从而会改善汽车的不足转向趋势。此外，图 5-32 给出了对不同车轮施加制动力对附加横摆力矩的影响。由图可知，内后轮与外前轮随纵向力的增大，横摆力矩增加先呈近似线性关系（未达到附着椭圆边界，侧向力几乎不变），后增速越来越大（侧向力减小的变化值对横摆力矩的促进作用）。同时，只有外前轮和内后轮产生的横摆力矩是单调递增的。虽然理论上同时干预控制效果更好，但实际上多轮制动配合的一致性容易出现问题，目前一般选择单一的制动轮完成差动制动。因此对于 ESC 系统，当汽车发生不足转向时，采用单一制动轮制动控制和发动机降扭控制；当汽车发生过多转向时，只采用单一制动轮制动控制。

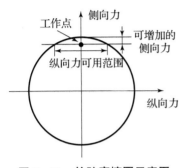

图 5-31　轮胎摩擦圆示意图

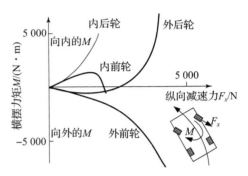

图 5-32　各车轮制动力对横摆力矩的影响

1. 线性二自由度模型

由于 ESC 系统涉及汽车的操纵性（不足转向下）和稳定性（过多转向下），因此会用到汽车线性二自由度模型。如图 5-33 所示，简化后的车辆模型只具有侧向和横摆两个运动自由度，其中，a、b、L 分别是汽车质心到前后轴的距离和轴距；v_1、u_1、u_2 分别表示汽车的质心速度、前轴中点速度以及后轴中点速度；u、v 分别为 v_1 在 x、y 轴上的速度分量；δ、β 分别表示前轮平均转角、质心侧偏角；α_1、α_2 表示前后轴侧偏角；ξ 是 u_1 与 x 轴的夹角；F_{Y1}、F_{Y2} 分别表示地面对前后轮的侧向作用力，即侧向力；ω_r 表示汽车横摆角速度；I_z 表示绕 z 轴的转动惯量。

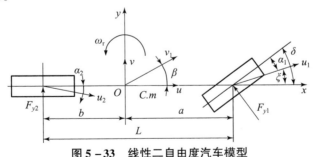

图 5-33　线性二自由度汽车模型

上述车辆模型的动力学方程如下：

$$\begin{cases} (k_1+k_2)\beta + \dfrac{(ak_1-bk_2)\omega_r}{u} - k_1\delta = m(\dot{v}+u\omega_r) \\ (ak_1-bk_2)\beta + \dfrac{(a^2k_1+b^2k_2)\omega_r}{u} - ak_1\delta = I_z\dot{\omega}_r \end{cases} \quad (5-13)$$

模型中的质心侧偏角可以近似为：

$$\beta = v/u \tag{5-14}$$

此外，常用航向角来描述汽车行驶方向，航向角 θ 是横摆角和质心侧偏角之和，即：

$$\theta = \beta + \psi = \beta + \int \omega_r \mathrm{d}_t \tag{5-15}$$

汽车线性二自由度模型中的参数，如整车质量、转动惯量、轴距等都容易直接测得，而轮胎侧偏刚度较难获得。侧偏刚度估计主要有直接测量法和基于动力学模型估计法。直接测量法要求直接测出实际车轮的侧向力，然后利用侧偏刚度的定义，通过车轮侧偏角计算得到。其中，前后车轮的侧偏角分别为：

$$\begin{cases} |\alpha_1| = -\beta - \dfrac{a\omega_r}{u} + \delta \\ |\alpha_2| = -\beta + \dfrac{b\omega_r}{u} \end{cases} \tag{5-16}$$

基于动力学模型估计法是利用车辆二自由度模型反算出侧偏刚度的表达式，通过车辆稳态响应状态计算得到。考虑车辆匀速行驶时在前轮角阶跃输入下（前轮角阶跃值不宜过大）稳态响应是匀速圆周运动，并且车辆进入稳态行驶时会满足 $\dot\omega_r = \dot v = 0$，将其代入公式（5-13）和式（5-14），并将 k_1、k_2 看作未知数，求解方程得到：

$$\begin{cases} k_1 = \dfrac{mu^2\omega_r a}{L(v + \omega_r a - u\delta)} \\ k_2 = \dfrac{mu^2\omega_r b}{L(v - \omega_r b)} \end{cases} \tag{5-17}$$

2. 控制变量名义值

汽车 ESC 系统的控制目标是：保持汽车行驶稳定和驾驶员期望的行驶轨迹。横摆角速度反映了汽车的横向稳定性，由各个轮胎力对汽车质心的横摆力偶矩决定；质心侧偏角反映了汽车的轨迹保持状况，由轮胎上的合力决定。两者之间存在耦合关系，共同决定了汽车的操纵稳定性。因此，需要根据汽车运动状态估算出车辆处于稳定状态时横摆角速度和质心侧偏角的名义值（期望值）。

通过汽车二自由度模型的稳态响应，可以得到横摆角速度与车速、方向盘转角的关系式：

$$\omega_r = \dfrac{u\delta}{L(1 + Ku^2)} \tag{5-18}$$

式中，$K = \dfrac{m}{L^2}\left(\dfrac{a}{k_2} - \dfrac{b}{k_1}\right)$，被称为稳定性因数或不足转向系数，其表征了汽车稳态行驶时的转向状态。同时要考虑来自路面附着系数的限制：

$$\omega_{r\max} = 0.85\dfrac{\mu_{\max}g}{u}\mathrm{sgn}(\delta) \tag{5-19}$$

式中，$\mu_{\max}$ 为峰值附着系数，系数 0.85 是为了避免汽车在达到上限前轮胎已经进入非线性区域的情况；符号函数的作用使得期望的横摆角速度符号和车辆坐标系一致。

将两者中绝对值的较小者作为横摆角速度的期望值：

$$\omega'_{rq} = \min\left\{\frac{u\delta}{L(1+Ku^2)},\ 0.85\frac{\mu_{\max}g}{u}\mathrm{sgn}(\delta)\right\} \qquad (5-20)$$

同样，将二自由度汽车模型稳态响应时的质心侧偏角，经过路面附着条件的修正后作为质心侧偏角的期望值。稳态时质心侧偏角的理想值为：

$$\beta = \frac{b + mau^2/(k_2 L)}{L(1+Ku^2)} \cdot \delta \qquad (5-21)$$

对质心侧偏角设定上限：

$$\beta_{\max} = \mu g\left(\frac{b}{u^2} + \frac{ma}{k_2 L}\right) \qquad (5-22)$$

将两者中绝对值的较小者作为质心侧偏角的期望值：

$$\beta'_q = \min\left\{\left|\frac{b + mau^2/(k_2 L)}{L(1+Ku^2)}\right|,\ \left|\mu g\left(\frac{b}{u^2} + \frac{ma}{k_2 L}\right)\right|\right\}\mathrm{sgn}(\delta) \qquad (5-23)$$

此外，为了区分车辆转向状态属于不足转向还是过多转向，还需要确定前轮转角的名义值。同样按照车辆二自由度模型，可以从汽车实际运动中估算出前轮转角的期望值，如式（5-24）所示：

$$\delta'_q = \frac{1}{L}\left(\frac{a}{k_2} - \frac{b}{k_1}\right)ma_y + \frac{\omega_r L}{u} \qquad (5-24)$$

式中，侧向加速度及横摆角速度由传感器直接测得，不需要考虑路面附着的限制。同时，考虑到车辆模型的稳态响应与瞬态响应之间的关系，加入一阶惯性延迟最终获得横摆角速度，质心侧偏角和前轮转角的名义值，如式（5-25）所示：

$$\begin{cases}\omega_{rq} = \dfrac{1}{1+\tau_{\omega_r}s}\omega'_{rq} \\ \beta_q = \dfrac{1}{1+\tau_\beta s}\beta'_q \\ \delta_q = \dfrac{1}{1+\tau_\delta s}\delta'_q\end{cases} \qquad (5-25)$$

3. 车辆稳定性判断

车辆稳定性判断的目的是让控制器知道车辆是否处于稳定状态，其决定了控制介入和退出的时间。车辆稳定性的判断方法包括质心侧偏角相位图法和门限值法等。

质心侧偏角相位图法认为，当质心侧偏角和质心侧偏角速度满足以下不等式时，车辆处于稳定状态，否则车辆处于不稳定状态。

$$|B_1\beta + B_2\dot\beta| < 1 \qquad (5-26)$$

式中，B_1、B_2 为系数，参考取值为 $B_1=4.38$，$B_2=2.56$。但是质心侧偏角是估计而来，其一阶导数可能误差较大，影响该方法的实际应用。

门限值法的基本思想：将控制变量的名义值与实际值做差取绝对值，并且设置上、下门限值。当该绝对值高于上门限值时，认为车辆处于不稳定状态，需要干预介入；当该绝对值低于下门限值时，认为车辆处于稳定状态，干预退出。同时只有当累计计数器达到一定次数才会介入干预，可以避免当判断值在上、下门限值之间波动时，频繁的干预引起驾驶员不适。

横摆角速度干预介入与退出的控制逻辑如图 5-34 所示。其中，$\Delta\omega_{r-th-in}$ 和 $\Delta\omega_{r-th-out}$ 为横摆角速度干预介入与退出的门限值，介入门限值一般略高于退出门限值，即需要将车辆控制到比介入时更安全的范围内才退出干预。u_{th-in} 和 u_{th-out} 为控制介入与退出的速度门限值，一般取为 15 km/h，只有车速高于此速度时 ESC 才会介入，避免在低速时系统过多干预。i 为累计计数器，$x-loop-in$ 和 $x-loop-out$ 为介入与退出的累计计数门限值，一般取为 10 次，$flag-in$ 与 $flag-out$ 为干预介入与退出的标志。$flag-\omega_r$ 为横摆角速度干预标识，其值为 1 表示需要控制介入，0 表示退出干预。此外，横摆角速度与质心侧偏角干预标识的逻辑关系是"或"，即只要其中一个控制量需要干预介入，则最终 ESC 系统判断为控制介入。

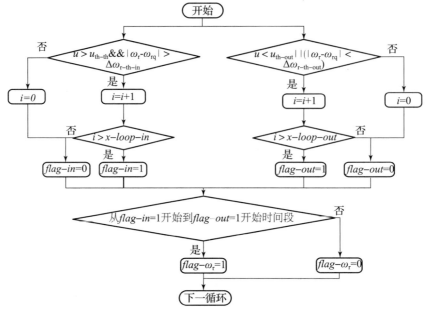

图 5-34 横摆角速度干预的介入和退出逻辑图

门限值法难点：上下门限值以及累计计数器次数的确定与很多因素有关，还会考虑外部扰动和传感器数据延迟等因素。门限值过高，干预不及时可能会出现危险；门限值过低，频繁干预也会引起驾驶员不适。实际门限值是由有经验的驾驶员在大量试验中标定确定的，主要考虑的门限值修正因素如下：转向状态（过多转向/不足转向）、附着系数、车速以及方向盘回打检测。一般来说，过多转向的门限值低于不足转向；附着系数越低，门限值越低；车速越快，门限值越低；方向盘回打时，门限值变高。门限值主要由两部分组成，基础门限值乘以修正系数，修正系数一般采用线性的修正函数或者分段函数，各修正函数关系如图 5-35 所示。

方向盘回打检测主要影响干预介入的门限值。当驾驶员在转弯时回打方向盘，由二自由度模型算得的偏转速率和传感器测得的速率之间会存在相位差，其差值的绝对值可能会高于介入的门限值。为了避免不必要的 ESC 干预，当检测到方向盘转角 δ 的绝对值减小，转向角转向速率 $\dot{\delta}$ 处于合理区间（25°/s ~ 515°/s）内，且累计次数大于 20 次时，对方向盘回打标志进行置 1，如图 5-36 所示。

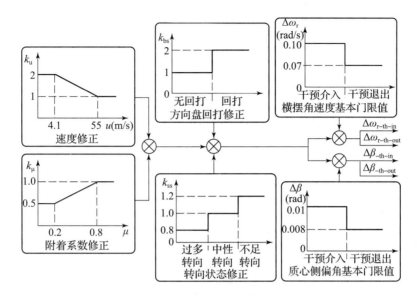

图 5-35 横摆角速度与质心侧偏角门限值修正

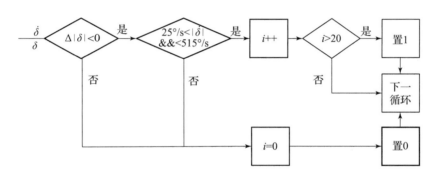

图 5-36 方向盘回打检测逻辑图

一旦进入制动干预,还需要判断当前的转向状态,其对于制动轮的选择十分重要。当质心侧偏角较小时,横摆角速度决定了汽车的转向特性,可以采用实际的横摆角速度与名义值进行比较。其判断式如下:

$$\omega_{rq} - \omega_r \begin{cases} >0 & \text{不足转向} \\ =0 & \text{中性转向} \\ <0 & \text{过多转向} \end{cases} \quad (5-27)$$

上式对于判断过多转向一般有较好的效果,但不足转向有时会难以识别。通常采用名义的前轮转角与实际值做比较来判断汽车的不足转向,如式(5-28)所示。

$$\delta_q - \delta \begin{cases} >0 & \text{不足转向} \\ =0 & \text{中性转向} \\ <0 & \text{过多转向} \end{cases} \quad (5-28)$$

4. 关键状态估计

ESC 系统受传感器和成本的制约,一些关键的车辆状态信息无法直接通过传感器测得,其中包括质心侧偏角和路面附着系数,下面分别进行介绍。

1）质心侧偏角估计。

质心侧偏角的估计精度会直接影响 ESC 的控制效果。工程上常利用侧向加速度的积分估算质心侧偏角，如式（5-29）所示：

$$\beta = \int \left(\frac{a_y}{u} - \omega_r \right) dt = \sum \left(\frac{a_y}{u} - \omega_r \right) \Delta t \qquad (5-29)$$

式中，纵向车速可由轮速传感器估计，而横摆角速度和侧向加速度由传感器直接测得。由于轮速传感器和三向加速度传感器采集的信号有噪声，积分之前需要进行滤波处理。积分法估计质心侧偏角具有简单实用的优点，此外还可采用线性卡尔曼滤波或扩展卡尔曼滤波对质心侧偏角进行更为准确的估计。

2）路面附着识别。

由于控制变量名义值设计、门限值修正以及轮胎模型均需要路面附着信息，因此尽可能精确地估计路面附着系数对于 ESC 系统十分重要。

当汽车在路面上完全滑动时，通过纵向加速度和侧向加速度的矢量和大小与重力加速度的比值可以精确地估计出路面附着系数。但是上述工况很难出现，因为车辆完全失稳之前 ESC 系统需要及时干预并且需要用到路面附着系数。因此，该方法的估计值一般会小于实际值，并且还需要根据经验加上补偿的附着系数 μ_0，其估计式如下：

$$\mu = \frac{\sqrt{a_x^2 + a_y^2}}{g} + \mu_0 \qquad (5-30)$$

为了使最终估计的路面附着系数变化稳定且能准确地反映路面信息，需要引入一个滤波器。滤波原则为"快降慢升"，如果原始估计值下降，滤波值快速下降；如果原始值突然上升，则滤波值缓慢增加。即滤波器对低附着系数路面灵敏度高，对高附着系数路面反映较为迟缓。其滤波算法流程图如图 5-37 所示。其中，$\Delta \mu_r$ 为附着系数上升的门限值，$\Delta \mu_f$ 为附着系数下降的门限值。n 为累计计数器，$x-loop$ 为累计计数门限值。$\mu(i)$ 和 $\hat{\mu}(i)$ 分别为本周期未滤波和滤波后的估计值。附着系数上升门限值远大于下降门限值，使得滤波后估计值"快降慢升"。

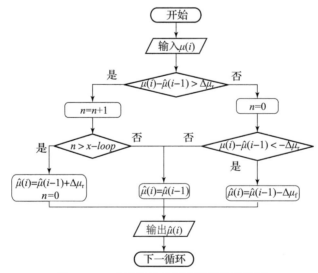

图 5-37 路面附着系数滤波算法流程图

二、系统组成

ESC 系统的组成如图 5-38 所示。相比于 ABS/TCS，ESC 系统除了轮速传感器外，一般还要加装方向盘转角传感器、纵向/侧向加速度传感器、横摆角速度传感器和一个主缸压力传感器。通常加速度传感器和横摆角速度传感器采用 MEMS 元件，被嵌入 ESC 系统的电控单元内，如图 5-39 所示。方向盘传感器通常安装在转向轴上靠近方向盘处，通过 CAN 总线与 ECU 通信。ESC 的电控单元中集成有 ABS/TCS 程序，因此对 ABS 和 TCS 的所有要求也适用于 ESC 系统，同时 ABS 和 TCS 会在 ESC 系统之前对车辆稳定性进行优化。由于需要主动制动能力，ESC 系统的执行器与 TCS 相同，采用如图 5-20 所示的 TCS 压力调节器。

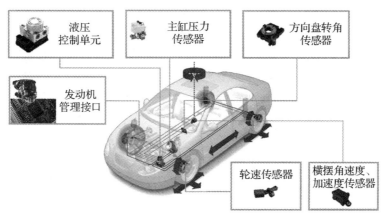

图 5-38 ESC 系统的组成

图 5-39 ESC 控制器电路板

三、控制策略

ESC 系统的总体控制结构如图 5-40 所示。首先，需要分别获得车辆的期望运动状态和实际运动状态，从而确定控制误差并采取相应的控制干预措施。在前文已经介绍了车辆运动状态估计的理论基础，本节将重点介绍 ESC 系统中的 DYC 分层控制策略。如图 5-41 所示，上层控制器主要完成横摆力矩的计算和决策，从而确定出控制误差；下层控制器用于控制干预，通过车轮滑移率控制实现期望的横摆力矩。

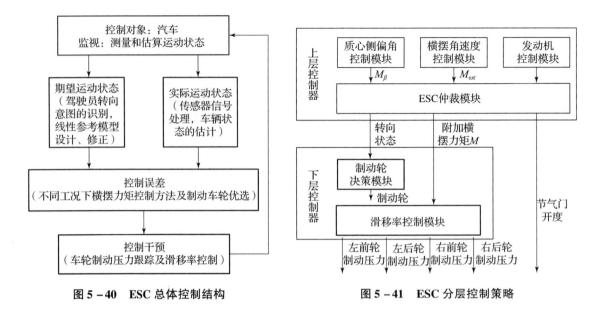

图 5-40 ESC 总体控制结构　　　　图 5-41 ESC 分层控制策略

1. 上层运动控制器

上层控制器主要包含横摆角速度控制模块、质心侧偏角控制模块、发动机控制模块和 ESC 仲裁模块。在横摆角速度控制模块和质心侧偏角控制模块中,分别根据横摆角速度/质心侧偏角的期望值与实际值的跟踪偏差,计算得到期望的附加横摆力矩。两个模块的控制流程也相似,首先进行门限值计算,然后对控制的介入与退出进行判断,最后进行附加横摆力矩的计算。对于横摆角速度/质心侧偏角控制器可以采用 PID 算法、最优控制算法、滑模变控制算法和模糊控制算法等。

发动机控制模块的作用是当汽车发生不足转向时及时介入控制,当汽车恢复稳态时,汽车能够快速平稳地恢复到原来车速。图 5-42 给出了发动机模块的控制策略图。

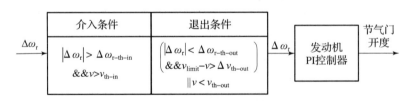

图 5-42 发动机控制模块

首先根据横摆角速度跟踪偏差 $\Delta\omega_r$ 和门限值 $\Delta\omega_{r-th-in}$ 判断是否需要进入发动机干预控制,此处门限值比横摆角速度控制模块中的门限值要更小。因为发动机干预要比制动干预更加柔和,对驾驶舒适性影响更小,在汽车发生不足转向趋势时应当优先进行发动机控制。发动机进入干预控制之后,根据横摆角速度的跟踪偏差采用 PI 算法对发动机节气门进行控制。

发动机退出控制时,需要进行横摆角速度跟踪偏差和最高车速两方面的检查。只有当最高车速大于实际车速并超过一定门限值时,发动机控制才会进行退出判断。根据地面附着系数、方向盘转角可以估算出汽车在当前工况下允许达到的最高车速如式(5-31)所示:

$$v_{\text{limit}} = \sqrt{\mu g \frac{(1 + Kv^2)L}{\delta}} \qquad (5-31)$$

ESC 仲裁模块主要实现横摆力矩仲裁和汽车转向状态判断，为下层控制器提供准确的附加横摆力矩值并为制动轮决策提供依据。其中，横摆力矩仲裁对来自横摆角速度控制模块和质心侧偏角控制模块的输出量 ΔM_{ω_r} 和 ΔM_β 进行协调，如式（5-32）所示：

$$\Delta M = \eta \Delta M_{\omega_r} + (1 - \eta) \Delta M_\beta \qquad (5-32)$$

式中，ΔM 为上层控制器最终给出的附加横摆力矩；η 为分配系数。当汽车在低附着路面上行驶时，轮胎侧偏角在很小的时候，车轮的侧向力就已达到极限值，如果此时占用过多的纵向力，车辆很容易因为侧向力不足而发生侧滑。车辆侧向力不足使得车辆受到的横摆力矩有限，横摆角速度很难过大，而侧滑会使得质心侧偏角过大，因此此时应该以质心侧偏角控制为主。当汽车在高附着系数路面行驶时，可用的侧向力和纵向力都比较富裕，车辆很难发生侧滑，此时车辆横摆角速度容易过大出现过多转向，应以横摆角速度控制为主。而当在中等附着路面行驶时，则需要折中考虑。根据上述分析，横摆角速度和质心侧偏角的控制优先级别与路面附着系数有关，在低附着系数路面时以质心侧偏角控制为主，在高附着系数路面时以横摆角速度控制为主。可以采用过渡较为平滑的 sigmoid 函数设计 η 与路面附着系数 μ 的函数关系：

$$\eta = 1 - \frac{1}{1 + e^{-\zeta(\mu - \xi)}} \qquad (5-33)$$

式中，ζ 和 ξ 为曲线参数，参考值可分别取为 6 和 0.5。

2. 下层滑移率控制器

下层滑移率控制器主要根据上层得到的附加横摆力矩求得制动车轮的目标滑移率，并实现对滑移率的跟随控制。下层控制器包含制动轮决策模块和滑移率控制模块。

在制动轮决策模块中，当采用单个车轮的制动干预时，要遵循图 5-32 给出的理论依据选择最合适的制动轮。制动车轮的选取原则是"过多转向时制动外前轮，不足转向时制动内后轮"，具体策略总结如表 5-1 所示。

表 5-1 制动车轮决策

转向方向判断		转向方向	汽车状态	横摆力矩检验	制动车轮
$\delta > 0$	—	左转向	不足转向	$M > 0$	左后轮
				$M < 0$	无控制
$\delta = 0$	$\omega_r > 0$		过多转向	$M < 0$	右前轮
				$M > 0$	无控制
$\delta < 0$	—	右转向	不足转向	$M < 0$	右后轮
				$M > 0$	无控制
$\delta = 0$	$\omega_r < 0$		过多转向	$M > 0$	左前轮
				$M < 0$	无控制

对单个车轮施加的制动力大小是根据上层的附加横摆力矩计算得到的，由于侧向力不易通过制动力矩控制，一般将其忽略，只考虑纵向力。所选择制动轮的期望制动力可根据车辆的质心到前后轴距离、轮距等相关参数推导得到，其表达式为：

$$\begin{cases} F_{xlf} = \dfrac{\Delta M}{\dfrac{1}{2}B\cos\delta + a\sin\delta} \\ F_{xrf} = \dfrac{\Delta M}{\dfrac{1}{2}B\cos\delta + a\sin\delta} \\ F_{xlr} = \dfrac{2\Delta M}{B} \\ F_{xrr} = \dfrac{2\Delta M}{B} \end{cases} \quad (5-34)$$

式中，B 为车轮轮距。通过上式计算得到决策轮期望制动力后，再通过轮胎模型（如魔术公式、HSRI 等），反算得到制动车轮的期望滑移率。因此，滑移率控制模块的主要任务有两个：确定制动车轮的目标滑移率，然后对目标滑移率进行跟随控制。

目标滑移率确定的难点在于轮胎逆模型的精度。如图 5-43 所示，轮胎逆模型的输入量为由式（5-35）求得的纵向制动力及车轮侧向力和垂向力。其中，车轮侧向力可由车轮侧偏角和侧偏刚度近似获得，而四个车轮的垂向力可由式（5-35）确定：

$$\begin{cases} F_{zlf} = m\left(g\dfrac{b}{2L} - a_x\dfrac{h_g}{2L} - a_y\dfrac{h_g b}{BL}\right) \\ F_{zrf} = m\left(g\dfrac{b}{2L} - a_x\dfrac{h_g}{2L} + a_y\dfrac{h_g b}{BL}\right) \\ F_{zlr} = m\left(g\dfrac{a}{2L} + a_x\dfrac{h_g}{2L} - a_y\dfrac{h_g a}{BL}\right) \\ F_{zrr} = m\left(g\dfrac{a}{2L} + a_x\dfrac{h_g}{2L} + a_y\dfrac{h_g a}{BL}\right) \end{cases} \quad (5-35)$$

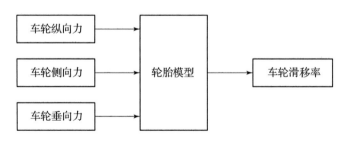

图 5-43 制动车轮状态估计

在对目标滑移率的跟随控制中可以采用简单实用的 PI 算法，最终期望的制动压力可由式（5-36）算得：

$$P_d = K'_p(s_{qi} - s_i) + K'_I\int_0^t (s_{qi} - s_i)\,\mathrm{d}t \quad (5-36)$$

式中，P_d 为制动轮的期望压力并被输出给底层的压力跟随控制器。

四、试验技术

虽然目前 ESC 系统作用下的汽车性能主要依靠经验丰富的试验工程师及专家主观评定,但是仍然颁布有相关试验和评价的法规和标准。美国高速公路局(NHTSA)于 2007 年颁布了第一部关于 ESC 系统测试的法规《FMVSS 126》,它采用频率为 0.7Hz 正弦延迟的试验方法,可以根据客观指标是否满足标准判断 ESC 性能,是一种客观评价的试验方法;随后欧洲经济委员会(ECE)也在 2009 年颁布了 ESC 的法规标准,其与 FMVSS 126 只是在试验条件和试验方法方面有所不同;中国也在 2014 年发布标准《轻型汽车电子稳定性控制系统性能要求及试验方法》,对比国标与 FMVSS 126,两者只在试验方法方面有较大差别,两者都要求进行"缓增量转向试验"和"正弦停滞转向试验"两部分试验内容,除此之外国标还要求进行冰雪道路试验;欧洲新车安全评鉴协会(E - NCAP)、美国消费者联盟(CU)和 ISO 也推荐了试验标准,如 Fishhook 试验、美标避障行驶试验(CU DLC)、ISO 7401 J - turn 转向试验、ISO 3888 Part 1/2 车道变换试验和避障试验;德国博世、大陆等一级供应商还会进行麋鹿试验(图 5 - 44)、稳态回转等试验。

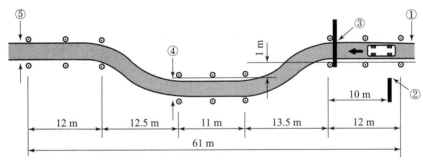

图 5 - 44 麋鹿试验道路尺寸

(1) FMVSS 126 试验方法和要求

FMVSS 126 可以有效测试汽车在过多转向工况下的方向稳定性和响应特性,也是针对 ESC 系统的唯一法规。FMVSS 126 规定了轻型汽车(总质量小于 4 536 kg)的 ESC 系统的性能要求和试验方法。

FMVSS 126 试验包括两部分内容:缓增转向试验和正弦停滞转向试验。

1) 缓增转向试验(Slowly Increasing Steer Test)。

车速保持在 (80 ±2) km/h,转向角从零点开始,以 13.5°/s 的角速度逐渐增加方向盘转角,侧向加速度达到 0.5g 时终止试验。试验汽车左右分别进行一组缓增转向试验,每组试验进行 3 次重复试验。记录下每次试验侧向加速度达到 0.3g 时的方向盘转角作为基准方向盘转角,记作"A",取 6 次缓增试验 A 值绝对值的平均值,用于正弦停滞转向试验。

2) 正弦停滞转向试验(Sine with Dwell Test)。

汽车置于高速挡,从起始车速 82 km/h 开始直线滑行,当车速达到 80 km/h 时开始转向操作,转向输入如图 5 - 45 所示,其是频率为 0.7 Hz 的正弦,并且在第 2 个峰值处有 500 ms 的延迟,正弦停滞信号经历总时间大概是 1.93 s。汽车左右分别进行一组试验。每组试验的转向峰值从 1.5A 开始,每次试验转向峰值增加 0.5A,直到达到试验结束值(当 6.5A≤300° 时,试验结束值取 6.5A 和 270° 中的较大者;当 6.5A≥300° 时,试验结束值取 300°)。

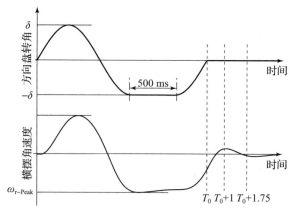

图 5-45 0.7 Hz 频率的正弦停滞转向输入

FMVSS 126 试验对试验条件的要求如表 5-2 所示。

表 5-2 FMVSS 126 试验的试验条件

项目	测试要求
测试路面	峰值附着系数≥0.9 单一坡度路面且坡度≤1%
汽车状态	处于整备质量状态,内部装载质量为 168 kg 汽车挂高速挡

FMVSS 126 在方向稳定性和响应特性两方面提出了性能要求。

1) 稳定性:要求汽车在正弦停滞转向输入完成后 1 s 时测得的横摆角速度不超过 ω_{r-peak} 的 35%;转向输入完成后 1.75 s 时横摆角速度不超过 ω_{r-peak} 的 20%。ω_{r-peak} 为方向盘转向方向发生改变之后记录的第一个横摆角速度峰值,如图 5-45 所示。

2) 响应特性:当方向盘转向峰值≥5A 时,应满足响应特性要求。在转向开始 1.07 s 时,汽车质心和转向起点的相对横向位移应不小于 1.83 m(车辆总质量≤3 500 kg。车辆总质量>3 500 kg 时,此值为 1.52 m)。

(2) ISO 3888-1 试验方法和要求

ISO 3888-1 "紧急双移线"试验为闭环主观评价汽车操纵稳定性指定了试验道路尺寸,如图 5-46 所示。ISO 3888-1 要求驾驶员快速完成两次移线变道,整个过程汽车不能超出试验道路边界。ISO 3888-1 对于道路条件及汽车状态没有规定。

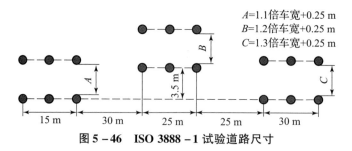

图 5-46 ISO 3888-1 试验道路尺寸

ISO 3888-1 试验要求驾驶员驾驶汽车在到达试验区入口时,达到稳定入口车速,进入试验区驾驶员应尽量保持油门踏板开度恒定。从较低入口车速开始试验,逐渐提高入口车速,获得最高入口车速。

ISO 3888-1 只是建议使用通过时间作为性能评价指标。但不同国家、公司因测试方法的不同提出了不同的评价指标,包括最高入口车速、方向盘转角幅值、横摆角速度最大值与最小值之差等指标。国标《轻型汽车电子稳定性控制系统性能要求及试验方法》中对冰雪道路试验-双移线试验提出的性能要求是,ESC 系统开启时最高入口车速要有明显提高。参考国家标准及博世、大陆的试验要求,可对最高入口车速、方向盘最大角速度及质心侧偏角提出如下指标要求:

① 最高入口车速 u_{max}:ESC 系统开启时的 u_{max} 应不小于 ESC 系统关闭时的 1.1 倍。
② 方向盘最大角速度:不大于 400°/s(高附着);不大于 300°/s(低附着)。
③ 汽车质心侧偏角:小于 5°(高附着);小于 4°(低附着)。

(3) ESC 系统硬件在环仿真结果

由于 ESC 试验的危险性,常用硬件在环仿真试验检验控制策略的总体趋势,再上实车完成控制参数的标定。这里分别给出 FMVSS 126 试验和 ISO 3888-1 试验的仿真结果。

1) FMVSS 126 试验。

ESC 系统开启和关闭下,方向盘转向峰值分别为 54°,72°,90°,108°,126°,144°,162°,180°,198°,216°,234°,252°,270° 的 13 次正弦停滞试验的试验结果如图 5-47、图 5-48 所示。

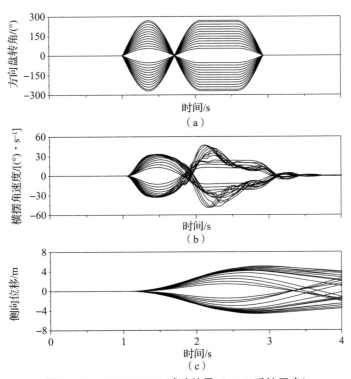

图 5-47 FMVSS 126 试验结果(ESC 系统开启)
(a) 方向盘转角;(b) 横摆角速度;(c) 侧向位移

由图 5-47 可以看出，当 ESC 开启时，车辆顺利完成所有试验。由图 5-48 可以看出，当 ESC 关闭，转向角幅值达到 108°后，在进入 500 ms 保持阶段时，汽车后轴发生侧滑趋势，当回打方向盘时，汽车横摆角速度不再收敛，汽车彻底侧滑失稳。由图 5-47 可以看出，ESC 开启时，车辆顺利完成所有试验。

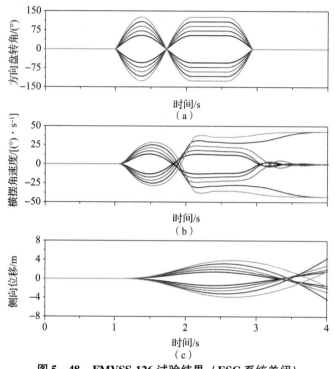

图 5-48 FMVSS 126 试验结果（ESC 系统关闭）
(a) 方向盘转角；(b) 横摆角速度；(c) 侧向位移

2) ISO 3888-1 试验。

在高附着路面下，通过图 5-49（d）质心侧偏角对比图可以看出，关闭 ESC 系统时，在 3 s 附近第一次打方向盘进行移线时，汽车出现过多转向趋势，之后回打方向盘，汽车反向过多转向趋势加剧，质心侧偏角迅速增大，汽车出现甩尾，驾驶员再次向右快速地反打方向盘，汽车已无法恢复到稳定状态，汽车冲出试验道路。当 ESC 系统开启时，同样在 3 s 打方向盘时，汽车出现过多转向趋势，此时 ESC 系统启动，对右前轮进行增压制动，产生附加横摆力矩，使汽车横摆角速度收敛，质心侧偏角始终处于稳定区域，汽车保持稳定。之后在回打方向盘后和第二次移线后回打方向盘时分别产生右过多转向和左过多转向，ESC 系统分别对左前轮和右前轮施加制动力，使汽车保持稳定。

在低附着路面下，通过图 5-50（a）和图 5-50（e）中方向盘转角和横向位移可以发现，汽车在第一次移线回打方向盘时，出现不足转向。ESC 系统关闭时，虽然驾驶员已经进行了较大的转向，但汽车已经发生前轴侧滑，冲出道路。ESC 系统开启时，驾驶员的转向操作量明显减小，汽车发生明显的降扭降速，并对车轮进行了制动干预。汽车恢复稳定后，车速在 ESC 系统干预下迅速恢复到原来状态。对比高附着试验发现，低附着路面发生不足转向时，受地面附着系数的限制，制动干预的力度明显下降，这也导致了 ESC 系统在低附着路面上对最高入口车速提升较小。

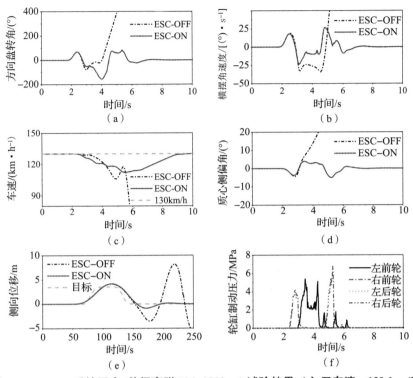

图 5-49　ESC 系统开启/关闭高附 ISO 3888-1 试验结果（入口车速=130 km/h）
（a）方向盘转角；（b）横摆角速度；（c）车速；（d）质心侧偏角；（e）轨迹；（f）轮缸制动压力

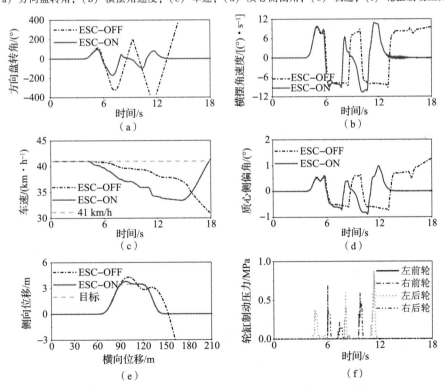

图 5-50　ESC 系统开启/关闭低附 ISO 3888-1 试验结果（入口车速=41 km/h）
（a）方向盘转角；（b）横摆角速度；（c）车速；（d）质心侧偏角；（e）轨迹；（f）轮缸制动压力

第五节 安全气囊系统（SRS）

汽车安全气囊系统（Supplemental Restraint System，SRS）是汽车上一种辅助保护装置，通常与安全带配合使用，可以为乘员提供有效的正面和侧面碰撞保护。早在2001年，日本、美国、德国等已把安全气囊作为汽车上的标配，按照气囊数量可分为单气囊、双气囊和多气囊系统。有资料表明，在汽车相撞时正确使用安全带和安全气囊可使其头部受伤率减少30%~50%，面部受伤率减少70%~80%。

一、控制原理

当汽车发生碰撞时，传感器首先感知到碰撞信号，并将正比于碰撞强度的电信号输入电子控制器。电子控制器根据碰撞强度是否达到设定值判断触发气囊的时机。当碰撞强度很大（碰撞时汽车速度≥30 km/h），电子控制器立即接通点火电路，由传爆管引燃火药产生高温，使气体发生器产生大量气体，并经过过滤、冷却后充入安全气囊。膨胀的气囊在30 ms内突破衬垫迅速在乘员与车辆之间形成一道柔软的弹性气垫，并及时由小孔排气收缩，吸收强大惯性冲击能量。当撞击发生后，气囊随即自动放气，不会妨碍车内人员的视野和逃生。

当碰撞强度能使传感器输出电信号，但没达到触发气囊膨胀的强度时（碰撞时汽车速度为20~30 km/h），电子控制器就发出引发安全带预紧器的指令，将车内乘员拉向座椅靠背，防止乘员在惯性力的作用下前冲而造成伤害。

若碰撞强度太大使主电源线断路，则备用电源电路仍可保证安全气囊的正常引爆，并使报警灯也同时闪亮。

二、工作过程

安全气囊的工作原理如图5-51所示。当点火开关接通后，安全气囊系统就开始工作，自检子程序对其电子元件进行逐个检查，如有故障，安全气囊故障警示灯将闪亮不熄，提示驾驶员要读取故障码，查出故障进行排除。如无故障，起动传感器子程序，对传感器进行实时检测，如果没有碰撞发生，则又返回自检子程序，依次循环。

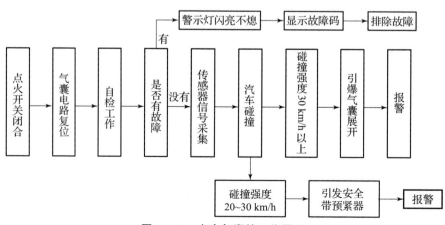

图5-51 安全气囊的工作原理

安全气囊的具体工作过程是:

①汽车碰撞 0~3 ms,传感器感知碰撞信号,若此信号达到或超过设定数值,则将这一信号转变为电信号后输入电子控制装置。

② 汽车碰撞后 4~10 ms,电子控制器接收到传感器电信号后,若此信号达到或超过引爆的最低数值,则电子控制装置发出使驱动电路引爆传爆管指令,点燃火药,产生高温和大量气体,此时乘员因惯性和汽车还没产生相对位移。

③ 汽车碰撞后 20 ms,乘员和汽车开始产生位移,但还没有接触气囊。

④ 汽车碰撞后 30 ms,大量气体经冷却过滤后迅速使气囊膨胀。

⑤ 汽车碰撞后 40 ms,安全气囊完全膨胀展开,乘员逐渐向前移动,安全带被拉长起一定的缓冲作用,乘员已紧贴安全气囊,安全气囊吸收了乘员的惯性冲击能量。

⑥ 汽车碰撞后 60 ms,乘员将安全气囊压紧变形而沉向气囊,气囊则进一步吸收惯性冲击能量。

⑦ 汽车碰撞后 80 ms,由于安全气囊上的排气孔排气,气囊变软,乘员进一步沉向气囊中,使缓冲作用更加良好。

⑧ 汽车碰撞后 100 ms,乘员惯性冲击能量已减弱,危险期已过。

⑨ 汽车碰撞后 110 ms,乘员惯性冲击能量消失,在安全带作用下将其拉回座椅上,气囊中气体也排出大部分,整个过程基本结束。

从汽车碰撞到乘员因惯性与车身产生相对位移后而碰撞受伤的时间间隔大约为 50 ms,而安全气囊也正好抢在这 50 ms 之前,大约只为 30 ms 的时间,在乘员与车身之间形成一道柔软的弹性保护气囊,减少受伤程度。

三、结构组成

安全气囊传感器分为压电式和压敏电阻式两种,通过汽车碰撞时的减速度感知碰撞强度。安全气囊的电子控制器除了单片机外,还有点火电路、故障诊断电路、备用电源等。备用电源是为了保证在汽车碰撞后,电源断路的情况下,安全气囊系统仍能正常工作。备用电源实际上是储能电容,电源断路后电容器将存储的电能释放出来,足够引爆火药使气囊膨胀充气。点火电路的作用是在单片机输出气囊膨胀指令时,迅速使气囊点火器通电,引爆点火剂和气体发生剂,使气囊迅速充气。点火电路通过安全传感器与电源连接。因此,只有在汽车发生碰撞,安全传感器触点通路时,才有可能使点火器通电点火,避免了在汽车正常使用与维修中产生误点火的可能。

安全气囊由充气装置、气囊、气囊衬垫、底板等部件组成,其组成部件及布置如图 5-52 所示。

1) 充气装置。它是安全气囊的执行机构,由气体发生剂、火药、传爆管、过滤器等组成。电子控制器通过点火电路,由传爆管引爆火药,产生的高温使气体发生剂迅速产生大量气体,经过滤除去烟尘后,充入气囊,使气囊在 30 ms 内膨胀展开。

2) 气囊。一般由尼龙布制成,在尼龙布上还有些排气用的小孔,气囊充气膨胀展开后,能吸收冲击能量,保护驾驶员和乘员的头部和胸部,减少受伤率及受伤程度,而气囊上的小孔,在充气后就进行排气,使气囊逐渐变软,加强缓冲作用和不致影响车内人员适当活动。气囊按布置位置可分为驾驶员侧气囊、前排乘客侧气囊、后排气囊、侧面气囊。

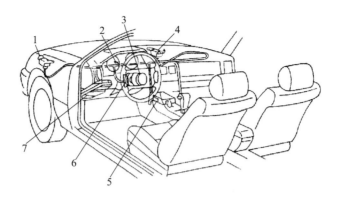

图 5-52 安全气囊系统组成部件及布置
1—左前碰撞传感器；2—安全气囊警告灯；3—安全气囊组件；
4—右前碰撞传感器；5—安全气囊 ECU；6—螺旋电缆；7—接线盒

3) 衬垫。一般由聚氨酯制成，在制造过程中使用了极薄的水基发泡剂，使质量非常轻。平时衬垫黏附在转向盘的上表面，把气囊保护起来，同时又起到了装饰作用。在汽车发生碰撞时，在强大的气囊膨胀力作用下，快速及时地掀开，对安全气囊的膨胀展开没有任何阻碍作用。

4) 饰盖和底板。饰盖是气囊组件中的盖板，安全气囊及充气装置都安装在底板上，底板固定到方向盘或车身上，气囊膨胀展开时，底板承受安全气囊的爆发力。

第六章
底盘电控系统

第一节 概述

转向、悬架和制动系统是汽车底盘的三大组成部分，分别对应汽车运动控制中的侧向、垂向和半个纵向自由度。早期汽车底盘采用的是纯机械/液压/气压装置，如机械转向或液压助力转向，被动悬架（麦弗逊、多连杆、双横臂等），真空助力器+液压制动或气压制动系统等。在汽车电气化和智能化的趋势下，越来越多的底盘电控系统开始应用，以适应复杂的行驶工况和不同驾驶员的要求。例如，被动悬架的参数一经调校后，其刚度和阻尼特性无法更改，即悬架特性的"软"与"硬"已确定。同理对于传统制动和转向系统，制动踏板的"软"与"硬"、方向盘的"轻"与"重"也是如此。考虑到液压/气压系统存在响应迟滞、密封等问题，目前电动助力转向和电控液压制动系统均采用电机作为动力源，将驾驶员的手力/脚力根据工况进行相应的放大。电子驻车制动（Electronic Parking Brake，EPB）同样采用电机作为动力源，取代传统的拉线式手刹。而（半）主动悬架则是利用小孔节流效应，通过电磁阀改变悬架的刚度与阻尼。

底盘电控系统是一个典型的机-电-液/气一体化系统，涉及汽车动力学、控制算法、信号处理、电子电路、机械制造、材料工艺、故障诊断等多方面。由于较高的开发技术门槛，底盘电控领域还没有出现类似发动机的集中式控制器，单独的转向、悬架和制动控制器最终通过 CAN 通信实现信息共享。目前各种转向、悬架和制动产品主要由国外一级供应商提供，如电动助力转向系统：日本 JTEKT、NSK，德国博世、采埃孚、蒂森克虏伯等；电控液压制动系统：德国博世、大陆、采埃孚，日本 ADVICS 等；电子驻车制动系统：德国博世、采埃孚，韩国万都等；（半）主动悬架：德国大陆、采埃孚，意大利马瑞利等，大陆公司大约每天能卖出 2 500 台空气悬架。

转向、悬架和制动系统的性能直接决定了汽车的操纵稳定性、平顺性和舒适性。各厂商主要关心的是其产品能否实现对应的控制目标，并没有充分考虑它们加入整体的车辆运动控制后对其他子系统的影响。这对于过去结构较为简单、功能有限的车辆控制系统来说是可行的，但是不再适应未来汽车底盘控制系统结构和功能日趋复杂、执行机构和传感器日益增多的趋势。底盘集成电控系统（Integrated Chassis Control，ICC）可以从本质上解决各个子系统在纵向、侧向和垂向上的动力学耦合问题（图 6-1）。基于 14 自由度整车动力学数学模型（考虑悬架特性），采用自上而下的策略设计针对转向、悬架以及制动主动系统的集成控制器。如图 6-2 所示，底盘集成电控系统通常采用集中式或分层式的控制结构。因此，底盘集成电控系统除了结构紧凑、降低成本外,其优点还包括:①消除子系统间的不利干扰和冲突;②为各子系统分配合理最优的控制输入,尽量地挖掘子系统功能潜力实现功能互补。2002年美国凯迪拉克汽车上采用了德尔福公司的底盘一体化控制系统(Unified Chassis Control,UCC),该系统对ESC和连续可调阻尼减振器(Continuously Variable Real Time Damper,CVRTD)进行集成,在常规工况下具有较好的舒适性,而在危急工况下能够牺牲舒适性而改善操稳性能;德国大陆公司在ESC的基础上加入前轮主动转向系统(Active Front Steering,AFS)实现底盘的全局控制(Global Chassis Control,GCC),从而进一步提高弯道行驶的稳定性。在此基础上,底盘集成电控系统还可以扩展到人-车-路闭环的全方位集成控制,德国博世、大陆、ZR/TRW等公司都推出了融合被动安全、主动安全和驾驶辅助的集成化智能安全系统。

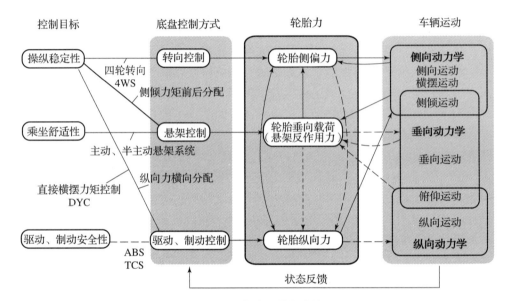

图6-1 汽车动力学集成控制

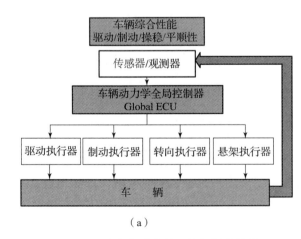

(a)

图6-2 底盘集成电控系统的控制结构

(a)集中式

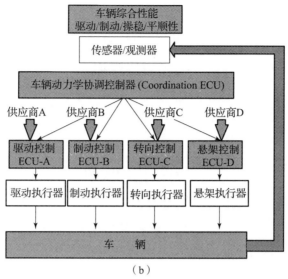

图 6 – 2 底盘集成电控系统的控制结构（续）

(b) 分层式

此外，底盘电控系统经过功能扩展后还可以作为自动驾驶汽车的执行机构，此时由响应人的驾驶操作变为响应上层控制器的指令。转向系统和制动系统对于自动驾驶汽车更为重要，通过主动转向和制动可以实现车辆的纵 – 横向控制。而悬架系统作为被动件，一般用来抑制来自路面的垂向干扰，保证车辆平面运动的性能。此外，自动驾驶汽车还需要考虑执行机构冗余问题，如对转向和制动系统配备双动力源和双控制器等。

第二节 电动助力转向（EPS）系统

一、系统组成及分类

汽车转向系统的发展经历了机械转向、液压动力转向、电子控制液压动力转向和电动助力转向这几个典型阶段。

电动助力转向（Electric Power Steering，EPS）系统是在传统机械转向系统的基础上，增加了电机及减速机构、扭矩传感器和 EPS 电子控制单元（ECU）而成，如图 6 – 3 所示。

EPS 系统的工作原理：驾驶员的转向操作通过扭矩传感器转换成电信号传送给 EPS 系统电子控制单元（ECU），ECU 根据汽车行驶速度及其他车辆信息进行计算，控制转向助力电机的运转，电机输出的扭矩经过减速机构后叠加在机械转向系统上实现转向助力，从而保证汽车在各种行驶工况下转向系统的性能达到最优。

EPS 在不断发展和完善的过程中，其系统核心部件又可以分为多种类型，其优缺点如表 6 – 1 所示。

电机及减速机构作为 EPS 系统的执行器，其性能及布置型式直接关系到整个转向系统的优劣。根据电机及减速机构的不同而产生了转向柱助力、小齿轮助力、齿条助力和双小齿轮助力等多种类型，如图 6 – 4 所示。在转向上可以采用双电机或电机上带双绕组的线控转向系统；而在制动方面，博世公司推出了"iBooster + ESC"的制动冗余方案。

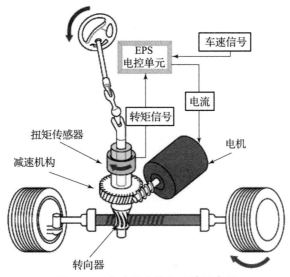

图 6-3 电动助力转向系统示意图

表 6-1 EPS 核心部件分类及优缺点

电机	永磁有刷	技术难度和成本低、效率低、功率密度小
	永磁无刷同步	技术难度和成本高、效率高、功率密度高
扭矩传感器	接触式	成本低、容易磨损、寿命差
	非接触式	成本较高、不容易磨损、寿命长
减速机构	蜗轮蜗杆	成本低、结构简单
	滚珠螺杆螺母	结构较复杂、加工难度大、效率高

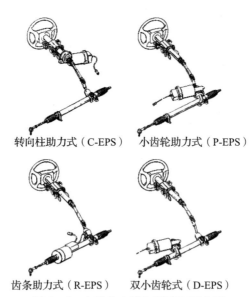

图 6-4 电动助力转向系统布置方案

1. 转向柱助力式（Column – EPS）

转向柱助力式电动助力转向系统的扭矩传感器和助力装置布置在转向管柱上，转向管柱下方连接的是转向器。这种布置方案的特点是：由于助力装置与转向器分开布置，故拆装与维修方便，同时也可以使用通用典型的转向器，减少开发成本。由于电动机布置在驾驶室内，所以有良好的工作条件；因电动机输出的助力转矩经过减速机构增扭，所以电动机的助力转矩相对较小，电动机尺寸也较小。转向柱助力式电动转向助力机构的缺点也较为明显，电动机距驾驶员和方向盘近，电动机工作噪声和振动直接影响驾驶员；助力要通过转向柱等零件传递到转向器上，对承载零件强度要求较高，增大了尺寸，降低了安全性。

2. 小齿轮助力式（Pinion – EPS）

小齿轮助力式电动助力转向系统的电动机布置在与转向器主动齿轮相连接的位置，通过驱动主动齿轮实现助力。这种布置方案的特点是：电动机布置在地板下方、转向器上部，工作条件比较差，对密封要求较高；同样因为有减速机构，电动机的助力转矩较小，电机尺寸较小，同时转矩传感器、减速机构等结构布置紧凑、尺寸较小，但拆装时有一定困难；转向轴等位于转向器主动齿轮以上的零部件，不承受电动机输出的助力转矩作用，提高了安全性；电动机距驾驶员较远，减少了工作噪声对驾驶员的影响；因转向器与助力装置作为一体，故不能使用典型的转向器，需要另外单独设计制造。

3. 齿条助力式（Rack – EPS）

齿条助力式电动助力转向系统的电动机和减速机构布置在齿条处，电机输出扭矩通过齿条处的循环球减速机构传递到齿条上，驱动齿条实现助力。这种布置方案的特点是：助力装置在齿条上的布置位置较为灵活，保证了汽车底盘布置的弹性；电动机位于地板下方，工作噪声和振动对驾驶员的影响更小，但工作条件较差，对密封性要求较高；转向轴直至转向器主动齿轮均不承受来自电动机的助力扭矩作用，尺寸可以较小；电动机输出的助力转矩只经过减速机构增扭，没有经过转向器增扭，因而电动机输出的助力转矩必须较大；转向器结构与典型的转向器差别很大，必须单独设计制造；采用滚珠螺杆螺母减速机构时，会增加制造难度和成本。

4. 双小齿轮助力式（Double Pinion – EPS）

双小齿轮式电动助力转向系统与齿条助力式电动助力转向系统结构有些类似，由两个能够向转向拉杆提供转向力的小齿轮组成，一个是和转向管柱连接的转向小齿轮，另一个是和电机连接的助力小齿轮。扭矩传感器装在转向小齿轮上，电机输出扭矩通过蜗轮蜗杆减速机构作用在助力小齿轮上，助力小齿轮将扭矩传递到齿条上。这种布置方案的特点是：布置空间更加合理，外部对驾驶员的冲击很少，保证了安全性。另外与齿条助力式不同，电动机输出的助力转矩经过减速机构增扭后，还经齿轮齿条机构增扭，故电动机的助力转矩可相对较小，电动机尺寸也可较小。

相比其他形式的转向系统，电动助力转向系统具有以下优点：

1）只在转向时电机才提供助力，可以显著降低燃油消耗。

2）转向助力大小可以通过软件调整，能够兼顾低速时的转向轻便性和高速时的操纵稳定性，回正性能好，从而提高了操纵稳定性。

3）结构紧凑，质量轻，生产线装配好，易于维护保养。

4）采用"绿色能源"，适应现代汽车的要求。EPS系统完全取缔了液压装置，不存在液压助力转向系统中液态油的泄漏问题,避免了污染。

5)通过程序的设置,EPS 系统容易与不同车型匹配,可以缩短生产和开发的周期。

6)转向系统的功能可以通过增加软件模块进行扩展,适应了新能源汽车、无人驾驶汽车的需要。

二、控制系统结构

类似于其他典型汽车电子控制系统,整个 EPS 控制系统也是由传感器、控制器和执行机构三个部分组成,其结构框图如图 6-5 所示。

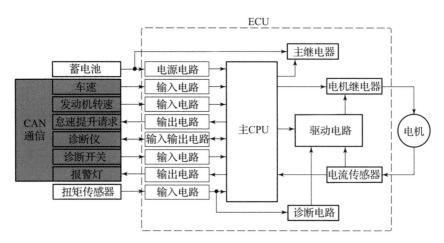

图 6-5 EPS 控制系统结构框图

车载蓄电池作为能量来源,在经过电源变换电路和驱动电路后分别为 EPS 系统 ECU 和电机提供电源。主继电器和电机继电器作为保护器件,用于保证在 ECU 出现故障时能及时可靠地切断供电回路。扭矩传感器、车速、发动机转速信号经过输入电路处理后采集进单片机内部并转换为数字信号提供给软件控制系统使用。诊断仪和诊断开关作为车载 ECU 故障诊断的组成部分,负责通过人机交互接口对 ECU 的故障进行诊断并通过故障报警灯输出。

在发动机怠速条件下并且车辆处于原地或较低车速时,如果驾驶员操作了方向盘,此时 EPS 电机需提供较大的助力电流,相应的车载发电机的功率输出需要增加,从而增加了发动机在怠速条件下的负荷。为了维持发动机怠速的稳定性,部分 EPS 系统的 ECU 还可以输出发动机怠速提升请求信号给发动机,让发动机提高怠速转速以避免突然的负荷增加导致熄火。

需要注意的是,根据不同车辆的 EPS 系统电气配置,上述输入输出信号既可以通过车辆上其他电气系统提供的导线获得,也可以经车载网络通过 CAN 总线获得。

单片机作为 EPS 控制系统的核心,把各种输入信号进行运算后通过驱动电路控制 EPS 电机输出期望的助力扭矩,同时电机的电流又经过电流传感器采集后反馈回单片机内部构成电流闭环反馈控制系统。

三、控制策略

控制策略是决定 EPS 系统控制性能的关键因素，设计良好的控制策略需要完成以下目标，才能满足驾驶舒适性、稳定性与安全性的要求：

1）提供合适的助力。汽车转向系应具有良好的转向盘的力特性，才能很好地起到控制汽车和反馈信息的作用。

2）转向响应速度快、灵敏且响应精准。控制系统应具备较高的响应速度，响应的过程平稳可控，并与驾驶员的动作相匹配。

3）有效抑制振动。抑制来自电机的振动及地面不平造成的振动，低频振动直接影响驾驶员的手感，较大的振动易使得驾驶员失去对路面情况的把控。

4）有良好的回正性能，使方向盘能够更快、更准确地回到中间位置，保证汽车稳定的直线行驶状态。

5）良好的路感。要能够将整车及轮胎的运动、受力状况反馈给驾驶者。

为了达到上述要求，一个典型的 EPS 控制系统软件控制策略架构如图 6-6 所示。整个软件控制策略按输入输出关系又分为两个模块，分别是目标电流计算模块和电流控制模块。目标电流计算模块以方向盘输入扭矩、车速、电机转速等参数为输入，经基础助力电流控制、惯量补偿、阻尼控制以及回正控制计算后，输出当前工况下 EPS 助力电机的最佳目标电流。电流控制模块是一个电流闭环反馈控制系统，利用设计的控制算法（如 PID 控制），以实现该目标电流的精准控制。其中惯量补偿、阻尼控制和回正控制都是属于动态补偿控制，以改善转向系统的动态特性。

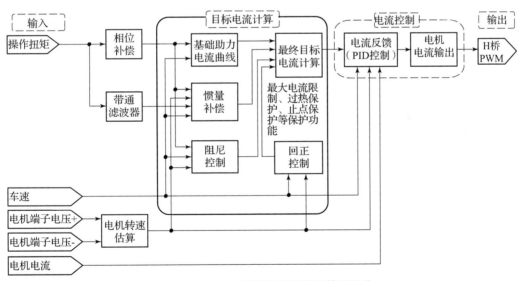

图 6-6 EPS 控制系统软件控制策略架构

1. 基础助力曲线

基础助力反映了汽车在转向时电机助力力矩随驾驶员操纵力矩和车速变化的规律，基础助力曲线是实现助力控制的关键要素。基础助力对动力转向系统的特性，包括轻便性、回正性能、路感等有重要影响。低车速曲线行驶时及极低车速移动工况下，方向盘力应适度而不沉重。高车速、方向盘小转角工况下，汽车应具备良好的直线行驶能力和较大的转向灵敏度。

EPS 系统要实现转向助力功能，首先要做的就是把驾驶员操作方向盘的输入扭矩按照某一放大系数同比例放大后通过助力电机输出叠加在机械转向系上。根据电机理论，无论是 EPS 上使用的永磁有刷直流电机或者永磁无刷同步电机，在工程应用时电机输出扭矩与电机（等效）直流电流之间都可以看作是比例关系。基于此，基础助力曲线通常选择电机电流作为输出。

根据车辆操纵动力学的相关理论，转向阻力矩与车速之间是非线性关系，而驾驶员期望的方向盘操纵力矩与车速之间也存在复杂的非线性关系。这就要求基础助力曲线除了与方向盘输入扭矩有关外还必须同车速相关。

故可采用电机电流与方向盘输入力矩、车速的变化关系曲线来表示基础助力特性，由此看出助力特性是个三维的曲线。转向助力随方向盘力矩的增大而增大，随车速的升高而减小，实现了汽车在中低速行驶时的转向轻便性和灵活性，减轻了人的操作负担，同时还使得高速行驶沉稳，提高了汽车的操纵稳定性和安全性。

根据上述分析可以看出，基础助力曲线实际上相当于在控制系统中引入了一个比例环节，比例系数就是方向盘扭矩到电机电流的放大系数。扭矩传感器把驾驶员操纵转向盘的实际扭矩转化为电信号过程中同样会带来信号时间和相位上的滞后。控制系统增加的比例和滞后这两个环节叠加，对系统稳定性和控制效果带来不利影响，容易造成转向迟滞、产生振动和噪声。解决的方法是在基本助力控制中扭矩传感器后面加入相位补偿器，以改善助力增益较大导致相位裕度降低带来的系统不稳定问题。相位补偿器的传递函数一般设计成超前滞后结构：低频段尽量不影响原系统的幅频和相频特性；中频段降低系统增益；高频段提高系统的相频特性，以获得更大的相位裕度。

在实际应用时助力特性有多种曲线形式，典型的有三类：直线型、折线型和曲线型（图 6-7）。无论何种助力特性曲线，均可以分成三个区：

1) $0 \leq T \leq T_{d0}$ 为无助力区，当方向盘输入转矩小于 T_{d0} 时不提供助力；

2) $T_{d0} < T \leq T_{dmax}$ 为助力区，当方向盘输入转矩介于 T_{d0} 与 T_{dmax} 之间时，助力电机依据助力特性曲线提供实时助力；

3) $T > T_{dmax}$ 为最大助力区，当方向盘输入转矩大于 T_{dmax} 时，在一定车速下，助力电流达到最大值并保持不变。

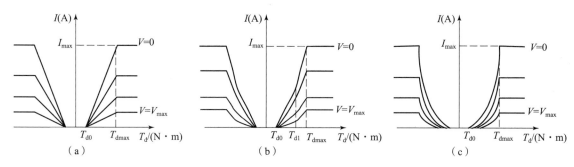

图 6-7 直线型、折线型和曲线型助力曲线

(a) 直线型；(b) 折线型；(c) 曲线型

直线型助力特性实现相对简单，但在死区边界转向时，助力由无到有或由有到无，给驾驶员手感带来冲击。折线型助力是在直线型的基础上改进而成，在死区边界转向时，助力曲线的斜率有所减小，但助力转向仍存在手感上的冲击，而且方向盘转矩在 T_{d1} 附近时，也会产生手感上的冲击；由于助力曲线不是处处可导，不能获得较好的转向手感建立梯度和中间位置感。曲线型助力过渡平缓，能实现连续、均匀助力，但控制难度增加了并且需要消耗更多的 CPU 资源，间接提高了成本。

2. 惯量补偿

EPS 增加了转向系统的惯量，恶化了转向系统的动态性能。为了提高 EPS 的动态性能，使驾驶员获得良好的转向手感，需要在目标电流计算策略中增加惯量补偿功能。惯量补偿用来克服电机和减速机构的惯量对 EPS 动态性能的影响，改善反向操作方向盘时的迟钝感和顿挫感，提高快速转向操作时 EPS 的响应速度。

典型的惯量补偿策略既可以设计为电机转速的函数也可以设计为方向盘输入扭矩的函数，也有较复杂的设计把两种方式综合起来应用。采用电机转速的补偿策略为：

$$i_{I\omega} = k_{I\omega}\frac{d\omega_m}{dt} \tag{6-1}$$

式中，$i_{I\omega}$ 为输出的惯量补偿电流；$k_{I\omega}$ 为惯量补偿比例系数，它常取为车速的函数，一般条件下它随车速的增大而减小；ω_m 为电机转速。

以方向盘输入扭矩作为输入的惯量补偿策略为：

$$i_{IT} = k_{IT}\frac{dT}{dt} \tag{6-2}$$

式中，i_{IT} 为输出的惯量补偿电流；k_{IT} 为惯量补偿比例系数，它常取为车速的函数，一般条件下它随车速的增大而减小；T 为经过滤波处理后的方向盘输入扭矩。

不管是哪种惯量补偿策略，从数学表达式上都包含了比例和微分运算。在工程上对信号进行微分运算前，往往需要增加信号滤波。惯量补偿虽然可以改善动态性能，但其参数的合理选择是难点，使用不当会导致 EPS 系统振荡、方向盘手力不均、电机噪声等。

3. 阻尼控制

转向系统在工作过程中，方向盘通过反作用力给驾驶员的反馈称为路感。当汽车在高速行驶时，如果驾驶员在转向过程中阻力较小，方向盘上或路面上较小的扰动就会导致汽车较大幅度地转向，那么驾驶员就会觉得汽车失去路感变得不容易操纵。当汽车在较差路面上行驶时，如果路面不平所引起的方向盘振动能得到有效抑制而同时又不影响路面低频信息传递，则驾驶员可以获得良好路感。另外，高速转弯行驶的汽车重新回到直线行驶时，希望方向盘回到中间位置的过程要平稳、流畅，尤其要避免高速行驶时方向盘回正速度太快而导致回正超调。

阻尼控制的目的就是提供一个与方向盘转动方向相反的阻力矩，重点改善汽车高速行驶时的转向稳定性，使转向的过程能够迅速收敛。

阻尼控制通常设计为车速和电机转速的函数，其表现形式为：

$$i_d = k_d\omega_m \tag{6-3}$$

式中，i_d 为输出的阻尼补偿电流；k_d 为阻尼补偿系数，一般情况下它随车速的增大而变小；ω_m 为电机转速。

4. 回正控制

EPS 系统中引入的电机、减速机构等零件的转动惯量、质量、摩擦等因素不利于转向回正，对车辆的直线行驶性能具有显著影响。在转向回正时，需要利用电机的转矩来克服它们的不利影响，这是 EPS 控制策略的一个重要方面。

回正控制与阻尼控制的逻辑刚好相反，回正控制的主要目的是改善汽车低速行驶时方向盘回到中位的能力。回正控制与阻尼控制各司其职，原地或低速行驶转向后汽车自身的回正扭矩过小，出现回正力矩不足，方向盘不能回到中间位置，此时回正控制起作用，提供一个额外的力矩帮助汽车回到直线行驶状态；高车速的情况下，阻尼控制起作用，防止回正超调。

在不配置方向盘转角传感器的 EPS 系统中，由于方向盘的转动位置无法直接通过测量获得，回正控制的难点在于如何可靠地判断方向盘处于回正状态、如何保证方向盘能准确地回到中间位置且不超调。限于篇幅，此处不再展开介绍，感兴趣的读者可以查阅相关文献。

5. 电机转速估算

基于成本考虑，在使用永磁有刷电机的 EPS 中，电机往往不配置转速测量装置。而在惯量补偿、阻尼控制及回正控制中，都需要以电机转速信号作为重要输入，电机转速直接影响到这三种补偿控制的性能。因此，需要在控制策略中增加永磁有刷电机的转速估算算法。

永磁直流电机模型可近似认为是一个单输入单输出的二阶线性系统，它有与大多数机械负载匹配的转矩 - 速度特性。直流电机的等效模型如图 6-8 所示。

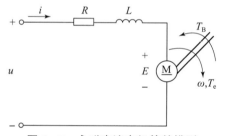

图 6-8 永磁直流电机等效模型

直流电机的电气方程可以表示为：

$$u = K_e \omega_m + iR + L \frac{di}{dt} \tag{6-4}$$

式中，u 为电机电枢两端的端电压；i、R、L 分别为电机电流、电枢回路的总电阻、电枢电感；K_e 为电机反电动势常数。

如果忽略电枢电感的影响，则可以得到电机转速估算模型为：

$$\omega_m = \frac{u - iR}{K_e} \tag{6-5}$$

EPS 的控制器通过设计测量电路实时测量电机的端电压、电流，电机的反电动势常数和电枢回路总电阻都可以通过试验测得，根据这一估算模型就可以估算电机的实际转速。但在实际工程应用时，电机反电动势常数、电机总回路内阻都不是固定不变的，与电机温度和电机电流相关，同时电机电流和端电压在测量过程中也会引入误差，给电机转速的准确估算带来困难。

四、功能扩展

EPS 系统是 ADAS 技术的关键推动者,也是通往部分自动—完全无人驾驶的重要通路之一。简单来讲,EPS 系统接收车辆中央控制器和传感器的指令,然后将数据传输、转化为机械的转向动作。随着 ADAS 及无人驾驶技术的发展,EPS 系统在提供助力功能的基础上扩展出了很多新的功能,从而为驾驶员提供更舒适、操控性更好、更安全的体验。

1. 多模式转向助力

多模式转向助力可以按照驾驶爱好或路况控制转向操纵力,驾驶员通过操作转向模式按钮选择不同的转向模式:

1)舒适模式,转向助力增加,手感轻盈灵活;
2)正常模式,转向助力适中,手感适中;
3)运动模式,转向助力减小,手感沉稳。

2. 转向盘振动提醒

在车辆出现紧急情况或危险时,提醒驾驶员的方式有听觉、视觉和触觉等多种。方向盘振动提醒属于触觉提醒方式。方向盘振动提醒可以通过在方向盘上增加专门的振动提醒电机来实现,这种实现方式结构复杂且增加了系统成本。如果考虑在不影响正常转向的前提下,通过 EPS 的控制器控制转向助力电机,叠加输出一个周期波动的振动信号,同样可以起到振动提醒的作用。通过 EPS 实现的振动提醒功能已成功应用于汽车市场。

3. 协助进行驾驶员疲劳检测

据统计有 5%~25% 的交通事故是驾驶员疲劳造成的。与其他原因造成的事故相比,疲劳驾驶造成的事故更严重。疲劳检测系统通过评估转向动作来识别驾驶员的疲劳状况,必要时通过组合仪表中的警告信息以及发出警告音要求驾驶员休息来预防事故的发生。

方向盘转角作为最重要的输入信号,再加上方向盘扭矩、加速踏板的操纵信号、横向加速度等,通过对比驾驶员在开始行驶时和行驶途中的特征动作,根据计算模型来分析出驾驶员行为信号,以判断驾驶员的疲劳状况。一种通过方向盘转角进行疲劳检测的方法如图 6-9 所示。

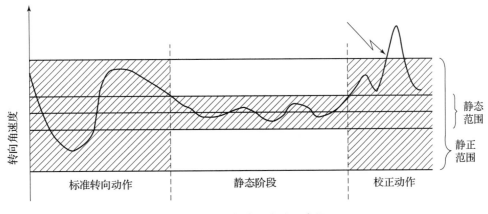

图 6-9 疲劳检测方法示意图

当驾驶员清醒时，总是以一个较小的幅度操纵方向盘；而当驾驶员疲劳时，总是不断地短时中断操控。因此，当驾驶员疲劳时首先会握着方向盘不动，之后又会迅速大幅度地校正方向盘。当这样的中断驾控经常出现时就意味着疲劳程度在增加。

4. 跑偏补偿

跑偏是汽车使用过程中的常见故障之一，严重时可导致安全事故。EPS 控制系统通过对行驶工况的辨识，由助力电机提供纠正跑偏的补偿力矩，保证驾驶员在中位附近感受到的力矩很小，防止汽车跑偏。导致汽车跑偏的工况有很多种，如车辆行驶在拱形路面上、车辆受到侧风作用、悬架系统安装左右不对称等，对工况的有效识别是跑偏补偿的难点。

5. 路面震颤抑制

在车辆运动过程中，在驾驶员的手上能够感受到各种各样的路面震颤噪声，其中一个比较典型的噪声的频率是与轮速正相关的。路面震颤抑制算法检测轮速信号，同时对方向盘力矩中与轮速频率正相关的频率特征进行提取后，在最终施加给电机的力矩中减掉这一频率特征信号与路面震颤进行抵消，从而达到抑制的目的。

6. 与 ADAS 及无人驾驶相关的主动转向

EPS 系统增加方向盘转角传感器，接收其他系统发出的角度命令，实现方向盘转角闭环控制功能，以位置环 – 速度环 – 电流环三环控制的形式实现角度伺服功能。主动转向控制的难点是如何在各种各样的汽车行驶工况下做到转向的平顺、准确、快速。主动转向功能是实现自动泊车、车道保持、应急紧急转向、无人驾驶等功能的前提。

主动转向控制中的关键技术包括：①高精度转向角控制，控制系统下达转向指令时，会根据路面状况、车辆状况等信息，进行高精度操作；②方向盘把持/放手检测（Hands On Detection），通过 EPS 扭矩传感器和角度传感器，检测驾驶者的手是否把持方向盘；③方向盘控制权限转移技术，通过传感器检测驾驶者的操作意图，使自动和手动驾驶之间的过渡无缝切换；④系统冗余技术，在主系统失灵的情况下可以快速启动并掌控汽车的行驶，这对于无人驾驶汽车的安全来说至关重要。

表 6 – 2 为某无人驾驶系统对 EPS 主动转向功能提出的性能要求，其中涉及的相关参数的定义见图 6 – 10 及备注。

备注：

（a）目标角度 θ_{target} 是指通过 CAN 总线发送的转角指令；

（b）目标转动角速度 θ'_{target} 是指通过 CAN 总线发送的转动角速度指令；

（c）实际反馈角度 θ_{real} 是指方向盘（或转向传动装置上）安装的转角传感器测量并反馈的方向盘转动角度；

（d）最大超调角 $\Delta\theta_1$ 是指方向盘转动过程中实际反馈角度超过目标角度的最大角度值；

（e）最大角度误差 $\Delta\theta_2$ 是指方向盘转动实际角度达到目标角度时允许存在的最大误差；

（f）转动响应延迟时间 ΔT_1 是指开始发出目标角度指令的时刻到接收到实际反馈角度开始产生变化的时刻之间的时间差；

（g）转动执行时间 ΔT_2 是指实际反馈角度开始产生变化的时刻与反馈角度第一次达到目标角度时刻之间的时间差；

（h）超调时间 ΔT_3 是指反馈角度第一次达到目标角度时刻与反馈角度第一次达到最大角度误差要求时刻之间的时间差。

表 6-2 主动转向性能要求

功能	信号	描述	性能要求	信号分辨率	指令周期	响应延时
转向控制	使能	总线控制转向系统从人工驾驶状态切换到自动驾驶状态的标志位。横向使能与纵向使能需要分开控制	—	—	≤20 ms	≤100 ms
	目标方向盘转角	总线控制转向系统转动的目标角度（°）	最大转动角度设置范围 θ_{MAX}：视车而定 最大超调角 $\Delta\theta_1$： [0, 6]：0.6； (6, 66]：$\min[2, \theta_{target} \times 10\%]$； (66, θ_{MAX}]：$\min[3, \theta_{target} \times 3\%]$； 最大角度误差 $\Delta\theta_2$：0.6° 转动执行时间 ΔT_2：$\mathrm{Max}(200, 1.25 \times \theta_{target}/\theta'_{target})$ ms 超调时间 ΔT_3：<200 ms	1°		
	目标方向盘转速	总线控制转向系统的目标转动速度 [(°)/s]	转动速率设置范围 θ_{target}：0~500°/s	1°/s		
	方向盘转角	方向盘转角（°）	—	0.1°		
	方向盘转速	方向盘转动速度 [(°)/s]	—	1°/s		
转向反馈	转向驾驶模式	转向系统的驾驶模式信息，建议至少提供三种模式：自行驾驶，手动驾驶，被人工接管	—	—		

续表

功能	信号	描述	性能要求	信号分辨率	指令周期	响应延时
转向反馈	(可选择)车体-牵引厢相对角度	铰接处相对转角(°)	最大转动角度设置范围 θ_{MAX}: 视车而定； 最大超调角 $\Delta\theta_1$: [0, 6]: 0.6; (6, 66]: $\min[2, \theta_{target}\times 10\%]$; (66, θ_{MAX}]: $\min[3, \theta_{target}\times 3\%]$; 最大角度误差 $\Delta\theta_2$: 0.6° 转动执行时间 ΔT_2: $\mathrm{Max}(200, 1.25\times \theta_{target}/\theta'_{target})$ ms; 超调时间 ΔT_3: <200 ms	1°	≤20 ms	≤100 ms
	故障信息	转向系统的故障信息	—	—		
人工接管	方向盘扭矩门限	当驾驶员施加在方向盘上的扭矩超过该门限值(比如2~4 N·m)且达到一定时间后,转向控制切换到人工驾驶模式,退出线控转向自动驾驶模式。当转向自动驾驶模式接管时,所有模块都退出自动驾驶模式				
越界处理	越界拒绝执行,并退出自动驾驶模式	当目标转角超过指定的限制,忽略目标转角的数据,并退出自动驾驶模式,如果不能退出自动驾驶模式,需要给出越界的警告				

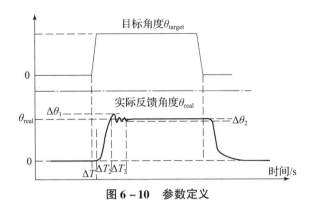

图 6-10　参数定义

7. 线控转向

线控转向系统最显著的特征为去掉了传统转向系统中从方向盘到转向执行器间的机械连接，由路感反馈总成、转向执行总成、控制器以及相关传感器组成，如图 6-11 所示。

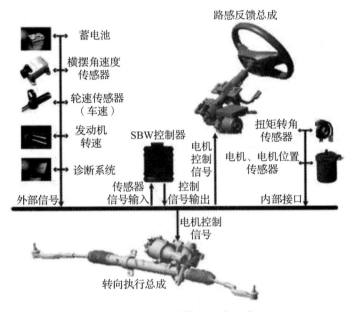

图 6-11　线控转向系统组成

路感反馈总成主要包括转向盘、路感电机、减速器和扭矩转角传感器，功能是驱动路感电机实现控制器给出的反馈力矩指令，对驾驶员施加合适的路感。

转向执行总成主要由转向电机、转向器和转向拉杆等部件组成，转向电机一般为永磁同步直流电机，转向器多为齿轮齿条结构或者循环球式结构。该部分工作原理为驱动转向电机快速、准确地执行控制器给出的转向角指令，实现车辆的转向功能。

线控转向控制器的功能包括路感反馈控制策略和线控转向执行控制策略。路感反馈控制策略根据驾驶意图、车辆状况与路况，过滤不必要的振动，实时输出路感反馈力矩指令。线控转向执行控制策略依据车辆运动控制准则，提供良好的操纵稳定性，实时输出车轮转向角指令。考虑到可靠性，保证车辆在任何工况下均不失去转向能力，线控转向执行控制的冗余防错功能至关重要。

第三节 （半）主动悬架

一、系统组成

乘坐舒适性和操纵稳定性始终是汽车设计和使用时需要考虑的重要品质，它也是影响顾客购买汽车欲望的重要指标之一。悬架是现代汽车上的重要总成之一，其在传递力和力矩、缓和路面冲击载荷、衰减振动、保证汽车行驶平顺性和操纵稳定性方面起到极其重要的作用。电子控制的主动（半主动）悬架的出现不仅能很好地提高汽车行驶性能，而且能更好地保持车厢姿态，减小侧倾、纵倾。

电子控制主动悬架是以作动器代替被动悬架中的弹簧和阻尼减振器，利用电子控制系统实时根据汽车的行驶状态自动调节悬架系统的阻尼和刚度，来实现车辆最佳的行驶性能。通常，悬架系统中刚度和阻尼均能根据车辆行驶工况由电子控制系统进行自适应调节的主动悬架称为全主动悬架，仅阻尼可调而刚度不可调的主动悬架称为半主动悬架。主动悬架在发展过程中，实现悬架阻尼调节的结构比刚度调节要简单，系统成本也更低，因此半主动悬架在汽车上的普及率高，但全主动悬架可以获得更佳的性能，这使其在豪华轿车上的应用越来越广泛。

一种电子控制的全主动悬架系统组成如图6-12所示。

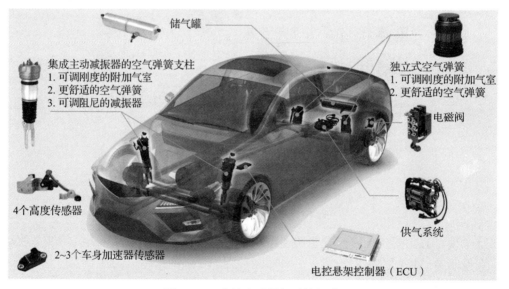

图6-12 电控主动悬架系统组成

电子控制主动悬架系统主要由电控悬架控制器、车身高度传感器、车身加速度传感器、可调阻尼减振器、空气弹簧及空气供给系统组成。其中空气供给系统又包括电控空气压缩机、电磁阀、储气罐等。

1. 电子控制系统

主动悬架的电子控制系统电气原理框图如图6-13所示。主动悬架ECU通过车载CAN总线获得方向盘角度、车速、发动机扭矩和转速、制动等车辆状态信息，并实时采集车身加速度传感器、车身高度传感器、压力传感器、温度传感器等信号，经过运算后输出控制信号分别控制 4 个空气弹簧压力调节阀和 4 个减振器阻尼调节阀，实现悬架刚度和阻尼的动态调节，使车辆获得最佳的悬架特性。

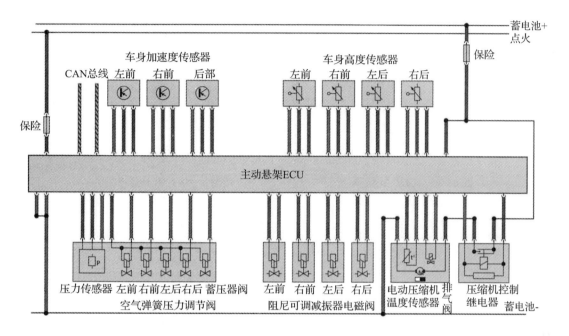

图 6-13　主动悬架电子控制系统电气原理框图

2. 可调阻尼减振器

减振器自诞生以来，从最初干式摩擦减振器、不可调液压减振器，逐步发展出应用电磁阀等方式来调节阻尼的可调液压减振器，以及当前广泛用于主动悬架的磁流变、电流变可调阻尼液压减振器。传统减振器与可调阻尼减振器的阻尼特性对比如图 6-14 所示。

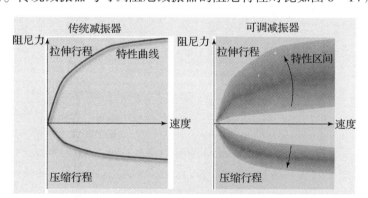

图 6-14　传统减振器与可调阻尼减振器特性对比

悬架电子控制系统可以采用两种方式对液压减振器的阻尼进行自动调节：一是改变节流阀流通面积，如图 6-15 所示为德国采埃孚公司 CDC（Continuous Damping Control，连续可变阻尼控制）减振器；二是改变液体黏度，如图 6-16 所示为京西重工公司的磁流变减振器。

图 6-15 CDC 减振器

（a）阀内置；（b）阀外置

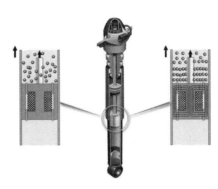

图 6-16 磁流变减振器

CDC 减振器通过改变减振器电子控制节流阀的工作液通流面积来改变阻尼系数，通电时电磁线圈导通，促使阀芯发生位移，油液的流道发生改变，节流面积变化，进而实现阻尼力调节。电磁线圈的电流不同，则阀芯位置不同而导致节流口开度不同，进而产生不同的阻尼力。其内部结构和阻尼力曲线如图 6-17 所示。理论上在能实现的调节范围内，CDC 具有多种阻尼力曲线。电控节流阀的响应速度和执行动作的准确度是影响主动悬架性能的关键。

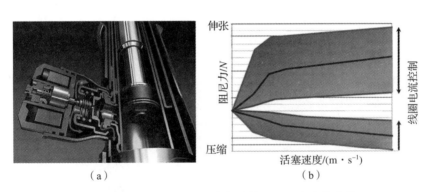

图 6-17 CDC 减振器的内部结构及阻尼力变化曲线

（a）内部结构；（b）阻尼力变化曲线

电流变和磁流变减振器是一种电控流体型变阻尼减振器，其工作原理是利用液体的电流变和磁流变特性，通过改变电场和磁场的强度改变液体的黏度。图 6-18 为磁流变减振器的工作原理，电磁线圈中没有电流流过时，减振器油内的磁悬浮微粒呈杂乱无序状态，彼此之间没有力的作用。在活塞运动时，这些微粒与油液一同被从活塞孔压出。这时的阻尼力相对较低，该力取决于减振器油的基本黏度值。电磁线圈中有电流流过时，微粒会按照磁场的磁力线方向排列。特别是活塞孔内聚集了一长串微粒。这就提高了油液与孔壁的摩擦力，因而也就提高了流变压力和阻尼力，调节线圈的电流就可以调节减振器的阻尼力。这种方法的一个显著特性就是响应速度快，故可以有很宽的频率响应范围。

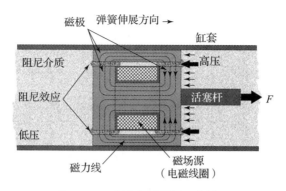

图 6-18 磁流变减振器工作原理

磁流变减振器相比传统的可变阻尼减振器具有诸多优势,首先它省去了电磁阀等多余的活动件,相对而言可靠性和耐久性更好,而且相比使用阀体机构的可变阻尼减振器,磁流变减振器的阻尼调整是无噪声的。

同时,磁流变技术相比具有更宽的阻尼变化范围,在减振器活塞以很低的速度运行时,就可以提供很高的阻尼力,而且其压缩和回弹的阻尼变化范围是对称的,相比之下,大多数依靠阀体来控制减振器阻尼变化的技术在对称性或变化范围上都不及磁流变减振器理想。

3. 空气弹簧及空气供给系统

空气弹簧有比较理想的非线性弹性特征,空气弹簧的单位质量储能量比较大,而空气弹簧本身的质量比较小,因而簧下质量小。另外空气弹簧工作时几乎没有噪声,对高频振动的吸收和隔声性能均良好。再加上强度较高、使用寿命长等优点,于是成了乘用车上电控主动悬架的最佳选择。

主动悬架的空气供给系统由电机、压缩机、干燥器、电磁阀体总成、温度传感器和安装支架组成,如图 6-19 所示。空气供给系统的气动控制回路如图 6-20 所示,其中 12、13、14、15 四个电磁阀用于悬架刚度调节,由悬架控制单元控制分别调节四个悬架支柱空气弹簧内气囊的气压。

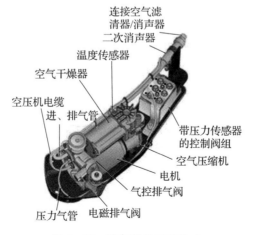

图 6-19 空气供给系统总成

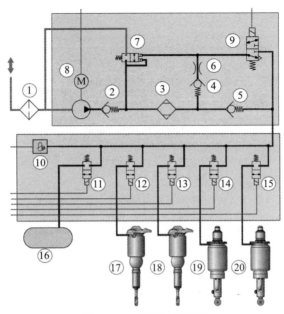

图 6-20 气压控制回路

1—辅助消音器；2，4，5—单向阀；3—空气干燥器；6—排气节流阀；7—气动排气阀；8—压缩机；9—电控排气阀；10—压力传感器；11—蓄压器阀；12—左前空气弹簧电磁阀；13—右前空气弹簧电磁阀；14—左后空气弹簧电磁阀；15—右后空气弹簧电磁阀；16—蓄压器；17—左前空气弹簧支柱；18—右前空气弹簧支柱；19—左后空气弹簧支柱；20—右后空气弹簧支柱

二、控制功能

以提高车辆乘坐舒适性和操纵稳定性为目标，对主动悬架提出的要求如下：吸收路面不平的影响，减少车身与车轴的振动；减小车轮跳动，保证转向及高速行驶时的稳定性及安全性；在各种行驶工况和载荷下保证车辆具备良好的车身姿态和车身高度。

要达到上述要求，主动悬架至少应具备的控制功能包括：路面识别、刚度阻尼自适应控制、车身姿态控制和车身高度控制。

1. 路面识别

路面识别是电子控制悬架进行主动控制的前提，考虑到悬架系统加速度信号具有便于安装采集、较高一致性以及直接反映振动强度的特点，基于加速度信号的路面识别得到了广泛应用。

路面识别的方法有两种，一种是根据加速度信号可以通过一定规则将路面分为几个等级，当车辆行驶在不同路面时，通过车身高度传感器、车身加速度传感器实时传输的加速度信号，在识别算法的运算下可以识别出对应路面，为后面的阻尼和刚度控制提供依据。这种方法实现起来比较简单，但需要进行大量的标定，标定的过程也较复杂。另一种是利用车辆动力学模型对路面激励的响应进行路面不平度识别，路面识别精度直接取决于系统模型精度。考虑到车辆悬架系统中存在明显的非线性与参数时变的特性，因而获得准确悬架模型难度相对较大，这也从一定程度上导致了在较大幅度激励的系统运动状态下，识别精度无法得到保证。

2. 刚度阻尼自适应控制

可根据驾驶员意愿、行驶路况等在一定区间内调节减振器阻尼和悬架刚度。以天棚控制为理论基础,识别出对应的悬架工作状态后,结合行驶路面等级、车速,分级标定出阻尼力的 MAP。有的低成本系统,比如节省后轴传感器,还需要根据轴距、车速、前轴工况计算预测后轴工况,作为对后轴减振器施加阻尼力的参考。

刚度阻尼自适应控制的控制方法选择比较多,其中最基本的控制方法是开关控制(也称为阈值控制)。其基本思路是先通过试验标定出一个触发阈值,达到触发条件就施加阻尼力,未达到不触发。所施加阻尼力的大小,结合加速或制动信号的强度、车速综合进行分级标定,不同等级施加不同的力,以达到最佳控制效果。

3. 车身姿态控制

对车身姿态的控制主要包括转弯行驶、车辆起步和车辆制动这三种典型工况。通过施加主动控制,可以避免车身运动,从而可以改善行驶舒适性和行驶稳定性。

车辆在行驶过程中转弯时,其外侧车轮由于车身所受的离心作用而承受很大的载荷,但内侧车轮的载荷却减轻了。如果外侧车轮减振器在压缩时的阻尼力提高了而内侧车轮减振器在伸长时的阻尼力提高了,那么就可以抵制车身的摆动。车辆在突然起步时,由于惯性作用,车身在前桥上会升起,在后桥上则会下沉。通过提高后桥减振器在压缩时的阻尼力并提高前桥减振器在伸长时的阻尼力,就可以抵消车身的这种运动。车辆在制动过程中,车身在前桥上是下沉的,在后桥上则是升起的。因而提高前桥减振器在压缩时的阻尼力并提高后桥减振器在伸长时的阻尼力,就可以抵消车身的这种运动。

4. 车身高度控制

可根据车辆行驶速度和驾驶员意图调节车身高度,具有手动和自动模式。为了保证行车安全,车身高度的调节与车辆载荷、车速及方向盘转角相关,在转弯时,将自动终止高度调节过程,转弯结束后又接着进行调节。车辆是否在转弯可根据方向盘角传感器和横向加速度传感器的信号来判断。一种主动悬架的高度调节过程如图 6-21 所示。

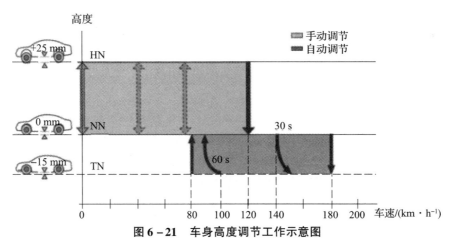

图 6-21 车身高度调节工作示意图

三、动力学模型

对于具有 4 个自由度的双轴汽车振动模型,当悬架质量分配系数的数值近似为 1 时,前后悬架系统的垂直振动可以看作是独立的。在这样的条件下，悬架模型可以简化为图 6-22 所示的车身与车轮两个自由度的 1/4 车辆模型。在图 6-22 中，m_2 为等效车身质量（簧载质量）；m_1 为等效车轮质量（非簧载质量）；k 为悬架弹簧刚度；c_s 为半主动悬架的可变阻尼系数；k_t 为轮胎刚度。此处，忽略了轮胎的阻尼。

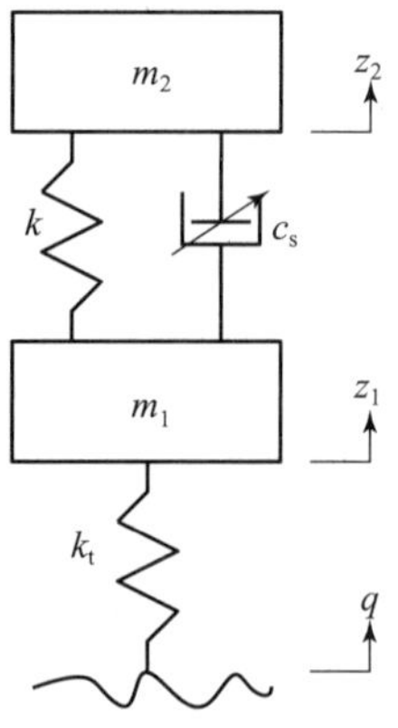

定义 q 为路面不平度输入，车轮和车身垂直位移分别为 z_1 和 z_2，如果把坐标原点选择在悬架的平衡位置，则双质量系统的运动方程为：

$$\begin{cases} m_2\ddot{z}_2(t) = -k[z_2(t)-z_1(t)] - c_s[\dot{z}_2(t)-\dot{z}_1(t)] \\ m_1\ddot{z}_1(t) = k[z_2(t)-z_1(t)] + c_s[\dot{z}_2(t)-\dot{z}_1(t)] - k_t[z_1(t)-q(t)] \end{cases} \quad (6-6)$$

图 6-22 1/4 车辆主动悬架模型

式（6-6）中 $\dot{z}_1(t)$ 和 $\dot{z}_2(t)$ 分别代表车轮和车身垂直运动速度，$\ddot{z}_1(t)$ 和 $\ddot{z}_2(t)$ 则分别代表车轮和车身垂直运动加速度。

对式（6-6）进行拉氏变换可得频域表达式：

$$\begin{cases} m_2 s^2 z_2(s) = -k(z_2(s)-z_1(s)) - c_s s(z_2(s)-z_1(s)) \\ m_1 s^2 z_1(s) = k(z_2(s)-z_1(s)) + c_s s(z_2(s)-z_1(s)) - k_t(z_1(s)-q(s)) \end{cases} \quad (6-7)$$

如果分别取 4 个状态变量为：悬架动挠度 $x_1(t)=z_2(t)-z_1(t)$、车身质量绝对速度 $x_2(t)=\dot{z}_2(t)$、车轮动行程 $x_3(t)=z_1(t)-q(t)$、车轮质量绝对速度 $x_4(t)=\dot{z}_1(t)$，则由式 (6-6) 可推导出 1/4 车辆悬架模型的状态方程表达式为：

$$\begin{bmatrix} \dot{x}_1(t) \\ \dot{x}_2(t) \\ \dot{x}_3(t) \\ \dot{x}_4(t) \end{bmatrix} = \begin{bmatrix} 0 & 1 & 0 & -1 \\ -\dfrac{k}{m_2} & -\dfrac{c_s}{m_2} & 0 & \dfrac{c_s}{m_2} \\ 0 & 0 & 0 & 1 \\ \dfrac{k}{m_1} & \dfrac{c_s}{m_1} & -\dfrac{k_t}{m_1} & -\dfrac{c_s}{m_1} \end{bmatrix} \begin{bmatrix} x_1(t) \\ x_2(t) \\ x_3(t) \\ x_4(t) \end{bmatrix} + \begin{bmatrix} 0 \\ 0 \\ -1 \\ 0 \end{bmatrix} \dot{q}(t) \quad (6-8)$$

四、控制算法

汽车悬架的作用是最大限度地增加轮胎与地面之间的摩擦力，提供良好的操纵稳定性，衰减外部激励引起的振动以提高舒适性。

由于车辆可控悬架系统具有对象模型便于建立（最简单的对象模型为二自由度单轮车辆线性模型）以及可研究范围广阔（实际系统包括非线性、不确定性以及状态相关约束）的特征，因而应用于汽车主动悬架控制的控制算法很多，几乎涉及控制理论的所有分支，且随着控制理论的发展，越来越多的新方法开始被应用于可控悬架系统控制中。

Karnopp 最初提出的天棚（Skyhook）控制方法简单、效果明显，因而在悬架控制中占据重要地位并衍生出多种类型。随着控制技术及计算机技术的发展，一些新型的控制方法像模糊控制也逐步应用于悬架控制。近年随着鲁棒控制理论的发展，H_∞ 控制在悬架中的应用也逐渐广泛，H_∞ 控制可使车辆悬架控制系统具有较强的适应不确定因素影响的能力。

1. 天棚控制

天棚控制是半主动悬架控制中的一种非常有效的控制方法，其控制规律简单、不需要复杂的全状态反馈、控制效果明显,因而非常广泛地应用于半主动悬架的工程化产品中。天棚控制的本质是一种速度反馈控制,即假定阻尼位于簧载质量和惯性空间的静止点之间,而不是位于簧载质量和路面之间。即悬架系统天棚阻尼力表示为:

$$F_{sky} = -c_{sky}\dot{z}_2 \qquad (6-9)$$

式中,F_{sky} 为天棚控制器提供的阻尼力,其方向始终与簧载质量的速度方向相反;c_{sky} 为天棚阻尼系数;$\dot{z}_2$ 为簧载质量的绝对速度。

天棚控制的特点是可控阻尼力只对簧载质量 m_2 产生与其运动方向相反的阻尼,它可以有效抑制簧载质量的振动。实际上由于簧载质量不可能连接在惯性空间静止点,因此式(6-9)表示的控制方法往往会对非簧载质量 m_1 的运动非常不利,这时需要采用改进的天棚控制策略。

在设计天棚阻尼的控制器时,如果簧载质量和非簧载质量之间的阻尼力 F_{sky} 采用一个不变的被动阻尼 c 加上一个可控制的阻尼力 F_v 的形式可以获得令人满意的悬架性能。被动阻尼 c 不进行调节,而可控制的阻尼力 F_v 由控制器进行主动调节,如式(6-10)所示:

$$F_{sky} = -c[\dot{z}_2(t) - \dot{z}_1(t)] + F_v \qquad (6-10)$$

如果取 α 为常数、$c = c_{sky}$ 及 $F_v = -(1-\alpha)c_{sky}\dot{z}_1(t)$,代入式(6-10),可以得到:

$$F_{sky} = -c_{sky}[\dot{z}_2(t) - \dot{z}_1(t)] - (1-\alpha)c_{sky}\dot{z}_1(t) = -c_{sky}\dot{z}_2(t) + \alpha c_{sky}\dot{z}_1(t) \qquad (6-11)$$

这样半主动控制力 F_{sky} 就可以采用只包含簧载质量和非簧载质量的速度项的表达式。

2. 模糊控制

模糊控制是以模糊数学为基础,以模糊推理、模糊判决为主要决策手段的模仿人类大脑思维过程的一种智能控制方法。特别是对一类复杂的难以数学建模的系统控制问题具有一定的优势。汽车主动悬架系统是一个复杂的非线性系统,其数学模型相当复杂,采用已有的常规的控制理论很难达到好的控制效果。而模糊控制系统不需要建立系统精确的数学模型,可以避免因系统建模误差带来的影响,从而取得较好的控制效果。模糊控制应用于车辆的主动悬架设计始于20世纪90年代初,大多以简单的车辆悬架模型为基础,从理论角度考察控制算法的有效性,且正被投以越来越多的关注。

3. 鲁棒控制

悬架在工作过程中受到的路面激励可以看作是类似"白噪声"的随机扰动,而控制系统的控制目标就是抑制振动扰动对悬架性能的影响。以状态空间模型为对象并结合随机信号卡尔曼滤波技术所提出的线性二次型高斯(LQG)控制,由于能较好地处理以"白噪声"为输入的控制系统问题而很早便在主动悬架系统的控制中得到了应用。但LQG控制设计出的控制器稳定裕量较小,其最优性指标往往取决于加权矩阵的选择,而加权矩阵的选择没有解析方法,因此造成这样的最优事实上完全是人为的,得出的最优解也没有意义。近年发展起来的 H_∞ 鲁棒控制更趋于理论化,计算也较复杂,但其控制形式比较规范、利用计算机可以直接求解等优点使其在悬架控制中的应用越来越广泛。

在设计悬架的 H_∞ 控制器时,希望在低频(车身固有频率)区域能提供良好的舒适性和安全性指标,而在高频(车轮固有频率)区域保证悬架的各项性能不恶化。在对主动悬架进行 H_∞ 控制器设计时,有些状态在实际的车辆悬架上通过传感器难以直接测量,从而限制了其实际工程应用。目前在实际车辆上的主动悬架中,通常直接通过传感器进行测量的两个信号是车身位移和车轮位移,因此 H_∞ 控制器仅使用悬架动挠度(车身位移和车轮位移之差）进行反馈。

第四节 电子液压制动（EHB）系统

一、概述

线控制动（Brake-by-Wire）系统的概念于 20 世纪 80 年代末开始提出，核心思路在于取消真空助力器，利用电机等执行机构来建压，人力不再作为制动系统的唯一动力源，同时设计踏板模拟器模拟制动时的踏板感觉。它具有踏板感觉可调、制动力主动调节、制动建压速率快、结构集成度高等特点，完美符合新能源汽车和智能车辆的功能需求。线控制动系统按照制动力的传递介质不同分为两类：电子液压制动（Electro Hydraulic Brake，EHB）和电子机械制动（Electro Mechanical Brake，EMB）。EHB 系统则保留液压管路，以电动压力源取代真空助力装置，硬件改动较小，既保有传统制动系统的优势，又具备线控制动在控制上的优点，相对较低的研发成本使其成为当前汽车制动系统的主要发展方向。

相较于 EHB 而言，EMB 的结构完全摒弃制动液和管路，其"线控化"程度更为彻底，随之而来的优势则很明显：①无制动液的消耗和泄漏，全部为可回收零件，兼顾环保和可靠性。②没有制动管路的机械连接，结构简洁，因而降低了维修和装配难度。③分布式的布局更利于每个车轮制动力的精确控制，相较于流动的制动液，电信号传递更加迅速，执行器的快速响应特性配合 ABS/ESP 等安全功能，可谓如虎添翼。但 EMB 的缺点也十分明显，极高的执行器性能需求和控制难度是当前制约其发展的主要因素：①电机作为压力源，因具备足够的力矩、极佳的动态响应性能和较小的体积；②不同于制动液良好的吸振性能，EMB 中电机、减速机构和推杆等机械部件频繁高负荷输出的同时，长年累月承受来自车身、车轮以及制动器的各种振动冲击，若要保证耐用性和可靠性，设计难度和材料标准将大幅提高。此外，EMB 还要解决车载 42 V 电源、容错性、成本等诸多关键问题，要进行大规模的产业化还有很长的路要走。

博世公司于 20 世纪 90 年代提出了 Brake 2000 计划，并在 1996 年开发出第一款 EHB 系统进行装车试验，从 2002 年开始这套名为 SBC 的制动系统装备于奔驰车上。SBC 系统以电机泵为主动压力源，利用高压蓄能器提供恒定压力，通过调节电磁阀的工作状态实现制动压力调节。虽然受到蓄能器、电机等执行机构可靠性不足等问题的制约发展一度受到阻碍，但这也为之后 EHB 系统的发展提供了重要参考。1997 年，丰田公司在混合动力汽车 Prius 上装配了名为 ECB（Electronic Controlled Braking）的制动系统，其基本工作原理与 SBC 系统类似，即泵电机配合高压蓄能器的模式。ECB 系统至今已更新五代产品，但依靠蓄能器储压建压的核心思路没有改变，是目前较为成功的量产 EHB 系统。

2010 年前后，随着新能源汽车的发展，EHB 又迎来新一轮的技术热潮，国外一些零部件供应商推出了新一代的 EHB 产品方案，即无刷电机配合减速机构的模式，直接通过电机驱动直线运动机构推动主缸建压。新的 EHB 方案摒弃了柱塞泵、高压蓄能器及其控制阀系，避免了存在泄漏风险，从成本和可靠性上更进了一步。

博世公司先后发布了两代 iBooster 系统，其中第一代以蜗轮蜗杆作为减速机构（图 6-23），第二代采用滚珠丝杠式。同时，iBooster 系统由电机和反力弹簧共同作用主缸推杆，并通过推杆反馈到踏板上决定制动过程中的踏板感。iBooster 的工作原理是首先根据制动踏板行程计算出电机目标扭矩，再由二级齿轮减速机构作用到主缸，从而转化为制动过程的液压力。此外，iBooster 可配合 ABS/ESP 系统组合使用，实现 0.3g 减速度以下的制动能量回收。

图 6-23　博世公司第一代 iBooster 系统

德国大陆公司在 2011 年公布了 EHB 产品——MK-C1（图 6-24（a）），并于 2016 年在阿尔法罗密欧车型上进入量产装车阶段。MK-C1 主要是由 4 部分组成：踏板模拟器、主动建压单元、液压控制单元和模式切换单元。踏板模拟器主要提供驾驶员制动时的踏板感觉；主动建压单元由电机和减速机构组成，减速机构采用了滚珠丝杠机构。液压控制单元由 8 个电磁阀以及相关传感器组成，主要有位移传感器、压力传感器和转角传感器等；模式切换单元主要由 2 个独立的电磁阀组成。相比于博世 iBooster，MK-C1 属于集成度更高的 One-box 形式，用一套制动系统可同时实现主动制动、防抱死制动、车身稳定性控制以及制动能量回收等功能。类似的 EHB 产品还有德国 ZF/TRW 公司的 IBC 系统（图 6-24（b）），不同于 MK-C1 的是 IBC 系统采用踏板感觉可调的主动式模拟器，而 MK-C1 采用的是弹簧式被动模拟器。IBC 系统的控制单元通过转速传感器获得无刷电机的转速和位置信息，最快能在 150 ms 内实现 1g 的制动强度。如图 6-24 所示。

（a）　　　　　　　　　　　　　（b）

图 6-24　EHB 系统方案

（a）MK-C1 系统；（b）IBC 系统

日本日立公司推出的 e-Actuator 采用直线电机+助力输出元件（滚珠丝杠）来给主缸助力（图 6-25），电机能够对助力器动作进行精确控制，螺母与电机的转子固接在一起，通过转子旋转带动螺母转动，经滚珠传力给丝杠。该系统有三段弹簧，踏板推杆处有两段弹簧，直径稍大的弹簧是卡在丝杠的左端面，直径较小的是反力维持用弹簧。e – Actuator 系统的 ECU 和 HCU 同时集成在电机的外表面上，而且体积也显得更大，该系统相对于传统制动系统长度更短。

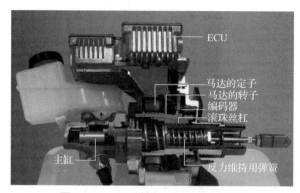

图 6 – 25　日立的 e – Actuator 系统

综上所述，EHB 系统的分类，从制动压力产生的机理出发可分为"变流量"和"变体积"的方式。前者以丰田的 ECB 系统为代表，采用泵电机配合蓄能器结构，控制方法相对容易；而后者以 iBooster、MK – C1 为代表，采用无刷电机 + 减速机构结构，具有更高能量转换效率。从 EHB 与 ABS、ESP 甚至 EPB 系统的集成度来分，可分为 One – box 和 Two – box 方案，前者以结构更为紧凑的 MK – C1 为代表，后者以 iBooster 为代表，仍然需要串联 ABS/ESP 系统。从踏板感觉的实现方式看，EHB 又可以分为解耦型和非解耦型两种，前者需要额外加装踏板模拟器，如 MK – C1，加装后液压回路被分隔为高压的制动主缸和低压的踏板模拟器两个并联回路；后者以 iBooster 为代表，在主缸与制动踏板之间仍然直接有力地传递，制动踏板感觉的模拟也更为复杂。

二、系统组成

如图 6 – 26 所示，EHB 系统共分成 4 大部分：制动踏板单元、液压驱动单元、制动执行单元、控制系统。

制动踏板单元包括制动踏板、踏板模拟器等，负责为驾驶员提供合适的制动踏板感觉，同时获取驾驶员意图。

液压驱动单元包括"无刷电机 + 减速机构""电机泵 + 高压蓄能器"等形式。"电动机 + 减速机构"负责将电机输出的力矩转化成直线运动机构上的推力从而推动主缸产生相应的液压力。由于汽车制动主缸最高建压需求往往超过 15 MPa，因此在采用电机作为液压动力源的 EHB 系统中，一般需要加装减速增扭机构（如蜗轮蜗杆、齿轮齿条、滚珠丝杠等），以增大电机的最大输出转矩，减小电机体积，节约成本。"电机泵 + 高压蓄能器"通过维持高压蓄能器的高压能量来提供主缸液压力或轮缸制动力以实现主动调节。该系统通过制动踏板单元获取制动驾驶意图从而向整车控制器发送指令，以控制高压蓄能器、电磁阀和电机泵产生相应的液压力；当高压蓄能器内压力不足时，电机泵将对高压蓄能器增压。

制动执行单元包括主缸、液压管路、轮缸等。这些机构跟传统制动系统的结构保持一致，将推动主缸的推力转化成制动器的液压力，最后通过摩擦力作用在制动盘上产生相应的制动力矩。通常 EHB 系统为保证备用制动时的制动强度，所设计的主缸容积相对更小。

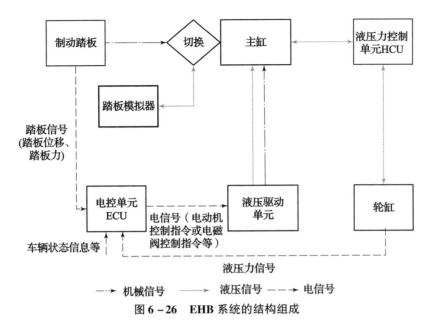

图 6-26 EHB 系统的结构组成

控制系统包括电控单元 ECU、液压力控制单元 HCU、压力传感器、踏板位移传感器等。其中，HCU 用以精确调节轮缸的制动压力。压力传感器作为反馈单元将主缸和轮缸中的制动压力实时反馈到电控单元里，用作控制算法的输入量。踏板位移传感器用来检测驾驶员的踏板信号，从而获得驾驶员意图。

良好的踏板感觉是制动系统设计中必须考虑的部分。较差的踏板感觉会使驾驶员的制动心理预期与实际感觉不符，导致驾驶员的操控信心和舒适性降低。而保证踏板感觉一致性的关键是使每次制动过程，在踏板力、踏板位移和主缸压力三者中，两两呈固定的对应关系。传统汽车制动系统的踏板感觉主要由先验设计的硬件参数如真空助力器、制动管路、制动器等决定，通常可在"软"和"硬"之间进行标定。一组典型的踏板力-主缸压力曲线如图 6-27 所示，呈现明显的三段式曲线，并且踩下和松开踏板时的特性不完全一致。图中第一段表示踏板刚踩下，需要克服空行程和阀座弹簧的预紧力；第二段表示真空助力器开始起增力作用，此时的输出力快速增大；第三段表示达到真空助力器最大增力点后，完全由踏板力推动主缸活塞进行运动，因此斜率相比第二段明显下降。

为了模拟理想踏板力-踏板位移主缸压力曲线，EHB 系统在取消真空助力器后，踏板模拟器的设计显得十分重要，特别是对解耦型 EHB。图 6-28 展示了由复合弹簧模拟脚感的被动式踏板模拟器三维模型。通过 3 根弹簧在不同阶段的工作配合，改变弹簧的有效刚度，从而有效模拟理想踏板力-踏板位移曲线的三段式曲线。

三、控制策略

EHB 系统在功能上通常包括常规制动模式、备用制动模式和主动制动模式，同时需要满足快速建压和精准调压两个主要控制目标。下面以丰田公司的 ECB 系统为例，给出三种工作模式的具体实现方式。图 6-29 为 ECB 结构原理图，图 6-30 为 ECB 系统组成图。通过切换电机泵、高压蓄能器和电磁阀系的工作状态，ECB 系统实现常规制动、失效制动和主动制动等多种功能。

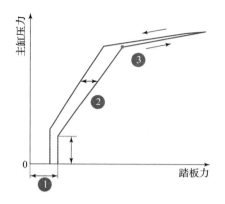

图 6-27 传统汽车的踏板力-主缸压力曲线

图 6-28 踏板模拟器三维模型

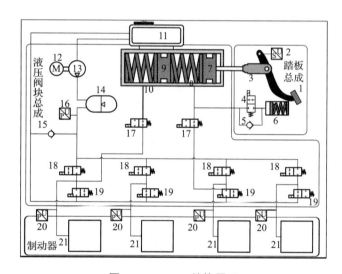

图 6-29 ECB 结构原理

1—制动踏板；2—制动踏板行程传感器；3—主缸推杆；4—踏板模拟器电磁阀；5—踏板模拟器溢流阀；
6—踏板模拟蓄能器；7—主缸第一活塞；8—主缸第一活塞回位弹簧；9—主缸第二活塞；
10—主缸第二活塞回位弹簧；11—制动液罐；12—直流电机；13—柱塞泵；
14—高压蓄能器；15—高压蓄能器溢流阀；16—高压蓄能器液压传感器；
17—主缸切断电磁阀；18—轮缸增压电磁阀；19—轮缸减压电磁阀；
20—轮缸压力传感器；21—制动卡钳

1) 常规制动：是 ECB 系统最常用的工作模式，用于绝大多数制动工况。驾驶员踩下制动踏板，ECU 根据位移传感器 2 的信号判断一次减速过程正式开始，踏板模拟器电磁阀 4 通电打开，此时主缸与踏板单元完成解耦，驾驶员踩踏动作与系统建压没有结构上的联系，通过踏板模拟器反馈给驾驶员制动脚感，以判断车辆行驶状态与主观制动需求是否一致。同时 ECU 发出指令使电机转动带动液压泵从储液罐泵油，油压充入高压蓄能器后作为稳定的压力源，同时切断电磁阀 17 关闭，四路增压电磁阀 18 同时打开。由于切换阀的通电打开，制动液由储液罐中的常压变为回路中的高压，促使各个轮缸中的活塞移动，使摩擦副受力接触产生制动。当驾驶员释放制动踏板时，四路增压电磁阀 18 同时关闭，四路减压电磁阀 19 同时打开，回路中的高压油自动向低压的油壶流动，完成泄压，制动踏板完全释放，所有执行器恢复常态，一次常规制动结束。

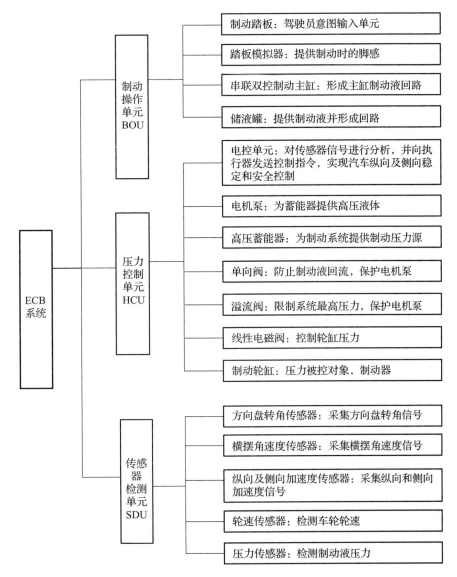

图 6-30　ECB 系统组成

此外，当高压蓄能器的制动液压力高于系统设定的阈值时，溢流阀打开，向储液罐泄压，直到蓄能器内的油压低于设定的最高压力阈值。此时蓄能器内充满高压制动液，作为制动系统的动力源，能够快速稳定地对轮缸进行建压。当 ECB 系统需要增压时，ECU 会发出控制信号对各轮缸的增压电磁阀和减压电磁阀进行控制，并时刻检测高压蓄能器内制动液的压力。如果压力小于设定的最低压力阈值，就会控制电机和液压泵对蓄能器进行补液。

2）失效制动：对于任何一种用于高速车辆的制动系统，在系统设计时都必须考虑应急制动功能，即在部分零部件失效的情况下，系统能保证车辆在安全距离内产生足够的制动效能实现停车。切断电磁阀 17 在 ECB 备用制动模式中扮演重要角色，当电机泵和所有电磁阀在内的执行机构均无法正常工作时，由于切断电磁阀 17 是常开阀，此时制动轮缸通过没有隔离的液压回路与制动主缸相连，直接依靠驾驶员的人力推动主缸活塞移动完成系统建压。由于缺少动力源，车辆实现制动时伴随糟糕的踏板感觉，失效制动是一种极力避免的非常规制动。

3）主动制动：在高主动安全性能要求下，一些以主动制动为基础的安全功能快速发展，甚至部分成为法规强制要求功能。在 ECB 中集成有 4 个增压阀和 4 个减压阀以实现主动制动模式，以防抱死功能为例，ECU 通过轮速传感器信号估计滑移率和车辆抱死情况，判断增压还是减压，电磁阀接到指令后完成相应动作。在增压阶段，减压电磁阀 19 处于关闭模式，4 个增压阀在 ECU 控制下控制开度大小，分别调节对应轮缸压力完成增压。在减压阶段，增压阀关闭，4 个减压阀在 ECU 控制下改变开度大小，分别调节对应轮缸压力，高压油沿着回路流回油壶，实现减压。同时压力传感器实时监测高压蓄能器的压力，当压力低于最低稳定值后，电机泵开始工作并向高压蓄能器中充液；当压力高于最大稳定值后，电机泵停止工作，高压蓄能器维持稳定压力。

EHB 系统控制的核心问题是液压力控制。液压力控制也是车辆稳定性控制系统和再生制动系统等中的关键技术，作为整车控制系统的最底层，其性能优劣是整车性能的重要一环。在液压力控制中，制动压力的超调量、上升时间和调节时间是评价控制器性能的主要指标。

EHB 系统的液压力控制分为主缸液压力控制和轮缸液压力控制。传统制动系统由于制动踏板与主缸活塞推杆之间的机械连接未解耦和真空助力器的非线性使主缸液压力难以精确控制。例如，在 ESC 系统中，电动机液压泵的能力和 HCU 的限制对控制效果有很大影响。此时如果能够对主缸液压力进行精确控制，会较大改善控制效果和提高车辆稳定性。

由此可见，传统制动系统不能满足要求，而 EHB 系统能够精确控制主缸液压力，即利用一定的控制算法计算出电机或电磁阀的控制指令，快速、稳定、准确地跟踪目标主缸液压力，从而满足制动系统的新要求。其中，液压驱动单元属于"无刷电机 + 减速机构"形式的 EHB 系统对主缸液压力控制的过程实际上是对无刷电机的控制过程，控制器输出为电机的命令电流或命令力矩。液压力产生的本质是对相同容量的液体压缩其体积。液压驱动单元属于"电机泵 + 高压蓄能器"形式的 EHB 系统对主缸液压力控制的过程是对电磁阀的控制过程，控制器输出为电磁阀的控制指令。液压力产生的本质是在恒定液压回路容积内增大液体流量。

对于"电机泵 + 高压蓄能器"形式的 EHB 系统，由于其物理结构形式主缸与轮缸的压力是解耦的，此时，作为动力源的高压蓄能器变为实质上的制动主缸，因此需要通过闭环控制算法将蓄能器压力控制在一定的范围内（如 13~15 MPa）。利用压力传感器监测蓄能器内部压力，当压力小于设定下限时，电机开启，带动柱塞泵工作，使蓄能器压力快速升高；当蓄能器压力升高到预先设定的理想压力范围的上限时，电机关闭，溢流阀开启，蓄能器内的压力减小。当压力再次减小至下限时，电机再次开启，蓄能器压力再次增加，如此循环往复。

对于"无刷电机 + 减速机构"形式的 EHB 系统，主缸液压力控制效果的直接判据是主缸液压力。其优点是观测容易，而且对制动系统的改造不大而易于实现，但由于液压系统压力 – 容积（PV）特性在低压工作点处存在死区，所以低压范围不能实现精确控制。如果辅以主缸活塞推杆位移为控制变量，可以解决上述以主缸液压力作为控制变量存在的问题，但主缸活塞推杆位移传感器不易布置且成本较高。对此，MK-C1 和 IBC 在电机内部安装转角传感器，以电机的转动角度为控制变量，实际上能够间接得到主缸活塞的推杆位移，从而对主缸液压力进行控制。

对比以上两种控制方法，在以主缸液压力为控制变量的闭环控制中，存在残留液压力问题，此时主缸活塞将不再动作而"滞留"在非零压处。虽然对于残留液压力的要求通常有一定容许量，但是如果主缸活塞一直滞留，那么制动系统将越来越"硬"从而影响正常工作。相反位移闭环控制没有主缸活塞"滞留"问题，但也存在不足：如果位移控制指令由一较大目标值变为零，此时主缸活塞回位时由于运动惯性可能出现超调，从而导致与壳体或其他部件撞击，产生工作噪声并影响零件寿命。因此，以主缸液压力和主缸活塞推杆位移为双控制变量的控制系统可以有效解决上述问题。其中，采用位移控制器能够快速建压并消除残留液压力；采用液压控制器能够确保目标压力的精确跟踪控制。

当行驶过程中汽车需要频繁制动或紧急制动，此时对液压力控制系统的动态响应性能要求较高，作为液压驱动单元的电机需要快速起动。因此，还可以在液压力控制算法中引入电流闭环反馈控制，保证电机的快速起动以快速建立压力。在以主缸液压力和电动机电流为双控制变量的控制闭环中，压力环的作用是保证稳态响应无静差，电流环的作用是在保证电机快速起动的同时，保持电机电流在动态过程中不超过允许值。

针对液压驱动单元为"电动机+减速机构"形式的 EHB 系统进行主缸液压力控制，大多数的控制算法是闭环反馈控制。将被控对象输出的实际值与期望的目标值进行对比，然后将二者的偏差经过控制器的处理后输送给执行器。而如何利用好二者偏差进行控制器的设计是这种控制算法设计的重中之重。当前多以 PID 控制算法对主缸液压力进行反馈控制。而基于双控制变量的 EHB 系统主要有两种控制算法：切换控制和串级控制。切换控制是一种多个控制器并联，但同一时刻只有一个控制器在工作的控制形式，在控制部分要有逻辑开关实现不同控制器的平滑切换。串级控制是一种串联控制形式，能够增强系统的鲁棒性，但首先要考虑所设计的控制系统的稳定性。其次，由于两种控制器的各方面性能有所不同，需要协调一致，因此内外环控制器不能独立设计，需要根据控制器的性能要求同时设计内外环控制器的参数。

轮缸液压力控制可以实现对每个车轮制动力的独立控制，以便满足差动制动的需要。其工作原理是接收由上层算法（制动防抱死控制算法、车辆稳定性控制算法、电液复合制动分配算法等）计算得到的轮缸目标压力，根据当前车轮所处的实际工作位置，结合电磁阀的工作特性以及包含制动管路和制动轮缸在内的 EHB 系统的压力特性，得到电磁阀的实际控制指令。同时不断监测当前轮缸实际压力和目标压力，以便及时调整电磁阀的控制指令和工作状态，使轮缸实际压力尽快地达到目标压力。当前多是以轮缸液压力为控制变量设计控制系统，普遍使用可靠性高的 PID 控制算法来设计轮缸压力控制器。一般将轮缸的目标制动压力与实际制动压力的差值作为 PID 控制器的输入，通过试验调节控制器的控制参数，输出为增/减压电磁阀的占空比控制信号，使轮缸实际压力跟随目标压力。由于汽车制动系统是一个复杂的非线性系统，采用传统 PID 控制算法进行轮缸压力控制时，系统响应及稳定性等并不理想，不能满足制动系统的要求，因此基于大量工程实践衍生出许多改进型 PID 控制方法。

下面以丰田公司的 ECB 系统为例介绍液压力控制方法，包括轮缸压力控制和蓄能器压力控制，如图 6-31 所示。在对蓄能器压力的闭环控制中，为防止电机启动对增压过程中轮缸压力的影响，蓄能器只在轮缸保压和减压过程中进行补液。而在轮缸压力跟随控制中，主要基于增量式 PID 控制算法。ECU 根据期望压力和实际压力的差值，设置不同的 PID 控制参数；并且当积分项达到某一阈值时对其及时进行清零，避免误差长时间累积导致控制量过大。此外，考虑到 ECU 需要在增压、减压、保压三种不同的状态下进行切换，所以每次切换都需要对增量式 PID 进行清零操作。

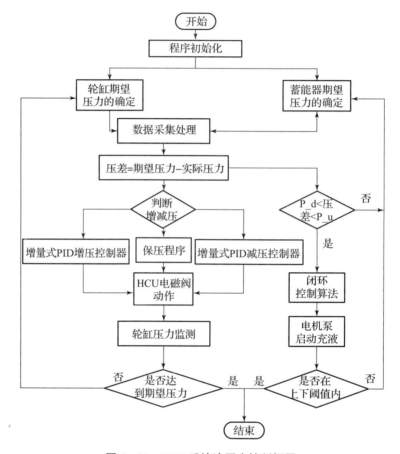

图 6-31 ECB 系统液压力控制框图

EHB 系统在常规制动下，期望制动压力通常是由踏板位移传感器确定的，制动踏板的位移信号反映了驾驶员的制动意图。因此，制定踏板相当于一个输入开关，用来把驾驶员的意图转化为电信号传递给 ECU，随后 ECU 通过控制相应的电磁阀和电机使得轮缸内的压力跟随驾驶员期望的制动压力。此时，在 ECU 内需要保存理想的 EHB 输入输出对应关系，通常以制动踏板的位移作为输入信号，以轮缸制动压力作为输出信号。同时，EHB 系统的输入输出关系是以传统制动系统的输入输出关系为依据，从而保证驾驶员对制动减速度的感知不存在明显的变化。采用 EHB 进行常规制动的台架测试结果如图 6-32 所示。

EHB 系统的性能指标主要包括：①最大制动建压能力 10~15 MPa，响应时间少于 200 ms；②良好的制动踏板感觉模拟；③失效备份能力：500 N 踏板力上制动减速度不小于 $0.25g$；④考虑前围板刚度，质量小于 6 kg；⑤满足空间约束，占用空间不大于真空助力器

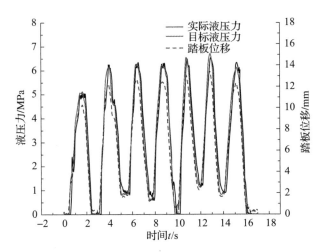

图 6-32 采用 EHB 进行常规制动的台架测试结果

且有通用的安装方式；⑥不低于真空助力器的耐用寿命；⑦工作环境温度：-40~105 ℃；防水等级大于 IP67。

对于 EHB 系统而言，制动主缸/轮缸内的液压力不再由人力提供（备用模式除外），而是由电机或蓄能器作为动力源，因此非常适合应用于无人驾驶汽车或新能源汽车。在主动制动模式下，期望的轮缸制动压力由上层算法而不是由制动踏板输入来确定。由于 EHB 系统可实现主缸压力控制和轮缸压力控制的解耦，便于各个车轮制动力独立、精准的调节，因此非常适合作为 ABS/ESC、制动能量回收、ACC/AEB 等上层控制策略中的底层控制系统。

第七章
先进驾驶员辅助系统（ADAS）

第一节 概述

城市交通堵塞，汽车排放污染及能源消耗等问题也成为现代社会面临的主要压力。只有协调好交通组成三要素人–车–路之间的关系，才能从本质上改善上述种种交通难题。为此，智能交通系统（Intelligent Transportation Systems，ITS）的概念被提出，作为 ITS 重要组成部分的智能汽车，在最近二十年获得了迅猛的发展，成为汽车新四化方向之一。智能汽车能够减少由于如疲劳驾驶、分神和错误判断等人为错误而造成的交通事故，提高交通效率，解放驾驶员的双腿和/或双手，并且使老年人、残疾人也能享有驾车出行的权利。目前，在智能汽车领域的知名公司包括谷歌 Waymo、英特尔 Mobileye、通用 Cruise、博世、安波福、百度 Apollo、特斯拉 AutoPilot 等。目前，国际汽车工程师协会（Society of Automotive Engineers International）发布了智能汽车的等级标准 J3016，从 L0（完全手动驾驶车辆）到 L5（完全自动驾驶车辆）共 6 个等级，如表 7-1 所示。

在表 7-1 中，L4 级以上称为无人驾驶汽车，能够在限定环境乃至全部环境下自主完成感知、决策、控制、执行等全部驾驶任务，目前最具代表性的是谷歌 Waymo 的 L4 级无人驾驶汽车。L3 级作为人机共驾汽车，要求驾驶员在紧急工况下 10 s 内接管汽车的驾驶权，2017 年奥迪 A8 成为首次量产的 L3 级智能汽车。L1 级和 L2 级的智能汽车属于先进驾驶员辅助系统（Advanced Driver Assistance System，ADAS）的范畴，目前已在不少车型上装备，也是现阶段智能汽车的主要市场所在。

通过先进的环境感知传感系统、智能的行为决策与规划系统和精确的执行控制系统，ADAS 能够为驾驶员提供安全有效的驾驶辅助。当前 ADAS 的主要产品包括：

1) 自适应巡航（Adaptive Cruise Control，ACC）系统；
2) 自动紧急制动（Autonomous Emergency Braking，AEB）系统；
3) 车道偏离预警/保持（Lane Departure Warning/Lane Keeping Assistant，LDW/LKA）系统；
4) 紧急换道辅助（Emergency Steering Assist，ESA）系统；
5) 自动泊车（Auto Park Assist，APA）系统；
6) 夜视增强系统（Night Vision Enhanced System，NVES）；
7) 驾驶监测系统（Driver Monitoring System，DMS）；
8) 盲点监测（Blind Spot Monitoring，BSM）系统；
9) 弯道超速预警（Curve Speed Warning，CSW）系统。

表 7-1 智能汽车分级标准

SAE 等级	名称	概念界定	动态驾驶任务（DDT）			动态驾驶任务支援（DDT Fallback）	设计的适用范围（ODD）	NHTSA 标准等级
			持续的横向或纵向的车辆运动控制	物体和事件的探测响应（OEDR）				
	驾驶员执行部分或全部的动态驾驶任务							
L0	无自动驾驶（No Driving Automation）	即便有主动安全系统的辅助，仍由驾驶员执行全部的动态驾驶任务	驾驶员	驾驶员		驾驶员	不可用	L0
L1	驾驶辅助（Driver Assistance）	在适用设计范围下，自动驾驶系统可持续执行横向或纵向车辆运动控制任务的某一子任务（不可同时执行），由驾驶员执行其他的动态驾驶任务	驾驶员和系统	驾驶员		驾驶员	有限	L1
L2	部分自动驾驶（Partial Driving Automation）	在适用设计范围下，自动驾驶系统可持续执行横向或纵向车辆运动控制任务，驾驶员负责执行OEDR任务并监督自动驾驶系统	系统	驾驶员		驾驶员	有限	L2

续表

SAE等级	名称	概念界定	动态驾驶任务（DDT）			设计的适用范围（ODD）	NHTSA标准等级
			持续的横向或纵向的车辆运动控制	物体和事件的探测响应（OEDR）	动态驾驶任务支援（DDT Fallback）		
自动驾驶系统执行全部的动态驾驶任务（使用状态中）							
L3	有条件的自动驾驶（Conditional Driving Automation）	在适用设计范围下，自动驾驶系统可持续执行完整的动态驾驶任务，用户需要系统失效时接受系统的干预请求，及时作出响应	系统	系统	备用用户（能在自动驾驶系统失效时接受请求，取得驾驶权）	有限	L3
L4	高度自动驾驶（High Driving Automation）	在适用设计范围下，自动驾驶系统可自动执行完整的动态驾驶任务和动态驾驶任务支援，用户无需对系统请求作出回应	系统	系统	系统	有限	L4
L5	完全自动驾驶（Full Driving Automation）	自动驾驶系统能在所有道路环境执行完整的动态驾驶任务和动态驾驶任务支援，驾驶员无所介入	系统	系统	系统	无限制	

上述 ADAS 可以按照汽车纵向运动控制和横向运动控制分成两大类，如图 7-1（a）所示。其中，最具代表性的纵向和横向运动控制系统分别是 ACC 和 LKA，它们能够持续地承担汽车纵向或横向上的自主控制。此外，ADAS 也可以按照作用范围分为舒适类和安全类两大类，如图 7-1（b）所示。

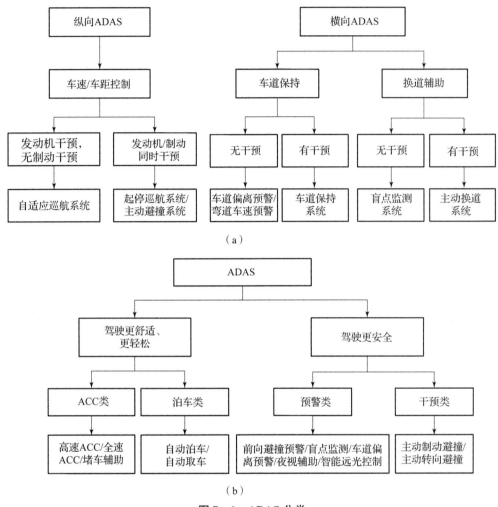

图 7-1　ADAS 分类
（a）控制方向；（b）作用范围

ADAS 作为智能汽车发展的起步阶段和必经阶段，其核心在于如何正确理解和匹配人类驾驶员期望的驾驶意图，否则会降低驾驶员对 ADAS 的信任度，甚至妨碍正常的驾驶行为。如图 7-2 所示，驾驶员在驾驶汽车过程中，承担着操纵车辆和控制车辆的任务。同样地，ADAS 需要同时具有智慧（像人一样智能地感知、综合、判断、推理、决断和记忆）与能力（确保"智慧"的有效执行），才能更好辅助驾驶员提高行车的安全性和舒适性。为此，需要协调好"人-车-路"三要素在控制闭环中的关系。ADAS 通过环境感知传感器（如雷达、摄像头等）检测道路环境信息，传送给符合驾驶员特性的控制器进行处理判断，最终操纵油门、制动或转向达到控制车辆的目的。因此，ADAS 同电控系统一样具有传感器、控制器和执行器三个组成部分。

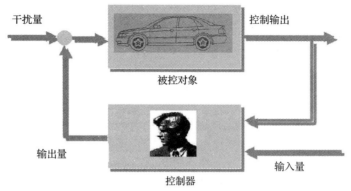

图 7-2 驾驶员的作用

当前，ADAS 技术仍在渐进式地完善和积累，由于对法规权责的顾忌，大部分厂商对 L3 级十分谨慎，因此以特斯拉为代表的厂商将发展重点放在 L2+ 技术上。而大部分 IT 企业如谷歌则力图一步到位实现 L4 级无人驾驶技术。无人驾驶汽车的四大组成部分如图 7-3 所示。

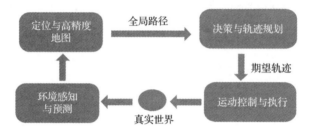

图 7-3 无人驾驶汽车的组成

与 ADAS 相比，无人驾驶汽车需要增加激光雷达、最小安全系统以及冗余的电源和执行器等硬件，同时在地图与定位、决策与规划等软件上提出了更高的要求。下面依次介绍无人驾驶汽车的关键技术：

1）高精度地图：具备维度更多、更新及时、交通元素细节更丰富、结果精确到厘米的特点。高精度地图能够提供更前瞻的信息指示和冗余性，使驾驶系统感知到更大范围的交通态势。

2）定位导航：定位导航与高精度地图是一对，车辆只有准确掌握自身定位后才能自主进行路径规划。目前定位导航普遍采用 RTK（Real-Time Kinematic，载波相位差分技术）+ INS（惯性导航）组合。我国主要采用 GPS 和北斗卫星导航系统，在 RTK 条件下能获得厘米级的定位精度，通常在 6 颗以上卫星时作业较为可靠。惯导属于推算导航方式，具有数据更新率高、连续性好、噪点低、短期精度和稳定性高的特点。但是定位误差会随时间而增大，数据的长期精度较低，因此需要和卫星导航配合使用。

3）SLAM：由于卫星信号常常在隧道、高楼、高架、树荫等严重遮挡的环境下失效，因此需要依靠 SLAM 匹配环境数据提高相对定位精度。SLAM 技术通过激光雷达或摄像头采集局域地图并反推出传感器的相对运动。利用估计的运动参数可以将一系列局域地图统合到一个全局坐标系中，生成一幅全局地图。

4）轨迹预测：对自车和旁车（也包括行人、骑行者）未来的行驶轨迹进行预测，分为用于控制的短期预测（1~2 s）和用于决策规划的长期预测（3~5 s）。其中短期预测可采用基于模型的方法，例如 CTRA 方法（假设预测周期内横摆角速度和速度不变）；长期预测多采用机器学习的方法，例如 LSTM、GNN 网络等，除了轨迹预测还可同时预测驾驶行为。

5) 驾驶决策：驾驶决策产生各种离散的驾驶任务分解，如超车、跟车、换道等宏观动作指令。通常采用强化学习或基于规则的算法进行决策，其中强化学习方法更适用于复杂道路场景下（如车流密集的环岛、匝道）。

6) 全局规划：由获取到的地图信息，规划出一条在特定条件下的无碰撞最优路径，通常采用基于搜索的算法（A*、D*）或基于采样的算法（RRT 类）。

7) 局部规划：根据全局规划的结果，在一些局部环境信息基础上，避免全局路径上未知的障碍物，最终到达目标点的过程。局部规划分为路径规划和速度规划，其中路径规划常采用势场法、基于优化和曲线拟合的方法（多项式、B 样条、Bezier 曲线），规划结果的安全性、舒适性、效率是衡量规划的重要指标。速度规划中要考虑障碍物、道路和交通法规的影响并在算法中体现拟人性。

8) 轨迹跟踪：轨迹跟踪分为纵向上的速度跟踪和横向上的路径跟踪，常用的控制方法包括 PID 控制、模型预测控制、LQR 控制、滑模控制、鲁棒控制等。轨迹跟踪方法与 ADAS 中对汽车纵/横向运动控制有诸多相似之处，本章后面三节将重点对 ACC、AEB 和 LKA 进行介绍。

而在单车智能的基础上，我国致力于发展面向智能交通系统（ITS）的有中国特色智能网联汽车。在 2020 年底发布的中国智能网联汽车技术路线图 2.0 中，描绘了智能网联汽车包含的"三纵两横"的关键技术，如图 7-4 所示。

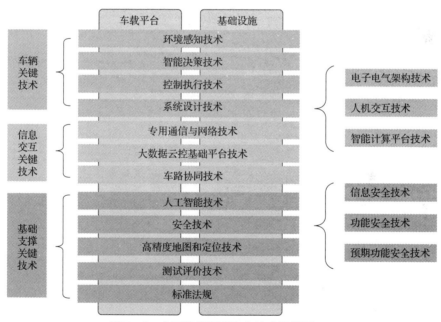

图 7-4 中国智能网联汽车技术路线图 2.0

第二节 自适应巡航（ACC）系统

一、系统组成

在 ADAS 的纵向运动控制领域，ACC（Adaptive Cruise Control）能够代替驾驶员调节油门开度和制动压力,实现自动跟车行驶,从而有效降低驾驶员工作强度和精神负担。传统的 ACC 系统是 20 世纪 90 年代初从定速巡航系统(Cruise Control System,CCS)上发展起来的,主要作为舒适性系统,利用雷达、摄像头探测目标车辆状态和自车传感器提供的本车状态,通过油门和制动的协调控制,实现高速行驶过程中的车速跟随和车距保持。近年来 ACC 系统更是扩展了车速应用范围,实现了全速范围下的起 - 停巡航功能(Stop and Go,S&G)。此外,在 ACC 基础上结合车联网,通过车间通信 V2V 和车路通信 V2I 实现应用于车队列的 CACC(Cooperative ACC)。对 CACC 的研究起源于 20 世纪 90 年代美国伯克利大学的自动高速公路项目(Autonomous Highway System,AHS),它以追求增加交通流量及道路利用效率为主要目的,同时由于行驶速度更为平顺,间接提高了汽车的燃油经济性并降低了排放污染。因此,CACC 在商用车领域应用更有潜力。图 7 - 5 比较了 CCS、ACC、S&G、CACC 四种系统的结构组成。

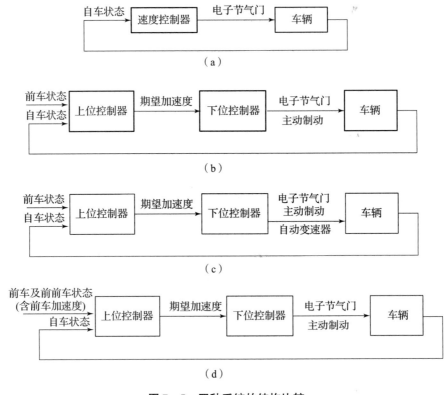

图 7 - 5 四种系统的结构比较
(a) CCS;(b) ACC;(c) S&G;(d) CACC

二、控制策略

ACC 系统虽然源于 CCS,但两者的控制方式存在明显的区别。CCS 是当前方主车道不存在有效目标车辆时,汽车按照设定的速度匀速行驶,因此属于速度闭环控制。通过比较期望车速与反馈车速的差值,使得实际车速尽可能保持在设定车速的 ±1 km/h 附近。车速调节方法如图 7 - 6 所示。根据图中的两个期望节气门查询表,能够快速确定车辆在加速或匀速状态下对应的节气门开度值。

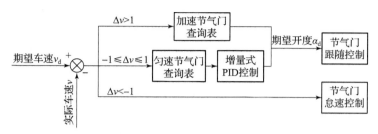

图 7-6 定速巡航模式原理图

通过逆查询表可以直接输出期望的节气门开度。表 7-2 给出了试验样车在不同车速下实现加速和匀速行驶所需的节气门开度值。

表 7-2 不同车速下期望节气门查询表

车速/(km·h^{-1})	期望节气门开度/(°)	
	加速状态	匀速状态
40~45	32	8
45~50	35	10
50~55	36	11
55~60	37	13
60~65	40	15
65~70	42	17
70~75	43	20
75~80	45	23
80~85	47	25

基于表 7-2 中的参考开度，避免了车速调节过程中节气门的频繁波动，有利于提高燃油经济性。但是表 7-2 的结果是在特定道路试验工况下建立的，实际行驶时，汽车自身参数与外部环境状态均有可能发生较大的变化。为了保证良好的速度跟随控制精度，需要通过增量式 PID 控制对表中确定的节气门开度进行微调，补偿由于坡阻、风阻及汽车质量与标称条件不同带来的误差，其控制律为：

$$u(k) = k_p \cdot e(k) + k_i \cdot \left\{ \sum_{i=0}^{k-1} e(i) + f[e(k)]e(k) \right\} \cdot T + k_d \cdot [e(k) - e(k-1)]/T$$

(7-1)

式中，T 为控制周期，s；控制量 $u(k)$ 为第 k 时刻节气门的期望开度；$e(k)$ 为期望车速与实际车速的误差。利用增量式 PID 反馈对查表结果进行校正，使得车速尽可能维持匀速控制状态，并且将车速误差限制在较小范围内。如果实际速度远大于期望速度，采用发动机的反拖制动，使得车速迅速下降。

ACC 系统则需要在汽车跟随前车行驶的过程中，通过自动控制油门和制动使得两车间的距离误差与相对车速保持在一定的误差范围内，因此控制策略相对更为复杂。ACC 在控制中需要同时考虑车辆的跟车特性和乘员的乘坐舒适性,但两者本身又是相互制约的,需要对两个控制目标加以平衡与协调。如果自车加速或制动能力不足,引起频繁的前车切入或追尾碰撞事故,会降低行驶安全性;反之,过于精确的跟踪性能会导致车辆加速度剧烈波动,频繁的调控直接影响驾驶员对 ACC 系统的主观接受度。

常用的 ACC 控制体系如图 7-7 所示。其中,ACC 系统通常采用分层控制结构,将相对独立的控制目标在不同层次分别加以解决。其中,上位控制器主要考虑实际交通流中车间的相互运动关系,计算出主车期望的纵向加速度;下位控制器则针对车辆纵向动力学系统本身,通过驱动系统和制动系统的控制,从而使得实际加速度快速准确地跟踪上位控制器的输出加速度。由于下位控制器中的干扰量(如整车质量、空气阻力、滚动阻力等变化)可在控制闭环中加以抑制,因此可以回避其对上层控制特性的影响,降低了系统设计难度。同时各层可以采用不同的控制周期,加快响应速度,有利于提高 ACC 系统的整体性能。此外,也有 ACC 研究中采用基于深度神经网络的直接式控制,侧重于对驾驶人跟车行为的模仿。

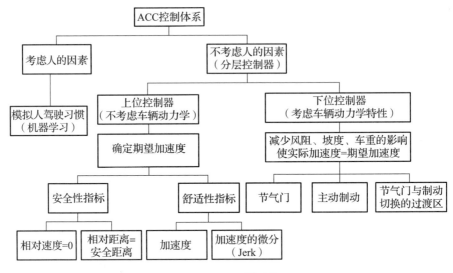

图 7-7 ACC 控制体系

1. 上位控制器

在车辆跟随行驶过程中,驾驶员希望以稳态跟车状态为主,此时的车距误差与相对车速应保持在可接受的误差范围内。因此,上位控制器采用如式(7-2)所示的线性跟车结构确定期望加速度,目的是使得车距与相对车速的稳态误差同时收敛为 0:

$$a_d(t) = k_f(v(t)) \cdot [(v_p(t) - v(t)) + \lambda_f \cdot (R_d(t) - R(t))] \quad (7-2)$$

式中,a_d 为期望加速度,m/s^2;$k_f(\cdot)$ 为加速度增益系数;λ_f 为距离误差与速度误差的权重比。由于主车车速越大,驾驶员希望加速度的波动越小,因此,k_f 的取值与车速 v 的大小成反比,符合驾驶员控制增益随车速变化的时变特性。

此外,认为稳态安全跟车距离与前车车速呈线性关系,因此,理想安全车距 R_d 的计算式如式(7-3)所示:

$$R_d = \tau \cdot v_p + R_0 \quad (7-3)$$

式中,v_p 为前车车速,m/s;R_d 为跟车距离,m;τ 为车间时距,s;R_0 为停车间距,m。其

中，相对车距 R_d 会随车速 v_p 线性变化，而时距 τ 和停车间距 R_0 由驾驶员预先设定，能够间接反映不同驾驶员的跟车习惯。τ 和 R_0 取值越大，期望的跟车距离越远，一方面会带来更多的安全余量，另一方面降低了道路交通效率。因此，可通过调整时距和停车间距的参数取值，使稳态安全距离模型适应不同的驾驶风格。

对不同类型的驾驶员在稳态跟车中表现出的 τ 与 d_0 值统计结果如表 7-3 所示。特别是车间时距（Time Headway，THW），描述了本车到达前车当前位置所需的时间，是道路交通流的一个重要特征。从统计学角度看，车间时距的分布均存在一定的规律。在稳态跟车过程中，THW 一般会收敛于 1~2 s，从而提供驾驶员足够的反应时间来保证行车安全。但是 THW 无法有效表征由于相对车速变化带来的驾驶员主观危险感受，同时在不同驾驶员个体之间，该指标也存在一定的差异。

表 7-3 不同类型驾驶员车间时距和停车间距的平均值

年龄	车间时距 τ/s		停车间距 d_0/m	
	男性	女性	男性	女性
小于 39 岁	1.17	1.32	1.98	1.99
40~49 岁	1.38	1.50	1.98	2.02
50~59 岁	1.37	1.51	1.99	2.03
大于 60 岁	1.47	无	2	无

考虑到纵向乘坐的舒适性和车辆的燃油经济性，希望车辆加速度平稳变化，使得加速度及其导数均处于驾驶员容许范围之内。因此，对期望加速度和冲击度进行约束，如式（7-4）所示：

$$a_{fmin}(v(t)) \leq a_{fd} \leq a_{fmax}(v(t)) \quad |j| \leq j_{fmax} \qquad (7-4)$$

式中，$a_{fmax}(\cdot)$ 和 $a_{fmin}(\cdot)$ 为稳态跟随模式下的加速度上、下界，m/s^2；j_{fmax} 为加速度导数的边界，m/s^3。当车速越高，驾驶员表现出的加速度变化范围越小。相应地，式（7-4）中所设置的加速度约束区域随车速的升高而减小，避免 ACC 稳态跟车中加速度的剧烈波动。同时，在稳态跟随模式下，不应出现较大的纵向冲击度，将门限 j_{fmax} 的值取为 1 m/s^3。

2. 下位控制器

下位控制器用来跟踪上位控制器输出的期望加速度，是 ACC 系统设计的基础。首先需要切换至合适的驱动/制动模式，然后基于反模型查询表，确定出期望的节气门开度或制动压力，最后通过执行器的跟随控制实现期望值。

ACC 下位控制器采用节气门与主动制动的联合控制方式，解决了某些危险工况下车辆制动减速度不足的问题，提高跟车行驶的安全性。通过节气门/制动模式的合理切换，使得下位控制器实现对期望加速度的准确跟随。图 7-8 给出了 ACC 下位控制器的总体结构。如图所示，ACC 联合控制体系的关键技术包括驱动/制动模式切换策略、驱动/制动模式下位控制器、节气门/制动压力的三维查询表和节气门/制动压力的跟随控制策略等。

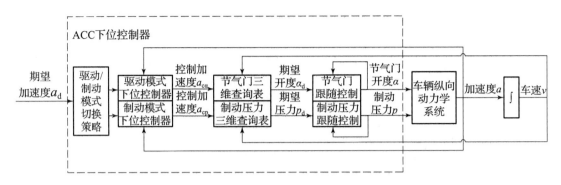

图 7-8 ACC下位控制器总体结构

在联合控制体系下，下位控制器首先需要根据期望加速度，确定出当前合适的控制方式。对于节气门/制动控制的切换策略，应遵循以下原则：

1) 避免调节电子节气门的同时施加主动制动。当采取节气门控制时，输出的制动压力为 0；当主动制动控制时，发动机节气门处于怠速开度。

2) 尽量充分利用发动机反拖、空气阻力及滚动阻力等制动形式，如果仍然无法提供足够的减速度，再开始主动制动。

3) 避免在节气门与制动控制方式之间频繁地切换，导致车辆加速度剧烈波动，影响乘坐的舒适性。

因此，首先建立节气门/制动控制切换时车辆加速度的基准曲线。该曲线可通过试验车辆的带挡滑行试验测得，滤波后拟合出车辆减速度随车速变化的二次项关系，如式（7-5）所示：

$$a_s = 0.000\ 027\ 7 \cdot v^2 - 0.008\ 9 \cdot v + 0.143\ 47 \qquad (7-5)$$

式中，a_s 为发动机怠速时的基准加速度，m/s²。

当期望加速度 a_d 处于基准曲线之下时，如果继续采用发动机反拖制动已不能提供足够的车辆减速度，需要加入适当的主动制动。因此，需要通过道路试验确定出最小制动压力下对应的车辆减速度。试验中给车辆施加 0.2 MPa 的恒定压力，拟合出 30 ~ 100 km/h 范围内实际减速度与车速之间的线性关系，如式（7-6）所示：

$$a_b = 0.000\ 018\ 3 \cdot v^2 - 0.008\ 56 \cdot v + 0.251\ 41 \qquad (7-6)$$

式中，a_b 为最小制动压力的减速度，m/s²。

如图 7-9 所示，在节气门控制的最大减速度 a_s 与制动控制的最小减速度 a_b 之间还存在较大的真空带，在此区域内会存在较大的加速度跟随误差。为了使节气门与制动切换更为平稳，避免出现较大的控制超调及滞后现象，在基准加速度附近设置一定的过渡区，并将下位控制器分为三种控制方式，如表 7-4 所示。

两个切换门限 h_1 和 h_2 决定了节气门与主动制动的启动时机。特别对于 h_2 的取值，需要综合权衡 a_s 和 a_b 的大小。如果 h_2 过小，会导致车辆频繁轻微制动，影响乘坐的舒适性；反之，制动干预过迟，会降低加速度跟踪精度，并且进入主动制动区后容易引起控制超调。最终经过实车对比试验，将 h_1 与 h_2 分别设置为 0.05 m/s² 和 0.3 m/s²。

由于车辆纵向动力学系统包含较多的非线性环节，如发动机的静态非线性、变速器的离散挡位、二次型空气阻力和制动系统的时滞特性等，希望利用线性化的方法将非线性系统近似为具有线性输入输出特性的被控对象，以便于工程实现。因此，采用反模型法补偿车辆的

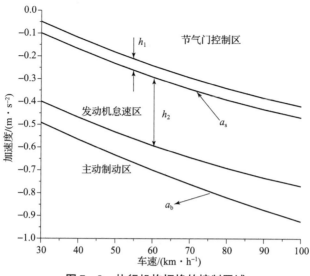

图 7-9 执行机构切换的控制区域

表 7-4 执行器切换策略

切换加速度门限	执行方式
$a_d > a_s + h_1$	节气门控制
$a_s - h_2 \leq a_d \leq a_s + h_1$	发动机怠速
$a_d < a_s - h_2$	制动控制

纵向非线性，根据工况的不同，纵向动力学反模型分为驱动系反模型和制动系反模型，其中驱动系反模型基于加速度目标值和当前车速计算出发动机节气门开度；制动系反模型则通过期望加速度确定轮缸的制动压力大小。通过大量的道路试验，直接建立反模型的经验查询表，作为连接下位控制器输出与执行机构控制器输入之间的桥梁，从而回避了烦琐的参数辨识问题。

考虑到 ACC 系统多应用于高速公路环境下，路面附着状况较好，车速较高，加/减速强度较小，要求试验场地为长直线道路，路面条件为干燥的水泥或沥青路面，环境风速小于 2 m/s。试验中，离合器保持接合状态，变速器处于最高挡，同时尽量保证车辆直线行驶。为了抵消来自空气阻力与坡道阻力的干扰因素，每组试验至少往返两次。数据分析中，对采集到的车速与加速度信号进行滤波处理，并且忽略了稳态工况下车轮滑移率的影响。具体试验方案如图 7-10 所示。

图 7-10 车辆纵向动力学的特性辨识试验方案

对于驱动工况，如果忽略坡道阻力的影响，在某一固定挡位下，车辆加速度主要取决于节气门开度的大小。因此，通过节气门控制器将电子节气门固定在某一开度，直至车辆最终达到匀速行驶的过程中，可找出不同车速下加速度的变化规律。具体试验过程如下：

1）节气门开度由 5° 到 90°，每隔 5° 进行一次恒定节气门驱动试验；

2) 在 30~100 km/h 车速范围内,记录每隔 10 km/h 的车辆平均加速度。

在经过对测量数据的一系列滤波和插值处理后,构建了在不同车速下节气门开度与车辆加速度之间的对应关系。如图 7-11 所示,节气门-速度-加速度三维查询表的形态类似于发动机 MAP 图,前者基于道路试验知识,而后者由大量的发动机台架试验获得。

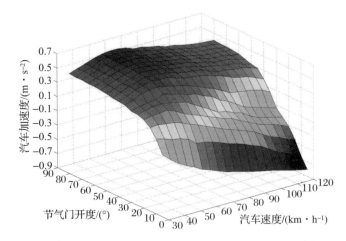

图 7-11 节气门-速度-加速度的三维查询表

在制动工况下,车辆的纵向减速度是由制动力矩、发动机反拖力矩和车辆行驶力矩三部分共同作用的结果。因此,通过制动控制器施加不同大小的恒定制动压力,可反映出车辆减速度的变化规律。具体试验过程如下:

1) 制动压力由 0.25 MPa 到 3 MPa,每隔 0.25 MPa 进行一次恒定压力制动试验;
2) 在 30~100 km/h 车速范围内,记录每隔 10 km/h 的平均纵向减速度。

考虑到 ACC 控制下,以 3 MPa 的制动压力能够产生足够的制动强度;同时,施加过大的制动压力会引起明显的车轮滑移,最终,建立了基于道路试验知识的制动压力-速度-减速度的三维查询表,如图 7-12 所示。图中反映出在较小制动压力条件下,车辆减速度与施加的压力近似呈线性关系,而受车速的影响并不大。

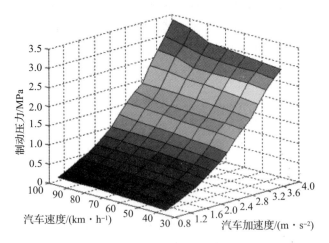

图 7-12 制动压力-速度-加速度的三维查询表

由于所建立的反模型查询表与车辆纵向动力学系统互为逆模型,若将两者一并看作控制对象,能有效实现非线性系统的近似线性化,从而可以采用线性反馈的控制方法设计下位控制器。同时,由于车辆驱动系统与制动系统具有不同的系统特性,因此需要采取不同的控制结构。

下位控制器的性能要求是无论采用节气门还是制动控制方式,都能快速、准确地跟随期望加速度,并且尽量减小模型误差和外部扰动对控制效果的影响。因此,下位控制器采用了前馈+反馈的基本结构(图7-13),通过前馈补偿器提高控制过程的快速性,通过反馈补偿器保证系统响应的准确性和鲁棒性。

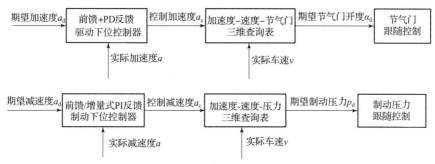

图7-13 驱动/制动下位控制结构

第三节 自动紧急制动(AEB)系统

一、系统组成

20世纪90年代初,在美国高速公路交通安全管理局(National Highway Traffic Safety Administration, NHTSA)的推动下,AEB(Autonomous Emergency Braking)系统开始被发展并被广泛地研究。有资料表明,如果驾驶员相比发生事故时提前1~2 s意识到碰撞危险并采取避撞措施,可以避免绝大部分交通事故,而AEB系统能够弥补紧急情况下驾驶员制动过慢或者制动力不足的缺陷。当前方车道内出现了障碍目标,但驾驶员由于感观受限、精神疏忽或者反应迟钝等,未能及时采取正确的制动或转向操作时,AEB系统会自动介入,首先通过分级报警提醒驾驶员进行自我调整实现避撞。若在声光报警下,驾驶员仍然没有对报警信号做出正确的应对动作,避撞系统会自动接管车辆控制,通过主动制动避免或减轻碰撞事故。

由于AEB系统与ACC系统一样应用于汽车的纵向运动控制领域,因此两者通常会共用相同的硬件系统,但软件上AEB系统侧重于提高极端危险工况下车辆避撞的安全性,并被集成到ACC系统控制器内。AEB系统组成如图7-14所示,通过雷达、摄像头等传感器检测潜在的静止、运动障碍物,分别通过人机交互系统或主动制动系统提示驾驶员或直接进行干预。

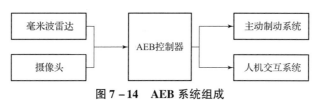

图7-14 AEB系统组成

当前，欧洲、美国、中国、日本等发布了 AEB 相关法规并开始将 AEB 纳入新车主动安全评价规程。2009 年欧洲委员会发布了安全法规（EC）661/2009，首次给出 AEB 在安装以及型式批准方面的基本要求。2012 年 NHTSA 在碰撞缓解制动项目的基础上发布了先进制动技术研究报告，报告指出了碰撞缓解制动系统的测试场景和性能要求。2014 年，欧洲新车安全评鉴协会（Euro NCAP）开始将 AEB 系统纳入新车主动安全评价规程，没有配备 AEB 系统的新车不会从 Euro NCAP 获得五星级的安全认证。2017 年中国汽车技术研究中心发布了中国新车评价规程（C-NCAP）管理规则（2018 年版），该管理规则新增加车辆 AEB 系统的试验和评价方法。试验项目主要包括不同车速下的 AEB 功能、前方碰撞预警功能和人机交互功能，而试验场景主要分为前车静止、前车匀速运动和前车制动 3 种，同时 AEB 系统被正式纳入新车主动安全评价规程。

二、控制策略

相比于 ACC 系统，AEB 系统的控制策略相对简单，其控制结构如图 7-15 所示。AEB 控制器会根据设定的报警/避撞策略对潜在的碰撞威胁进行评估，适时通过声光报警提醒驾驶员采取避撞操作，或者直接对车辆施加主动制动进行避撞。

图 7-15　AEB 系统的控制结构

因此，AEB 系统的核心是如何实时评价汽车发生碰撞的危险，并根据危险的大小采取相应的报警/避撞策略。其中，有不少的 AEB 系统采用安全距离模型对碰撞危险程度进行评价。安全距离模型主要基于车间相对运动关系，按照传感器测量得到的车间距离、相对速度和自车加速度等信息进行计算。一旦实际车距小于所计算的报警安全距离或制动安全距离，AEB 系统的声光报警和主动制动干预将相继介入。其中比较有代表性的有 MAZDA 模型、HONDA 模型、Berkeley 模型和 NHSTA 模型，下面依次展开介绍。

（1）MAZDA 模型

MAZDA 模型适合于驾驶风格趋于保守的驾驶员。假设主车和前车分别保持初始速度 v_h 和 v_p 行驶，相对车速为 v_r 然后前车在时间 τ_2 后开始以减速度 $-a_p$ 紧急制动，而主车在反应时间 τ_1 后以减速度 $-a_h$ 制动，直至两车均完全停止。为避免碰撞发生，需要满足最小的制动安全距离 R_b 为：

$$R_b = \tau_1 \cdot v_h - \tau_2 \cdot v_r + \frac{v_h^2}{2a_h} - \frac{v_p^2}{2a_p} + R_0 \tag{7-7}$$

模型参数 τ_1、τ_2、a_h、a_p 的取值需要事先标定。

（2）HONDA 模型

在 HONDA 模型中，报警安全距离 R_w 的模型比较简单，并带有固定的模型参数，如式 (7-8) 所示：

$$R_w = -2.2 \cdot v_r + 6.2 \tag{7-8}$$

制动安全距离由两部分组成，主要取决于前车若以 $-a_p$ 减速，能否在有效时间 τ_2 内完全

静止。同时,主车经过反应时间 τ_1 后以减速度 $-a_h$ 进行减速,因此所提出的制动安全距离为:

$$R_b = \begin{cases} \tau_2 \cdot v_h - \dfrac{a_h}{2} \cdot (\tau_2 - \tau_1)^2 - \dfrac{v_p^2}{2a_p} & t_{ps} < \tau_2 \\ \tau_2 \cdot v_r + a_h \cdot \tau_1 \cdot \tau_2 - \dfrac{a_h}{2} \cdot \tau_1^2 & t_{ps} \geq \tau_2 \end{cases} \quad (7-9)$$

式中,前车停止估计时间 $t_{ps} = v_p/a_p$。

(3) Berkeley 模型

在上述两个模型的基础上,Berkeley 模型进行了一定的修正,使其得到更为广泛的应用。Berkeley 模型的最大特点是首次提出了分级报警的概念,即引入了一个无量纲的线性危险系数 ε,其定义式为:

$$\varepsilon = \frac{R - R_b}{R_w - R_b} \quad (7-10)$$

根据危险系数 ε 所表征的避撞工况级别,做出相应程度的声光报警,从而使得主动报警的作用范围更广泛,方式也更为灵活。同时为了避免妨碍驾驶员的正常操作,模型采取只针对极端危险工况的制动避撞算法。假设前车以最大匀减速度 a_{max} 制动,而主车在反应时间 ξ 后以相同的减速度制动,因此,所设计的报警安全距离与制动安全距离分别为:

$$R_w = \xi \cdot v_h + \frac{v_h^2 - v_p^2}{2a_{max}} + R_0 \quad (7-11)$$

$$R_b = -\xi \cdot v_r + \frac{a_{max}}{2} \cdot \delta^2 \quad (7-12)$$

式中模型参数 a_{max}、ξ、R_0 的取值需要事先标定。

(4) NHSTA 模型

NHSTA 模型考虑了一种更加复杂的情形。假设前车以匀减速度 a_p 制动,主车在反应时间 ξ 内仍保持现有的减速度 a_h,之后开始以其最大减速度 a_{hmax} 紧急制动。因此,前车和主车完全停止所需的时间可以被确定:

$$t_{ps} = -\frac{v_p}{a_p} \quad (7-13)$$

$$t_{hs} = \begin{cases} \xi - \dfrac{v_h + a_h \xi}{a_{hmax}} & v_h + a_h \delta > 0 \\ -\dfrac{v_h}{a_h} & v_h + a_h \delta \leq 0 \end{cases} \quad (7-14)$$

如果前车先静止,即 $t_{ps} \leq t_{hs}$ 时,所需的报警安全距离为:

$$R_w = \xi \cdot v_h + \frac{a_h}{2} \cdot \xi^2 - \frac{(v_h + a_h \cdot \xi)^2}{2a_{hmax}} + R_0 \quad (7-15)$$

如果主车先于前车停止,即 $t_{ps} > t_{hs}$,或者前车的减速度 $a_p > -1 \text{ m/s}^2$,则对应的报警安全模型为:

$$R_w = -\xi \cdot v_r - \frac{a_r}{2} \cdot \xi^2 + \frac{(v_r + a_r \cdot \xi)^2}{2(a_p - a_{hmax})} + R_0 \quad (7-16)$$

式中,两车相对加速度 a_r 由雷达测得的相对车速 v_r 作差分获得,而前车减速度 a_p 不再被假设为常量。一般将驾驶员反应时间 ξ 设为 1.5 s，对主车最大减速度 a_{hmax} 取为 $-0.55g$。

上述四种均是基于距离的避撞模型，用于实时评估车间相对运动状态。此外，可以采用基于时间的定量判断指标，直接反映当前工况距离碰撞事故发生剩余的时间余量，更加接近驾驶员自然的感知与判断习惯。其中，避撞时间 TTC 及其倒数 TTC^{-1} 是最常用的基于时间的表征参数，表征当前碰撞的危险程度。它们的定义分别为：

$$TTC = \frac{R}{v_r} \quad TTC^{-1} = \frac{v_r}{R} \tag{7-17}$$

式中，R 为相对车距。为避免分析中出现相对速度为零而 TTC 趋于无穷的情况，通常使用 TTC^{-1} 来取代 TTC。对于一般的安全驾驶行为，TTC^{-1} 满足均值为 0，标准差为 0.05 的正态分布。但是因为 TTC 和 TTC^{-1} 不依赖自车或前车车速，无法对相对车速为 0 时的潜在危险做出判定。

因此，AEB 系统的核心问题转变为如何根据 TTC^{-1} 作为衡量标尺，去标定主动制动门限值、视觉报警门限值和声光报警门限值。一种简单实用的 AEB 控制策略如图 7-16 所示。

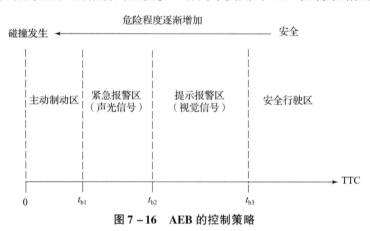

图 7-16 AEB 的控制策略

AEB 系统作为一种驾驶员辅助系统，只有模型算法较好地符合人为避撞特性，才能提高驾驶员对系统的接受度。频繁的错报或漏报不仅会降低驾驶员的信任度，甚至会增加其精神压力，因此，在门限标定过程中，必须充分考虑驾驶员的避撞特性，使 AEB 系统报警功能与主动制动功能同驾驶员习惯相符合。在驾驶员避撞特性中，有两个重要的参数值得考虑：驾驶员反应时间和制动减速度。其中，驾驶员反应时间包括三个部分：大脑的信息加工时间、释放油门踏板时间和踩下制动踏板时间；而制动减速度表征了驾驶员对于当前工况的危险程度所采取的制动强度。同时，留给驾驶员的避撞反应时间是同制动减速度的大小相对应的。施加的制动强度越大，则反应时间的安全余量越大。而在声光报警的刺激下，驾驶员反应速度将更快，通常驾驶员对声音比视觉信息更敏感。

为了克服某些人为驾驶失误以及感知局限，AEB 系统能在关键时刻自动接管车辆的控制权。由于主动制动相比声光报警，会给驾驶员带来更强烈的主观感受甚至不适，因此，应该避免主动制动的频繁介入，而一旦介入，则希望车辆以一个很大的匀减速度进行制动，直至完全停止。另一方面，由于不需要依靠驾驶员的制动操作，不同驾驶员在反应时间和制动减速度上的差异对主动制动门限的影响较小，主要取决于车辆制动系统的自身特性，如系统时滞的大小、制动系增益等。同时需要考虑不同路面附着条件下所能提供的最大制动强度，保证驾驶员有充分的时间采取制动操作。主动制动门限标定如表 7-5 所示。

表 7-5 主动制动门限标定

路面附着条件	主动制动门限/s	避撞减速度/(m·s^{-2})	主动制动压力/MPa
高附着	1.8	6	7
低附着	5	2	3

另一方面，AEB 报警策略的关键是报警时机的选择。如果没有及时发出报警信号，或者报警过于频繁，不仅无法有效帮助驾驶员避免潜在的碰撞事故，反而会分散驾驶员注意力，成为其精神负担。为了应对不同程度的碰撞威胁，同时尽可能适应大多数驾驶员的避撞特性，分级报警策略主要体现在两个方面：①危险程度分级；②驾驶风格分级。考虑到不同驾驶员对于报警信号的敏感程度，需要根据不同的驾驶风格对报警参数进行相应的调整，具体分为激进、适中、保守三个等级。声光报警门限标定如表 7-6 所示。

表 7-6 声光报警门限标定

驾驶风格	声光报警门限/s	视觉报警门限/s
激进	2.4	2.8
适中	2.7	3.2
保守	3.1	3.8

第四节　车道保持辅助（LKA）系统

一、系统组成

车道保持辅助（LKA）系统能够减轻驾驶员的操作负担，在车辆发生无意识的车道偏离时能够辅助驾驶员控制车辆，提高车辆的安全性和横向稳定性。广泛意义上的车道保持系统涵盖了车道偏离预警系统，LDW 是 LKA 的子系统，LKA 对 LDW 进行了功能扩展，其在执行方式上包括预警和主动干预。

LKA 系统最早起源于日本，1999 年三菱公司研制了 LKAS（Lane Keeping Assistance System），该系统在提供预警后，如驾驶员没有纠偏操作，系统会进行主动控制。此后丰田、本田也相继开发出了 LKA 产品。从 2005 年开始，欧洲开始出现量产带 LKA 系统的车型。相比而言，欧洲的车企由于法规对安全性的限制，在 LKA 上的应用相对保守一些，从 LDW 逐步过渡到 LKA。

LKA 系统通常由图像采集装置、ECU、预警装置、主动控制执行机构四个部分组成。通过视觉传感器获取车辆和车道线的相对位置信息，实时监测车辆与车道的相对位置。ECU 综合车速、方向盘转角和力矩、转向灯信号等车辆状态信息和车辆与车道线的相对位置信息来判断车辆是否有偏离车道的危险。如果有偏离车道的危险，ECU 会向预警装置发送指令，通过视觉、听觉或触觉等手段提醒驾驶员，若预警一定时间后驾驶员没有采取相关措施纠正车辆的偏离运动状态，ECU 则会向执行机构发送指令，进一步通过转向系统或制动系统对车辆进行主动干预，使车辆行驶在车道中间的安全区域，保证行车安全。

LKA 系统中最重要的传感器是视觉传感器，一般采用单目摄像头，以获得车道线信息。ECU 控制器中包括三个模块：驾驶意图识别模块，车道偏离预警模块和主动控制模块。其中，驾驶意图识别模块需要准确识别出驾驶员有意识的换道行为，作为 ADAS 保证驾驶员的最高优先级，通常可以采用隐马尔科夫算法（HMM）来识别换道意图。车道偏离预警模块需要判断汽车是否处于车道偏离状态，再结合系统工作状态决定是否向驾驶员发出警报。根据控制目标和控制干预程度可将 LKA 系统的主动控制模块分为两类：车道保持（LK）和车道中心保持（LC）。LK 和 LC 工作过程对比如图 7-17 所示。

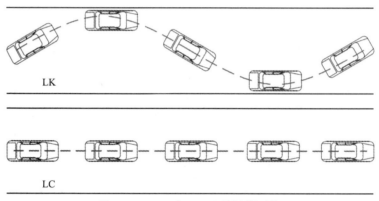

图 7-17 LK 与 LC 工作过程对比

LK 期望以较少的控制干预保持汽车不偏出车道，LC 期望汽车跟踪车道中心线行驶，车辆行驶过程平稳性好，相较于 LK 控制干预较多。考虑到高速行驶下的安全性，多采用 LC 方式干预，使汽车尽可能沿着车道中心线行驶。LKA 系统的执行层可包括电动助力转向（EPS）系统、电子稳定性控制（ESC）系统、线控转向（Steer-By-Wire，SBW）系统等。目前多采用 EPS 系统作为执行层，当偏离预警信号发出后，若驾驶员未进行方向修正，LKA 系统介入汽车的转向控制，保持行车安全。LKA 系统的组成如图 7-18 所示。

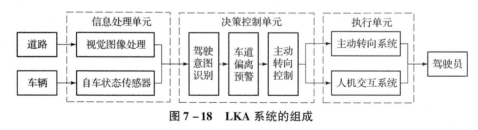

图 7-18 LKA 系统的组成

二、控制策略

在获取车道信息及汽车当前状态信息后，LKA 系统主要是对视觉传感器获得的车道线信息进行曲线拟合，结合预警决策算法判断汽车是否有偏离原车道的趋势。根据图像提取车道特征的过程在实际应用中易受噪声和光照不均等因素影响，可能无法获取连续的车道线边缘点，故需利用边缘连接方法将不连续的边缘像素点连接为完整的车道线边缘模型。Hough 变换是最常见的间断点边界形状检测方法，其原理为将图像坐标空间内像素点变换至参数空间内，通过分析参数空间内各点关系确定边缘形状参数，实现直线和曲线的拟合。直线车道模型具有计算速度快、抗干扰能力强的优点。对弯道边界进行拟合时也可采用直线车道模型，每一段弯道边界均可近似为一段直线。

通常视觉传感器安装在汽车纵向中心轴线上，可认为采集的图像中心线方向为当前汽车纵轴线方向，根据左右两侧车道线识别结果可计算得到车道中心线 $y = kx + b$，当前位置汽车行驶角度偏差为 $\theta_e = \arctan(K)$，汽车预瞄距离为 L，根据摄像头标定结果，将图像坐标系中的各点转换到大地坐标系中，预瞄点处横向偏差为 L_e，汽车当前位置横向偏差为：

$$L_t = L_e - L\sin\theta_e \tag{7-18}$$

具体计算方法如图 7-19 所示。最终获取的汽车预瞄点处横向偏差及航向角偏差可作为车道偏离预警及车道保持控制的基础。

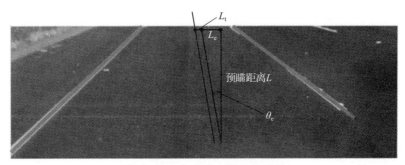

图 7-19 车道中心线偏差计算

现在使用频率较高的偏离预警算法有两种，分别为 TLC（Time to Lane Cross）算法和 FOD（Future Offset Distance）算法，TLC 属于时间维度算法，决策及时性好，能给驾驶员预留较长的反应时间，但在空间偏离工况下误警率较高；FOD 属于空间维度算法，其误警率和漏警率较低，但在时间偏离工况下决策及时性稍差，给驾驶员预留的反应时间较短。

TLC 算法根据汽车当前状态计算出汽车跨越两侧车道线所需时间，利用该时间与设置的阈值进行对比判断出汽车的偏离状态。图 7-20 所示为 TLC 算法示意图。

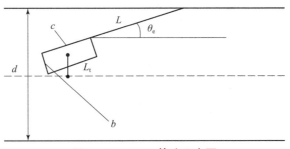

图 7-20 TLC 算法示意图

根据采集的图像可获取当前汽车与车道中心线的距离 L_t，当前位置汽车行驶角度偏差 θ_e。此外，假设未来偏离过程中汽车速度大小和方向保持不变，航向与车道中心线角度偏差不变（实际高速公路道路为大曲率曲线，可近似满足此条件），车长为 c，车宽为 b，车道宽为 d。为了计算出跨越时间 t，首先需要算出由当前位置驶出车道边界的行驶距离 L。由于实际汽车行驶过程中 θ_e 较小，在计算汽车一侧距离车道线距离时可近似认为汽车与车道线平行，根据图 7-20 及车速 v，可计算出 L 和 t 分别为：

$$L = \arcsin\left(\frac{d}{2} - L_t - \frac{b}{2}\right) \tag{7-19}$$

$$t = \frac{L}{v} \tag{7-20}$$

设 TLC 算法中确定的阈值为 T，当 $T > t$ 时，表示汽车驶出安全区域，偏离预警系统应向驾驶员发出警报。

基于预瞄偏移量的 FOD 算法，可根据驾驶员的驾驶习惯设定不同的预瞄时间 t_p 和预瞄位置偏移量阈值 D，算法原理如图 7-21 所示。

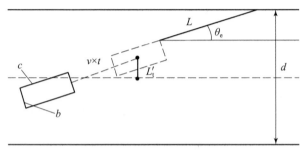

图 7-21 FOD 算法示意图

假设汽车航向角不变，行驶预瞄时间 t_p 后，计算汽车与车道线间横向偏差为 L_d。计算公式为：

$$\begin{cases} L'_t = v \times t_p \times \sin\theta_e + L_t \\ L_d = \frac{d}{2} - L'_t - \frac{b}{2} \end{cases} \tag{7-21}$$

当 $D > L_d$ 时，表示汽车驶出安全区域，偏离预警系统应向驾驶员发出警报。

在上述驾驶员意图识别和车道偏离判断的基础上，需要综合两者做出最终的决策：是否预警和干预，什么时候介入及退出。如果选择 TLC 算法，则在 TLC 小于设定预警阈值且驾驶员没有换道意图时，预警开启；干预算法结束之前，预警将一直存在；在驾驶员没有换道意图情况下，已预警且 TLC 小于设定干预阈值时，主动干预开启；驾驶员接管了车辆，体现在方向盘转角和转矩传感器监测到驾驶员有输入时，主动干预结束；横向位置误差或车辆偏角小于设定的阈值时，主动干预结束。

一旦进入 LC 主动转向干预，LKA 系统会使汽车跟踪期望的路径行驶。可以采用前馈-反馈的路径跟踪算法，对于弯道中的道路曲率干扰，采用前馈控制进行克服。而反馈算法以车辆质心点处的方向偏差以及预瞄点处的横向偏差作为控制变量进行设计，消除系统不确定性和环境干扰而产生的车辆与期望道路之间的偏差。

其中，前馈控制器的表达式为：

$$\delta_{ff} = \frac{C_F C_R (l_F + l_R)^2 + (C_R l_R - C_F l_F) m v^2}{C_F C_R (l_F + l_R)} \rho_L i_e \tag{7-22}$$

式中，i_e 为方向盘至前轮转角比；C_F 和 C_R 分别为前后轴的侧偏刚度；l_F 和 l_R 分别为前后轴的轴距；ρ_L 为预瞄点处路径曲率，可从采集的图像中获取。

对车辆横向偏差和航向角偏差可采用 PI 控制，反馈控制表达式为：

$$\delta_{fb} = K_P L_t + K_I \int L_t dt + K_P \theta_e + K_I \int \theta_e dt \tag{7-23}$$

因此，方向盘控制输入转角为前馈与反馈部分之和：

$$\delta = \delta_{ff} + \delta_{fb} \tag{7-24}$$

最终计算出的方向盘转角将由汽车 EPS 系统执行。以上路径跟踪算法也可作为自动驾驶汽车横向运动控制器的设计基础。

在国际首部 L3 级自动驾驶法规中，对自动车道保持系统（ALKS, Automated Lane Keeping System）做出了以下明确的规定。①激活后的 ALKS 应使车辆保持在本车道内，并确保车辆不会越过任何车道线（以前轮胎外缘越过车道线外缘为基准）。②ALKS 可以检测到旁车道的车辆，并且酌情调整车辆的速度和/或横向位置。③ALKS 可以控制车辆的速度，最高限速为 60 km/h，并且使本车与同车道内的前车距离保持在不小于最小跟车距离的范围。④ALKS 应检测由前方或者侧方交通参与者或车辆引起的碰撞风险，如前车减速、车辆切入或突然出现的障碍物等，并自动执行适当的操作，以把对车辆乘员和其他道路使用者的安全风险降至最低。⑤ALKS 的感知范围应覆盖本车道和左右两条旁车道的全部宽度，纵向上应至少探测 46 m 的前向距离。⑥在即将发生碰撞风险和故障影响转向/制动性能时，ALKS 应进行紧急控制，在此期间车辆应在本车道内减速并且减速度超过 0.5g。此外，该法规还规定了详细的人机交互行为规范。

目前智能化程度已经成为汽车的核心产品力，ADAS 产品装车率持续快速提升。L1 和 L2 级 ADAS 功能以 ACC + AEB + LKA 为核心，通常搭载一个前向毫米波雷达和一个智能摄像头，如图 7 - 22 所示。如果 ADAS 进一步增加自动泊车、驾驶员监测等 L2+ 功能，不仅需要增加更多的环境感知传感器，汽车电子电气架构也需要考虑相应的冗余处理，如图 7 - 23 所示。

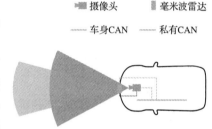

图 7 - 22　L1 和 L2 级 ADAS 传感器布置

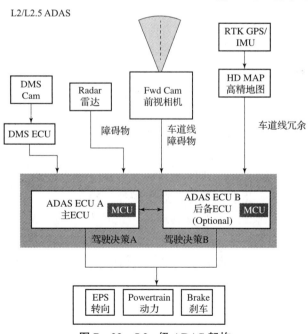

图 7 - 23　L2+ 级 ADAS 架构

参 考 文 献

[1] 麻友良. 汽车电器与电子控制系统 [M]. 3版. 北京：机械工业出版社，2013.
[2] 余卓平，韩伟，徐松云，等. 电子液压制动系统液压力控制发展现状综述 [J]. 机械工程学报，2017，53（14）：1 - 15.
[3] 过学迅. 汽车自动变速器结构原理 [M]. 2版. 北京：机械工业出版社，2011.
[4] 朱磊. 汽车偏离预警及车道保持算法研究 [D]. 哈尔滨：哈尔滨工业大学，2018.
[5] 余烁. 汽车车道保持系统控制算法研究 [D]. 长春：吉林大学，2018.
[6] 李亮，贾钢，宋健，等. 汽车动力学稳定性控制研究进展 [J]. 机械工程学报，2013，49（24）：95 - 107.
[7] 李亮，朱宏军，陈杰，等. 用于汽车稳定性控制的路面附着识别算法 [J]. 机械工程学报，2014，50（2）：132 - 138.
[8] Konrad Reif. Gasoline engine management [M]. Bosch Professional Automotive Information，2015.
[9] 陈俐，李雄，程小宣，等. 汽车线控转向系统研究进展综述 [J]. 汽车技术，2018（04）：23 - 34.
[10] 李道飞. 基于轮胎力最优分配的车辆动力学集成控制研究 [D]. 杭州：浙江大学，2008.
[11] [德] 康拉德·莱夫. Bosch 汽车电气与电子 [M]. 2版. 孙泽昌，等译. 北京：北京理工大学出版社，2014.
[12] [德] 康拉德·莱夫. BOSCH 传统动力传动系统和混合动力驱动系统 [M]. 北京永利信息技术有限公司，译. 北京：北京理工大学出版社，2015.
[13] [德] Harald Naunheimer，等. 汽车变速器理论基础、选择、设计与应用 [M]. 宋进桂，龚宗洋，等译. 北京：机械工业出版社，2014.
[14] 刘贻樟. AMT 控制技术 [M]. 北京：机械工业出版社，2017.
[15] 徐向阳. 自动变速器电控系统及其应用软件开发技术 [M]. 北京：机械工业出版社，2018.
[16] [伊朗] 贝赫鲁兹·马沙迪，[英] 戴维·克罗拉. 汽车动力总成系统 [M]. 白先旭，刘勇强，严正峰，译. 北京：机械工业出版社，2018.
[17] 陈勇，郭立书，高炳钊. 汽车变速器理论、设计及应用 [M]. 北京：机械工业出版社，2018.
[18] 王霄锋. 汽车悬架和转向系统设计. [M]. 北京：清华大学出版社，2018.